2017年安徽省教育科学研究项目
"基于名师工作室'分层学习共同体'的教师发展研究"
（项目编号：JK17041）研究成果

· 江淮名师成长之路 ·

一路走来，春暖花开

—— 一位乡村女特级教师的成长历程

李亚玲◎著

安徽师范大学出版社
·芜湖·

图书在版编目(CIP)数据

一路走来,春暖花开:一位乡村女特级教师的成长历程 /
李亚玲著.—芜湖:安徽师范大学出版社,2018.5
ISBN 978-7-5676-3458-9

Ⅰ.①一… Ⅱ.①李… Ⅲ.①教育工作-文集 Ⅳ.①G4-53

中国版本图书馆CIP数据核字(2018)第063608号

YI LU ZOU LAI,CHUN NUAN HUA KAI

一路走来,春暖花开
——YI WEI XIANGCUN NÜ TEJI JIAOSHI DE CHENGZHANG LICHENG
——一位乡村女特级教师的成长历程

李亚玲 著

责任编辑:王一澜
装帧设计:丁奕奕
出版发行:安徽师范大学出版社
　　　　芜湖市九华南路189号安徽师范大学花津校区　　邮政编码:241002
网　　址:http://www.ahnupress.com/
发 行 部:0553-3883578　5910327　5910310(传真) E-mail:asdcbsfxb@126.com
印　　刷:江苏凤凰数码印务有限公司
版　　次:2018年5月第1版
印　　次:2018年5月第1次印刷
规　　格:700 mm×1000 mm　1/16
印　　张:17
字　　数:271千字
书　　号:ISBN 978-7-5676-3458-9
定　　价:49.80元

序

从日行万步到教育坚守

我坚持"日跑万步"已有三年半时间，它已经成为我生活中不可缺少的一部分，成了我的一种习惯，一种一日不履行就难以入眠的习惯。某天晚上，我因为事情耽误，快十一点了，仍然未能跑到万步，我坚持跑够万步再睡觉。我爱人说我太较真、太教条。也许吧。但是，可能正是这种较真与坚持促成了我这样一位农村教师在专业上的成长。

我是一个起点低、底子薄的小学语文教师，没有"童子功"，也没有深厚的文学底蕴，有的只是对教育的热爱和对孩子们的喜爱。这些年来，我为了这份爱坚持做下面几件事。

第一，坚持学习。这些年来，我从未间断学习。我从自考大专学历和本科学历，到靠自学考上了教育硕士，一直到2010年，我一直没有停止过这样的学历学习。

第二，坚持阅读。我在二十多年的语文教学中一直坚持让小学生们"带着一本书上路"，就是帮助孩子们培养终身阅读的习惯。要想帮助孩子们培养阅读习惯，自己必须坚持阅读。这些年，我每月必读的两本杂志是《读者》和《小学语文教师》，我这些年读过的这两本杂志已经占满了我整整一排书架。我还会读一些教育类专著、哲学书籍、文学类书籍。

第三，坚持写反思。我要求小学生们"带着一支笔上路"，我自己也在这样做。我相信叶澜老师的一句话：坚持写五年反思的教师一定能成为一位名师。我已经坚持写反思八年，累计写出的文字有200多万字，虽然写得都很直白，但是每次写反思都是一种冷思考，我把这视作改进自己教育行为的最好方式。每位老师都可以做的，大家可以试一试。

第四，坚持教育创新。我自己崇尚无创新不教育。我做了二十几年班主任，可以说每年的班级管理都是不同的。每次上课，我都会使用不同的导入形式，不同的谈话形式，不同的引导方法与孩子们交流。我希望通过多彩的课堂表现获得孩子们对我的认可。

从分享共进到一路花香

我入职以来一直在一个村小工作。那时候，除了自学考试，老师们能做的就是"闭门造车"。直到2007年我读了教育硕士，走进了安徽师范大学校园，走进了教育学学者，接触了外面的世界，才知道一些之前闻所未闻的知识与理念。后来，在专业发展的路上，我又遇到了刘学山老师、张茂平校长，还有以冯露校长为首的小学语文教师培养基地的专家们，以及我们县区的教研员刘晓阳校长……他们给了我很多帮助，他们的引领让我在专业发展的路上越走越顺。

从我担任领衔人的"肥西县小学语文名师工作室"，到后来的"合肥市小学语文名师工作室"，我和我的伙伴们相互帮助、相互促进。在此，我要感谢我身边所有的"小语人"，感谢这个共同体中的成员们。

目　录

第一篇　一心向学　十年不晚

第二篇　品味生活　审视自我

第三篇　良师引领　益友指路

第四篇　起步虽晚　贵在坚持

第五篇　咬定专业　立足课堂

第六篇　关注学生　经营班级

第七篇　注重反思　做实课题

第八篇　团队合作　分享共进

第一篇　一心向学　十年不晚

那些为提升学历而努力的日子

　　已经夜深人静，女儿终于睡着了，我把她轻轻地放到床上，拿出枕头放在床边，防止她从床上跌下来。再一次看了她恬静的小脸后，我关上灯蹑手蹑脚地走出卧室。此刻的我，带着一天的倦怠，带着哄女儿入睡时的睡意，最大的愿望就是躺到床上睡到自然醒！但是，离这次自学考试只有一个星期了，我报考的两科才勉强看了一遍，以往年的经验，看三遍才能确保考试稳过的！我走到院子里，从水龙头接了点水洗把脸，顿时清醒多了。我走到储物间，已经快十一点了——抓紧时间，还可以看一个多小时！

　　刚拿起书翻看了两页，听到卧室里一声闷响，我缓过劲来：不好，挡女儿的枕头掉下来了。我迅速起身跑向卧室，但是已经来不及了，跟随着的是更大的声响和女儿被惊吓后的哭声。我的心顿时缩紧了，这样一摔，孩子不知摔成什么样了？我必须赶快把孩子哄好，不然辛苦了一天的公婆从东边的房子听到哭声又要被吵醒了。

　　我抱起正在大哭的孩子，以最快的速度查看她身上是否有伤。看到没有大碍，我一边小声地安慰孩子，一边忍住了心疼的眼泪，轻轻地拍着孩子，把她紧紧地搂在怀里。孩子在我的安慰中慢慢停止了抽泣，用她的小手拍着我的脸说："妈妈，睡睡。"我答应了她，与她一起躺到了床上，给她哼唱着催眠曲，再一次哄她入睡。终于，孩子在十几分钟后睡着了。这时，我的眼皮沉得似乎再也睁不开。但是，我想想下周的自学考试，还是强打精神从床上爬起来。这次我把孩子移到靠近墙的位置，用被子挡住了孩子——这样孩子应该安全一些了。我又一次来到院子里，用冷水冲了脸，让自己清醒一下。

　　现在想想，孩子当初在肚子里的时候还是方便一些，虽然长坐不舒服，但我可以把书放在家里的五斗橱上，站在边上翻看，还能一边原地走动一边看书。至少那时候不担心孩子的安全。

　　刚才的那一幕发生在女儿一岁多的时候，我开始报考汉语言文学本科学历前的一个晚上。

　　我白天被繁忙的工作围绕着，晚上回家要带孩子，让辛苦了一天的爷爷奶奶"解放"出来。除此之外，我想尽一切办法挤时间看书。

　　2001年4月，丫头3岁生日时老公写了一篇文章，这篇文章写在当年我和他双双疯狂进行自学考试拿本科文凭的阶段。那段时间，我们为了不分心，为了通过率高一点，我们把孩子交给了父母，在学校租住的平房里复习迎考。而那段日子其实也是孩子最需要我们的时候，现在看来在自己没有学好，没有立业的时候就有了孩子是多么不明智。有了孩子以后还要玩命地学习，还要丢下她去努力，这是多么不负责任。也许，在孩子最需要我们的时候，我们亏欠了她。这篇文章也看出了老公当时的种种不忍！

　　记得我三四岁的时候，妈妈每天要上班，爷爷负责照看我。可不知怎么回事，每天早上妈妈去上班前，我都要哭闹一番，不让她走。那时的我认为，大人上班是雷打不动的，只要是大人就必须上班，可我又极不情愿她走，总希望她能留下来照看我，哪怕多待一分钟也好。后来，妈妈每天上班前就用自行车把我带到大门口，然后再去上班，我自己走回家和爷爷一起出去玩。有时候，我实在不愿意，就哭着不下车，妈妈也没有办法，就说："好，好，今天带你去上班。"听到这话，我别提有多高兴了。现在想想那也许就是最幸福的事吧。可那句话多半是不能兑现的，最多就是多带我一段路，然后妈妈还是会说："好了，妈妈要迟到了，下次再带你到厂里去吧。"于是，我极不情愿地一个人走回家，重复着每天的无奈。

　　现在我也有孩子了，她刚好是三四岁，我们每天早晨在她还没醒的时候就去上班了。如果她哪天醒得早，发现我们要走，就会哭闹。于是，爷爷奶奶就会哄她。而我们只能偷偷地吃早饭，然后像贼一样溜出门去上班。也许，孩子对大人的依恋只是一种本能，并无任何特殊的意义，可对于大人来说，这种场景却深深地留在了心底，带来的是无限地惆怅。我多么希望能够满足孩子的每一个要求，可是我做不到。生活也许就是这样，在所谓的"为了将来"的憧憬中，我们和周围的人失去了太多的现在。希望我们的行为不要给孩子留下太多的伤害。

现在社会压力大，父母支持我们多学习，哪怕多吃点苦，陪孩子玩的时间少一些，也要为我们以后的生活打好基础。从成人的角度来看，这无可厚非，但对于孩子来说，她被剥夺的东西太多太多。孩子在物质上的丰富并不能弥补她在精神上的缺失。记得我那时每天盼着妈妈早点下班，我的孩子现在却盼望着我们每个星期能够早点回来。也许将来她还要盼着我们每个寒暑假早点回来，每个春节早点回来。唉！这就是生活。

我不知道当时妈妈把我抱下车子时她有什么感觉，不知道现在父母目送我们时又是什么感觉。一切只有当自己经历过才会懂得。还有20天就要考试了，我深知我只有通过考试，才能给父母带来安慰。"好好学习"这句我孩提时就贴在墙上的口号，成了我一生的追求，但在心底我还是希望能"好好生活"，不为自己，只为我的父母、我的孩子和我所爱的人。

就这样，我在2001年12月完成了自学考试本科阶段的学习，在工作后的6年里，拿下了大专和本科学历。

2002至2006年，我们一直在医院与单位间穿梭。2002年，婆婆被查出得了食道癌，在医院进行了漫长的开刀、化疗、放疗。一年半后，老人的病情基本稳定，我们刚刚准备缓口气，父亲又在2003年元旦查出患上胃癌，并且是晚期，又是漫长的入院开刀、化疗过程。2005年，父亲体内的癌细胞扩散，老人家在58岁的时候就离开了我们。父亲的去世对我打击很大，也让我看透、看开了很多事。随后，公公患上了重病，经历了一年的治疗。那五年时间，我除了完成学校的教学任务和教学管理事务之外，每天还要料理家务，安排女儿的生活。那段时间，我心力交瘁，无心学习。好在公公婆婆的病情得到控制，我的生活进入正常状态，两位老人可以自己照顾自己，我和爱人、孩子在单位住，每周回家看望老人一次。

2006年，一切稳定下来，我们的小日子也正常起来。那一年，女儿读小学三年级，我终于可以抽出一点时间学习了。我拾起荒废了多年的自学生活，重新恢复到挑灯夜读的日常，也想给女儿做个榜样。于是，我选择了考安徽师范大学的"在职教育硕士"：一方面为了提升学历，另一方面是为了圆我多年的大学梦——我希望过上住在大学校园里，跟教授和大学生一起生活的日子。

　　统考科目有四门：教育学、心理学、教育管理学和英语。对我而言，前面的三门学科是汉字写的，能读懂能背诵，我多下点工夫倒是不太难，最难的就是英语了。我从读师范开始就放弃了学习英语，到现在真的已经忘得差不多了。于是，我那段时间跟上三年级的女儿一起学英语，一起跟着点读机学习。背单词、背句型似乎也不是太难，难的是阅读和写作。像我这样基本是零起点的人，这块硬骨头啃起来真是太费劲了。那段日子，老公的学习生涯画上了句号，不再像自学考试时那样我们携手奋战，这一次是我独自前行了。每晚，我独自在家里的阁楼上看书、学习直到深夜。

　　还好，我的专业课考了第一名，英语考试也基本过关。终于，我收到了安徽师范大学的面试通知。当初，我参加自考本科论文答辩时到过一次安徽师范大学，对这所校园产生了好感，希望有机会还能来。那天，我独自一人起早坐火车去了芜湖，进行了体检和面试。排队面试的老师真不少。我和他们简单交流了一下，他们当中有高中老师，有学校领导，还有职业院校的老师，这一组好像只有我一个是小学老师。稍作了解后，我的心又凉了，他们都是实力派呀，个个水平都比我高，估计我勉强过了笔试，面试不一定能过得了呢，我心里直打鼓。再听听他们在一起高谈阔论，谈论所涉猎的内容我基本毫不知晓。我顿时又感觉自己"矮"了一截，怀里的"小兔子"跳得更厉害了。

　　好在主持面试的几位导师看起来并不可怕，他们的语气是那么平和，他们的问题也并不刁钻。我颤抖着进入了面试室，却心平气和地走了出来。很庆幸，我遇到了安徽师范大学教育科学学院的这些师德高尚、没有架子的好老师。那天的面试，让我对安徽师范大学的崇敬与向往增加了一分。

　　录取通知书和我的校长任命书是同一时间送到我手上的。上学是肯定的，这是我自己的选择，家人也支持我——妈妈拿出了教育资金鼓励我，老公也表示只要我学习，他绝对全力支持。但是，当不当校长的问题需要我们商量：当校长花费时间和精力多，孩子和家庭都需要我照顾，这样我就会很辛苦。但是，最后家人还是一致决定趁我还年轻的时候去挑战一下自我，也去实现一下我的校长梦。于是，人生的两大新的挑战同时出现在我的面前，我只能主动迎战。

我读教育硕士的第一年暑假，课程排得最满，需要连续在学校学习41天。这样，女儿这段时间的生活与学习无人照顾，这成了大问题。于是，我毅然决定带着孩子一起去学习，一来把她带在身边我放心，二来我也想让她感受一下大学的校园生活。

10岁的女儿随着我坐火车南下，到了学校的第一天，我们先找了一个旅馆住下，租住了一个标准间。也许是这段时间入住率不高的缘故，屋子里霉味很重，之前自己一个人过来住并不觉得怎么样，女儿来了就不一样了！我一边与女儿的古筝老师联系，从她的老家借来了古筝备用，一边到处寻找更合适的住处。考虑到女儿的安全和住宿的舒适度，我决定住到校园内的"专家楼"去。就这样，我和女儿在这一住就是41天。每天，我在校园里学习，与教授们近距离接触，感觉到自己是多么幸运和充实。

好在硕士阶段的公共课学习还算顺利，而毕业论文的撰写对我真是一个巨大的挑战。那段被导师和学院催着交论文的日子，我现在想起来都头皮发麻。

高度焦虑

我这两天过上了"与世隔绝"的日子，从6月30日晚就关了手机，切断了与外部的一切联系，因为我马上要去参加暑假学习了，老师去年布置的任务我还没完成。同学们不断发短信来问我完成作业的情况，也许是我水平有限，也许是平时琐事太多，我的作业确实是没什么起色。现在"大难"临头，不急也不行了。可是，我真的很难把握理论知识，我退缩了，我高度焦虑。电脑前的我头发又掉了一大把，作业仍然没什么起色。我几乎停止了一切活动，连"世界杯"也不关注了，我已经有一个星期没给妈妈打电话了。还有"孤儿"丫头，我昨晚还是忍不住打开手机询问了她的情况，她在吊水，估计下周要做手术了。侄女和外甥填报高考志愿的问题也需要我关心。还有许多许多的事，我都不敢去过问了，怕乱了心思。

但是，我还是忍不住要写博客。

我每天像做贼一样地写博客，因为家里的那两个人都知道我马上要交作业，他们义不容辞地承担起督促我的责任。我每天坚持坐在电脑边十二个小时，老公一会儿进来看一下，我成了学习极不自觉的小学生了。老公若是见我在查资料，便口气温柔，偶尔还帮我捏捏肩膀。如果见我在写博客，立马没好气地走开了。我知道，这样下去，如果作业完不成，我将成为他俩以后攻击的对象。

丫头也会时不时地过来关心我："我说妈妈同学，你的作业完成得怎么样了，每天空调开着，电脑边上待着，可别完不成作业让老师罚站呀！"小丫头，她也敢来奚落我。

我该怎么办呢？怎么写着写着和我原来的想法又不同了呢？我都没头绪了。

昨晚婆婆给老公打电话，让我们利用这个暑假把丫头好好管管，当婆婆听说我马上要去学习，并且一个月都回不来时，非常恼火。我往年学习时都是把丫头带着的，今年她要补课，我又不能带着她。我知道他们的想法，丫头的学习是大事，一旦耽误了，以后补不上来了。但是我也不能停止我的学习呀！

唉！虽然烦恼种种，不管怎样也要咬牙把这一轮学习完成了。

如释重负

今早，我终于把论文全部"糊"完，压缩后传给了老师。老师会不会让我改，会不会评价很差？管不了这么多了，至少目前我如释重负。天啊！这座压在我头顶的大山压了我整整十七天，让我喘不过气来。

自从那天老师给我发来修改意见，让我在九月底前一定要完稿，我的世界一下子变成了灰褐色。哪敢有什么闲情雅致，连走在路上都不敢多看风景，生怕乱了自己的心思。我每天除了工作，其他事一律不管，也不敢管，生怕分心。起初几天还忍不住写博客，后来这样"罪过的事"也不能干了，还是一门心思写论文吧。每天都是"昏天黑地"的，纵然老师说我的论文种种不是，我也要为自己辩护一下，这次我是真用心了。而且，连日来我真的是夜以继日地写论文呀！每天能睡足六个小时就算不错了，家人说我是在挑战极限。痛苦得坚持不下去时，我不断地劝自己：没事！等我写完了，我要好好睡几天；博客不写也没事，等放假了我有了时间再慢慢写；等论文写完，再多的家务也来得及干。

我只能利用晚上时间写论文，上班的时间是没办法静下心的。只是，我最近两年学习的知识并没有把它用到论文中去，理论的东西，我确实没能掌握好。平时写东西也太随意，想写什么就写什么，这样写论文肯定是不合适的。好了，不说了，无论怎样，此时此刻，我是解放了，也许是短暂的，但是，我先高兴一时是一时。

睡了，真希望这一觉能睡到自然醒，但是明天还要上班，六点要起床。先做个美梦吧！为自己今天此时的快乐而美梦吧！

并不轻松的"国庆长假"

连续两天的家宴，却完全未能激起我的热情。按理我们也该在这个假期做一次东，请家人来聚聚，或是请同学来聚聚，我这次却一点心情也没有。不知为什么，以前多半是我主动出击的，这次我想忍忍，有人约就去，没人约就在家。在家宅着，做点家务，上上网，陪陪丫头似乎是我目前最想做的事。心情还是沉重，没有我前日所想的如释重负。人啊！也许就是这样，永远都不会有完全放松的那一天，等到哪天离开了，可能才是真的放松了。细想起来，几件事让我快乐不起来。

论文虽然交了，但是我心里明白肯定不会顺利过关，估计还要"回炉"，再一次经历痛苦的煎熬。而且我目前最担心的是我的导师会不会被我气坏了。那天老公对我说："你把论文交了，自己解脱了，你的老师要郁闷了，咋就教出你这么个笨学生呢？"虽说是调侃，我觉得他说得有理，所以愈加忐忑，生怕老师生气。也许，没有进行深造的话，我会一直沾沾自喜，觉得自己这水平还可以，教小学语文也凑合了。正因为自己硬着头皮往下学了，才知道自己的不足。还是应了那句话："你学得越多，才知道自己有更多的不足。"我心里一直惴惴不安，这种担忧不知要到何时，不敢问老师，老师也暂时不会主动找我的。那天我一时糊涂，对老师说让他给我放几天假，暂时不要告诉我坏消息。现在看来，这种漫长的等待是那么痛苦。

难以释怀

刚才，我终于把折磨我一个多星期的论文定稿发给了导师。

我早就想好了，当这一刻到来时，我会无比兴奋、无比快乐。在"熬"论文的最后一个星期内，我不知道时间是怎么过来的，每天都是混混沌沌的，脑子里的弦一直紧绷，好在老师对我说："尽你的力量改，一直到二十一日晚上，把论文交给我就行了。"虽然导师的话给了我些许安慰，但是我一直没敢怠慢，一心想着论文的事。最后的限期终于到了，按说我该欢呼才对，从此扰我一年的论文就这样离我远去。但是，此刻我却难以释怀，或许是我的论文质量实在让我没有信心，或许是担心糟糕的论文会给导师带来很大麻烦，或许是一直在心底的那份浅薄、那份虚假让自己羞愧难当，在同学和导师面前难以抬头。总之，此刻，我的心情很复杂，什么都想到了，唯独没有如释重担的超脱与快乐。

好像许久没有写博客了，心里一直堵得慌。每次写博客都是自己内心真实想法的宣泄，有了这样一个平台让自己找到了可以说话、可以无话不说的地方，也是给自己找安慰，找台阶下的地方。今日我的难以释怀可能对谁都难以表白，但是我可以写出来，否则长期缺觉的我今晚难以入眠。人呀，真是太奇怪了，也许在同事们或亲朋们的眼里，我还是一个上进的、有点水平的人，但是当我多跨了一步以后，连我自己都看不起自己了。我的生活，是就此打住，不再追求，还是一直努力，确定下一个目标？

停止不前了，或许我会很自满，也会时时用精神胜利法安慰自己，会活得逍遥自在，因为没有站得更高，所以难以看得更远。

继续努力，人是充实了，却是在无数次的煎熬与折磨中提升自己，而且会越来越痛苦，因为站得高了，看到了更大、更广阔的世界等着我去认知、去感受，所以就感觉自己更浅薄，更需要学习。

追求无止境，算了吧！没事写写博客，看看书，努力为学生做点实事，把丫头管好。自得其乐吧！一辈子都活完一半了，还是让自己轻松些吧！选择自己爱做的事做，就像写博客，因为喜爱，因为发自内心，所以乐此不疲，快乐并毫无目的地不断瞎写着。好了，心里好受多了，试着去睡觉了，明天还要上班呢。

明天，我敬爱的导师要受苦了，因为他已把我救出"苦海"，自己还要"挣扎"一段时间。

"建议授予你硕士学位"

昨天上午，当答辩组主席向我宣布了这句话以后，我热泪盈眶，不知道其他十几名同学是否有这样的感受。我毫不掩饰地说："我很激动。"用了三年的时间与精力终于换来了评审组专家的这句话。

自身水平有限是我最大的困扰。与其他同学相比，我已经是"四接头皮鞋"了，这是我们原来的老师说的，像我们这样中专毕业后自学了大专、本科的人是"三接头皮鞋"。而我今天拿到的应该是第四个"接头"了。其他同学无论是知识还是能力上的强势都或多或少地激励着我，同时也让我时时感觉自惭形秽，我总是对他们说："我是小学老师，我水平太有限。"

当我的开题报告被教授们认为"最规范、最有条理"时，他们都愤然："别谦虚了，你的水平还可以呀。"但是，我知道那是我的导师的功劳。上次论文送出去盲审，我一再对其他同学说："我那小儿科的论文肯定过不了关的。"没想到盲审的结果是，我获得了"优秀"等次，我自己都不敢相信。给我报喜的同学说："你这家伙不老实，尽对我们说假话。"我无言以对，因为我确实认为自己写得不好。我心里也在思忖："一定是我那敬爱的导师帮了我。"所以这次答辩，我首先就去找了老师，表示了我的谢意，没想到导师说："你错了，我根本不知道论文送到哪去审的，更没有帮你。"我感觉很茫然，唯一能说服我自己的就是：论文是我自己写的，虽然粗浅，毕竟都是我自己实践的结果。答辩时的状况更是让我难以相信，评委们虽然提了几个问题，但我也没有进行长篇大论地答辩，评委们就一致表示满意。可能是我的谦虚与诚恳感动了他们。评审组主席最后宣读结果时，除了我，每位同学都有需要修改的地方。下午，要不是同学们忙着改论文，估计要群殴我了。其实我也很茫然，我一直坚信我的论文写得确实不太好。

晚上，我们全体同学请导师吃饭。我特意问导师："为什么专家们没给我的论文提意见呢？"导师对我半开玩笑地说："因为问题太大、太多，所以无从提起呀。"导师这一说，我倒茅塞顿开，终于为自己那蹩脚的论文顺利通过找到了一个可以解释的理由。没过一会儿，导师居然又重新向我解释："怎么啦，这么不相信自己？所有的老师都能看出来你写的论文是下工夫的，是真实的，这还不够吗？不要总是没有自信呀！"

虽然我很茫然，但是还是长长松了一口气，"终于把这孽作到头了"，我也可以穿上哈利波特的衣服了，带上那顶帽子了，感觉还不错吧！

只是，往后我该做些什么呢？刚入学时，因为我当了校长，又实在没有专业可选，就选了"教育管理"专业，现在拿到了这个学位又有什么用处呢？权当我花了三年时间，长了见识、长了知识，圆了我的"大学梦"吧！无论怎么说我也在大学校园里生活、学习了几个月，与我以前觉得深不可测的大师们近距离接触了三年，我无悔我的选择。

其实这三年的学习引导我重新认识了自己，认识了周边的人和事。这也可能是我变得越来越淡定的原因吧。

昨日醉酒为哪般？

清晨，我迎着朝阳一路南下，我不知道在这条路上跑了多少次，从本科的论文开始，到这三年的学习，这条路是我的求学之路，刚开始是老公送我去，后来是丫头每次为我陪读，今天是我自己一个人去领取三年来的成果。一路思绪万千，三年的学习我的所得与所失有哪些？今天是一个终点还是一个起点？

我到学校后的第一件事当然是见导师，当我高兴地朝老师打招呼时，老师说："今天很兴奋嘛？"我答："当然，一个小学老师能戴上硕士帽，我当然高兴。"老师每次听我说小学老师都会笑话我，因为前期我总是用这方法逃脱他对我的严格要求，他知道我的小伎俩。每次向他请教，他都会丢下问题给我思考，我为了偷懒就会以小学老师水平有限来搪塞他，他没办法，有时只好越俎代庖。所以，这次能顺利毕业，我对老师的感激是难以言表的，中午自然要借花献佛，用老师的酒多敬老师几次。

授予学位典礼上，主持人说："我们费劲了心思，终于约定了这一天，元月24日，一个阳光灿烂的日子，为你们这些学有所成的学生们授予学位。"是的，今天是个好日子。数九寒冬中少有的和煦。大家趁着兴奋，穿上了哈利波特的衣服，戴上了那顶经常看到却从未戴过的帽子。老师们穿上了他们的博士服，一比才知道还是他们的衣服好看，羡慕中，这就成了永远的梦了，我是不可能实现了，今天是学院设宴送我们全部学生。

我和班长去买礼物回来，还没落座，老师就急着喊我："快来，辛老师在找孩子王呢。"我这次去也是准备和辛老师见面的，他是一位年轻有为的博士，比我小好几岁，我和他坐一起真是相形见绌。我在博客里认识他，也和他有过很多次交流，今天见了更亲切了。他说："我们都是为自家的孩子写博客，不像你们老师是为全天下的孩子写博客。"学习几年来，让我感觉最快乐的应该是可以和以前觉得遥不可及的专家们交流，并且知道他们

13

其实没有架子，反而越有知识的人越容易相处。

席间，不知为哪般情意，师生情？同学情？朋友情？说不清，道不明。我糊里糊涂地喝了很多很多酒，好久没喝了。我倒是很客气、很正常地与老师们话了别，很留恋地与镜湖话了别，仍然是很正常地坐车话别了这座城市。我回到家才知道这酒的后劲有多足，它让我的胃翻江倒海整整一夜。

元月24日，这一天让我陶醉了，也让我真醉了，并让我痛苦了一夜。

永记这天，酒醉到底为哪般？

在去学习的路上的感受
——寄予我的女儿

我亲爱的女儿：

妈妈这是第一次离开你那么久，心中有无数牵挂，这些牵挂中最放不下的就是你。因为你正处在人生最重要的生长期，无论是身体还是心理都是成长的黄金时期。这段日子将是值得你永远铭记的美好岁月。

为了不让你长大后想起这段时间就后悔莫及，也为了你将来不会因为虚度这段时间而出现生存危机。我和你爸爸总是尽自己最大力量小心地呵护着你，倾尽我们所有的能力为你创造最好的条件，为的是我们以后不后悔。但是，成长的烦恼总是伴随着你，其实更牵动着我。遇到问题，妈妈总是在想对你的教育是否出现了问题，是我们民主的家庭氛围出了问题，还是长辈们对你过多的关爱出了问题。更多的，我在想下一步该怎么做。任其自然，肯定会害了你；平等协商，合乎教育原则，对你却不适用；严加管教，只有这样，因为你看似长大的外表，自控能力却远远没有达到初一学生的水平。

我亲爱的女儿，妈妈在教育你的问题上真的是有些束手无策了，我们一直在为了你约束自己的言行，而这些不知是否导致你的生长环境过于一帆风顺，反而不利于你的成长。这一点让我很困惑。

坐在去黄山的火车上，妈妈想了很多。这是妈妈第三次去黄山，第一次是1995年，那时妈妈刚毕业，无牵无挂，全身都是力气，几个同学在一起快乐无比。第二次是去年，我们三个家庭，也是无牵无挂，你们三个孩子玩得快乐，我们六位家长也非常舒心。今天的黄山之旅，妈妈的心境就大不相同了，因为我的身边缺少了你，没有亲人相伴，妈妈居然晕车了，一路痛苦无比，头痛欲裂，恶心呕吐。我的宝贝，你已经成了妈妈生命中最重要的人，离开你，妈妈的日子变得空虚。

一路上，妈妈没有心思与精力欣赏窗外一闪而过的风景，只觉得离你越来越远，我的心揪得越来越紧。如果今年不是你要补课，妈妈肯定还是让你来陪读的。我们俩不是早就约定好了，平时妈妈为你陪读，假期你为妈妈陪读吗？

妈妈一直没有放弃学习，并一直在争取学习的机会。第一，妈妈不愿在自己的群体里在学习和工作上比别人差，物质上无所谓。所以，妈妈总是带动身边的人不断地学习、研究。妈妈小的时候不理解"学无止境"的意思，在学习的过程中才一步步领会到这一点。虽然，大家都不解，作为一名小学老师为什么要去攻读硕士学位，其实很简单，也就是妈妈在自学大专课程，再自学本科课程的过程中自然形成的学习习惯。妈妈一直认为，人必须有追求，这种追求就是在学习上不落后于身边的人，在工作上赶超身边的人。特别是作为一名老师，只有这样做了，才对得起自己的学生。

第二，妈妈想通过自己学习带动你。妈妈想得很简单，如果我每天的闲暇时间都用于看书、查资料、写东西。那你也会认为学习是生活中必然的事。其实，你确实也做到了。但是，要想超越别人，就必须要付出别人没付出的努力。

妈妈之所以能在工作或学习上有所突破，就是我在其他方面少有追求。这些年，我放弃了一切娱乐活动，连八十分都不会打，也没学会打扮自己。（当然，这是缺憾，我不希望你以后也像我这样，生活应该是多彩的。一个女孩子能挣钱以后，应该适当打扮自己，美丽自己同时愉悦别人。）妈妈没有过多的时间来考虑这些事，因为我有太多的事要做。我认为重要的事，我舍得花时间去做。例如对你的教育，对长辈们尽孝心，料理家务事，这些是我认为重要的事。

如果你以后不想像我这么累，那现在就要好好学习，一口气读了本科，考了研究生，就不需要在工作时又要拿学位，又要顾及家庭与工作。妈妈现在的这种状态，的确是很累的。

爸爸妈妈那时没有条件，也是努力不够，没有在学习时把该拿的文凭都拿了，因此后来付出更多。希望你珍惜现在所有的时间与机会，好好努力。妈妈相信你能做到，妈妈会不断地督促你，因为偶尔的松懈肯定会有的。只要加油，最终一定会成功。妈妈相信你。

形影分离

今天下午就要远去长春，开始我的北上充电之旅了。心中有很多的不舍与牵挂，不知道是因为这次的征程太远，还是家里有很多事需要我去处理。其实，我每年暑假都会去外地学习一段时间，这次离开的脚步显得更沉重。大家都说我们家三个人每天形影不离，今天真的是要形影分离了。

早晨，我烧好早饭，丫头还在听英语，我坐在桌边，享受丫头听读我守望的时间。她收拾好学习用品，坐到桌边吃早餐，我的目光一直没有离开她。我的宝贝，妈妈不在家的日子你会过得好吗？我昨晚陪她入睡，她没有拒绝我的爱抚，很乖地睡在我的怀里："宝贝，妈妈出差，你会想我吗？"她犹豫了一会儿："看情况而定吧。"我继续问她："你希望妈妈给你买什么呢？""那里有什么好吃的你就带什么回来吧。"小丫头还是忘不了吃的。"回老家以后，要自己安排好学习，不要惹爷爷奶奶生气，知道吗？"一直和她聊到她迷迷糊糊进入睡眠状态，我才离开她的卧室。

丫头背上书包，看着我依依不舍的眼神："妈妈，下午需要我送你吗？""不需要，你好好上课啊。"她出了门，回头说了两次："妈妈，再见。"我对她说："嗯，管理好自己的生活与学习，妈妈相信你。""好。"也许分别的忧伤感染了她，今早她显得特别温顺。丫头又一次对我说："妈妈，我走了。"关了门，她上学去了，我本想打开门再一次交代她一下，手放在了门把手上许久还是没有打开门——有必要吗？也就十几天的时间，丫头应该能够过得很好的。我站在门前调整了一下情绪。其实我和丫头的分离时间是短暂的，等她长大了，她要离开我们的时候，那时才是真正的不舍呢。

老公这时也起床了。"怎么，不放心丫头，是吧？没事的，去年你也出去了，不是很好吗？她只会越来越好的。"他倒是一眼看穿了我的心思。我很无奈地说："是的，很多担心其实都是多余的，但是我控制不住。就像对你一样。""唉，我的事你就不用担心了。我会管好自己的。"他打住了我快要说出口的话。可不是吗？这些所谓的担心其实都是杞人忧天的，老公从四年前我第一次外出学习时的买一个紫茄子加一个白茄子一起烧的状态，已经发展到现在可以烧一桌子好菜了，我还担心什么？人总是会变的。当环境逼着自己不得不发挥潜能时，一切都会好的。

每年暑假是老公最忙的时间，以前我不出去学习都会把夏季安排得特别有凉意，因为天热在外面劳作的人是很辛苦的。后来，我每年暑假都会有一段时间外出学习，只是回忆起来，这些学习对我到底是形式上的还是真正有收获呢？我实在很难说得清。不过，有学习的机会我还是要珍惜的，就像今年暑假的这次北上"充电"。

"我上班了。"老公的话打断了我的思路。"嗯，中午回来吃饭吗？""看情况吧，最近很忙，身不由己。"又说到我的痛处了，这么忙的日子还要照顾丫头，他受得了吗？"你能送我去火车站吗？""尽量安排吧。如果回不来你就打车去。""好的，我知道了。"我又一次守在门口望着老公远去的背影——这次我要远行，希望你照顾好自己，也照顾好丫头。

形影分离的日子，我们都在各自的生活里认真过好每一天，让彼此的牵挂变成奋斗的动力，再见面时让我们的形影永远相随。

准备出发

我像所有家庭主妇出门时一样，要把众多的事安排好才能放心。这几天，我一直在不间断地收拾，把家里可洗的、可收的衣物都打理好，上午擦了地，一切打扫停当，不管回来时怎样，我先放心地离去再说。我把他们俩的衣物都归类叠好，放在他们触手可及的地方。我烧饭时才发现还有一件重要的事没做，家里的冰箱里除了鸡蛋，就没有什么菜了——今早去买点菜就好了。唉，转念一想，相信他们不可能被饿着的，遂又坦然地收拾起自己的行李。

我准备了四样东西：一包衣物、一包日用品、一台电脑和几本书。女人出去总是有带不完的东西，要是男人出门，除了电脑，一个包足够了。拎着三个包出门，回来时至少会有五个包，想想头皮都发麻。呵呵，这就是收获吧！如果用包来衡量，我每次外出的收获都是沉甸甸的。

中午，我还是不敢睡，担心在火车上那漫长的二十几个小时无法度过，担心晚上睡不着的时间熬不过去，强忍着不睡。洗了澡，等待四点的到来，心平气和地上网。看看别人的文章，搜索一下长春的情况。不知道那边的气候怎样，从天气预报上看是可以接受的，最高温度和最低温度和我们这都相差5度左右，应该是比较舒服的。我收拾衣物时免不了还是带了一套春装。今天，我坐在家里关注着异乡的温度；明天，身处异地的我关注的不仅是家乡的气候，还有和我相隔几千里的家人和朋友。很多时候，适当的远行可以荡涤一下人浑浊的心灵，走得越远回忆越清晰，只有走出自己的生活圈，回头看时才能没有迷雾。

长春是我去过的最远的地方。几千公里的奔波，不知道收获是否与路程成正比。那天去拿通知，领队的老师说："东北师范大学的教授水平都很高，他们平时都是深入教学一线做研究的。所以，他们的理论不空洞，你们去学一定会很感兴趣的。并且学习时会很累的，白天上课，晚上要做作业上传，因此要求你们每个人都要带电脑。"希望如他所说不虚此行。

我对一切充满了期待，对东北师范大学的培训老师，对优美迷人的北国风光，对高手如云学员们的风采，等等，凡此种种都是牵引着我远去的动力。

暑期的教师培训正以各种形式展开，我有幸成为外出培训的一名老师，珍惜着，一路感悟，一路记载。我要求自己不要在回来时仅仅多了几个包。

第二篇　品味生活　审视自我

自己支配时间真好

以前总觉得没时间看书，没时间在网上摄取更多的知识，很多朋友都疏远了，亲情也淡漠了。现在好了，我有了大量可以自己支配的时间，我要弥补，我要好好安排一下。

我花了一天一夜的时间，搜获了与养成教育，与小学语文教师有关的博客一并收藏了起来，这是我每天都需关注的，一天下来我的收藏夹里已经满满当当的了。这些将是我的良师益友。

昨天，我去了县小语会筹备会，那儿的刘老师听到我辞职了，很关心地问："那你以后准备做什么？""当一名专职的语文老师。""那是大拇指掏耳朵——绰绰有余了。""这次我想好好当一名有研究、有思考的老师。""是吗？那也不容易。"显然她有些失望，而我也不敢告诉她我准备做一些理论研究。怎么回事，又落入俗套，又开始走向功利，这是猴年马月才能实现的，或者是永远也实现不了的，也要拿出来炫耀吗？人哪，走进人群就难免变得俗不可耐。我不是要改变吗？应该从这次语文年会开始，一切看淡，一切荣誉都是过眼云烟，什么都不是，要走出自己的路来。

欢笑与侃谈过后，自己独处时，我需要有自己的想法与追求。很多时候，人与人的不同，应该表现在他的业余生活怎么过上。

身体是革命的本钱

从昨晚开始，我那每月必犯的老毛病如约而至了——头痛欲裂，恶心想吐。每当此时，只有床是我最好的去处，我在床上不吃不喝，这样一天一夜后，下午感觉好点。家里没人，他们已经习惯了，知道每到这时，我会烦一切声响，什么都不想做，什么都不想说，连一口水都不能喝，否则会吐得一发不可收拾。爱人和丫头上午早早就去公婆家了，一直到晚上六点才回来。看到我还躺在床上都没了精神。其实我在下午四点就起来，尝试着喝一点水，感觉还好，又熬了些玉米糊喝了。只要今晚不吐，这个月的关就算过了。这种痛苦的日子不知何时才是个终点。早些年，我找过很多医生看过，毫无效果，有时难以忍受就去吊水。随着时间的推移，我也不想求医了。有时注意点，就会好受点。有时索性想想，平时生活节奏太快，有这样的时间好好睡睡也是好事。还有平时的家务基本上都是我做，只有每月的这几天，爱人可以做做家务。慢慢地，他知道体贴人了，也会烧菜、刷碗了。我也偷个闲。就是太痛苦，太耽误事了。

身体绝对是革命的本钱。生病时，啥也不想了，万念俱灰。什么家庭、孩子、工作、写东西，一切尽在脑后。头脑里什么都不能想，全身酸痛，什么也不能做。本来妈妈今天旅游回来，应该给她接风的，可我现在连开车接她都不能，她老人家一定失望了，好在我的毛病大家都知道。每周必做的家庭大扫除也要搁浅了，从学校带回来的孩子们的作文，也不能改了。本想写的"开放周"总结，没兴趣写。并且，这两天"不干校长"的念头越来越强烈，总觉得太累，有点力不从心，一点激情都没有。上周的事太多了，基本上没有喘息的机会。希望明天可以好点，好多事还等着我去做。只要当一天校长，我还是得拼命，还得尽一百二十分的力，只为不亏我的教育心。

但是，身体何等重要，我真得好好为自己的身体考虑考虑了。珍惜自己，就是珍爱家人。

双休的第二天，我早上睡了一个难得的"自然醒"，其实只能算一个懒觉。因为丫头本打算昨晚"加班"写作业的，没挺住。于是，她决定今天早起完成作业，把我的手机、她的手表和闹钟分别定了时。又是一个阴雨连绵的周末，早晨天色一直昏暗，我和丫头都毅然选择了不顾闹钟的声声催促，继续保持睡眠状态。直到九点，我战胜了自己的懒惰，爬了起来。然后就充当催命鬼的角色，一边烧着早饭一边分别催起了两个懒虫。吃完早饭，丫头自觉地开始学习，这是她一贯的风格——临时抱佛脚，周三要期中考试了。我一直在想，假如丫头每天都这样自觉学习，那我们不是太幸福了吗？但是，我们自己也曾经是孩子，那时也一样。

吃完早饭，我开始洗衣服、打扫卫生。我正在擦地板时，又听到隔壁的大姐在训斥她的女儿，一阵"暴风骤雨"过后，是孩子的哭声，他们居然开着门。这已经是我们住进来八个多月的时间里第三次发生这样的事情了。我和爱人都对邻居的行为感到困惑，且不说他的这种做法干扰了邻居，对孩子这样教育，本身就是对孩子的摧残。隔壁的女孩比我家丫头大一岁，他们在同一个年级，不在一个班。也许是遗传的原因，那孩子很瘦小，说话还奶声奶气的，很讲礼貌，每次看到我们都会主动打招呼，我们两口子都很喜欢她。由于她父母工作时间的特殊性，这孩子经常一个人在家，但是她的自理能力还是很强的。有好几个晚上，十一点多了还听到她妈妈尖声的训斥声。在这样的教育下，孩子肯定会很胆小，对自己没有信心。她妈妈应该考虑到孩子已经上初一了，有自尊心了，越是这样大吼大叫，可能适得其反，根本达不到预期效果。

可是，换位想想，她妈妈也不容易，为了多挣点钱，几乎天天加班。每晚都到八九点才拖着疲倦的身子回来，回家后还要面对一大堆家务事。看到孩子学习不自觉，她能不生气吗？再加上自己文化水平不高，对孩子有过高的希望，自然导致她这种简单粗暴的教育方法。再说了，我们又怎能保证我们这种民主的家教方法就一定有效呢？我家丫头以后究竟怎样，也是一个未知数。丫头今天倒是异常老实，她被邻居的行为吓坏了。我也顺势教育了她："你去劝劝小姐姐吧，让她像你一样听话，做事不磨蹭，学习成绩优异，孝顺父母。那样她妈妈就不会训她了。"丫头知道我话里的意思。这样的事情发生过几次以后，她越来越珍惜我们家的家庭氛围了，这也令我们欣慰。

越来越懒！

从来没有关注我博客的老公，今天终于忍不住问我："最近你好像太虚度光阴了吧？啥事都不想干了？博客也不更新了？"是呀，人要是懒起来，真的是啥事都不想做。

经过很长时间的努力，我本来的目标是让自己的教育博客在本年度的评比中能够获得一等奖的，没想到结果出来又是二等奖，而且还是和上次一样离一等奖仅仅一步之遥。关键是我不知道差距在哪里。最近，我的教育方式和应试教育碰撞着，我也是高度纠结，但是因为最近比较懒，也好久没有更新博客了。有几位关系不错的家长打电话问我是否又犯颈椎病了。呵呵，看来习惯看我博客的家长们还是期待我的新博文哟！就是冲着这一点，我也要勤奋起来，不能因为得不到一等奖就倦怠了对孩子们的成长记录，这不是我的初衷。

这些日子，我完全理解了很多老师之前对我的质疑："你哪儿来的时间写博客？我们每天可忙了，根本没有属于自己的时间。"可不是吗？我每晚做完家务，半小时散步过后，在网上"溜达"一会儿，看一会儿综艺节目将近十一点了。时间过得很快，除了看节目时或舒心、或开怀的笑声，一点收获都没有。也许这也是一种休闲的方式，也许这也是一种调节身心的方式，但是这却让我一无所获，而且自己越来越懒散。这种状况也让自己的头脑变得呆滞，啥也没有多考虑，甚至是不愿意系统地考虑一件事情或是一种现象。

周末是我补觉的大好时光。于是，就放任自己一直睡下去——只要不耽误家人吃饭。老公最近一直特忙，没有周末休息，每次都是安排好事情出门，留有足够的空间和时间让我睡懒觉，我便把中饭和早饭一顿解决了。只睡得头痛、颈子痛，而且噩梦连连，或是好梦不断。平时没时间做梦，六个小时的睡眠必须是高质量的，周末睡足了，梦境便生成了。这也是闲暇的妙处吧？

或许这种懒也是一种不错的状态，也将是我未来多年的状态，也不错呀！只要不耽误家里人的生活。把这种懒变成一种"慢生活"，其实是可以提高生活质量的。因为慢，洗衣机里的衣服可以多浸泡一会儿，洗出来的衣服更加鲜亮；因为慢，可以把准备下锅的肉多腌制一会儿，烧出来的菜肴更加可口；因为慢，我可以思考着怎样改变一下主食，每天在饭锅里蒸一些山芋，或是小马铃薯，或是南瓜，让家人的餐桌更加丰富一些；因为慢，我可以把衣服叠得更服帖一些。时间充足，慢慢生活，让家人有更好的起居饮食，这也是一件美事。

不过，由身体的懒惰引发的思想的懒惰还是要不得的。所以，不能让自己变得钝化和迟缓，那样是过早进入老年化，也不合适。

在"懒"与"慢"之间找到一个平衡点，不要让自己过于劳累，也不至于太过慵懒，这才是正道！

学会给自己放假

我每天奔波于学校和租住房之间，觉得喘不过气来。

今年学生们刚升三年级，新增的作文批改和讲评花费了我大量的时间。课题研究正在紧锣密鼓地进行，自身的学习也不想放松，一下感觉自己快要爆炸了。每天都在忙碌、紧张中度过，生活毫无情趣。

昨天，我终于把本学期的课题研究课上了，自身学习的事也告了一个段落。抬起自己已经埋得太久的头颅，看看天空，呼吸呼吸新鲜空气。我总是把自己封闭起来，生活已经变得一成不变，没有活力了。

于是，我今天主动和好友联系，约好周五晚一起吃饭——我确实需要放松一下了，没有朋友的生活是枯燥无味的。

上午，我去找了住在校园的两个退休教师，很久没有找他们聊聊了。虽然每天近在咫尺，却很少见面，更没有时间陪他们说话。我不知道自己每天在忙些啥，总是感觉时间不够用。两位老师看到我都是异常高兴的，毕竟十几年的交往，彼此都很了解。一直没有见面，但是他们却一直关注着我的一切，对我的关心是发自内心的。而短短的谈话，我更多的是听他们向我诉说他们的快乐与烦恼。一个多小时很快过去，很多话还没有说出来。两位老教师都宽慰我："现在是非常时期，吃点苦是应该的，为了孩子一切都是可以牺牲的。"大概只有退休以后才更能理解，作为一名教师最应该珍惜的是什么。

我强迫自己不要利用放学后的时间改作业，提前二十分钟到菜市买菜，让家人每天吃到新鲜的蔬菜。也强迫自己每天不要吃完晚饭就开电脑，为家人做点更细致的事，比如，炖梨子给丫头吃，陪老公散步。已经到了该更多为孩子和老公考虑的时候了，我自身的发展应该作为次要的了。

我逼着自己不再为孩子的成绩大喜大悲，就算这段时间吃再多的苦，也不要总是抱怨，更不要把这些怨气转化为对孩子的过高期待，仅仅把这段时间视为一种对孩子的抚养过程，仅仅是为了孩子能够快乐成长而做事，这样心态一定能好一些。

弟弟对我说："不要因为孩子的成绩就毁了你的生活。很多成人后有出息、活得成功的人，不一定是上学时成绩最好的。"也许吧，其实身边这样的例子确实很多。

另外，还有一点是我需要改变的，不能太难为自己，让自己混一混，浪费一些时间，休闲一下也无妨。

暑假最后二十分钟

临窗而坐，凉风习习吹来，神清气爽。

老公和孩子都已经入睡，看着摆在面前的"一座大山"，我愈加恐慌了。一个暑假的时间悄悄溜走，只剩下最后的二十分钟，而承诺的一件大事却没有做多少。假如说我是在愚公移山，那么这座大山仅仅移了五分之一。这可怎么办？暑假的大好时光已经过去了，后面要完成任务该是多么困难哟！

这个暑假是历年最轻松、最无为的暑假。既没有外出培训，也没有送孩子上补习班的劳顿，成日宅在家里，到头来不知道做了些什么。显性的收获真的没有，隐性的收获也许有一点。我重新阅读了从2004年到去年的所有《小学语文教师》，每读一本感觉自己对专业的知识又多了一分思考，对自己的教学又多了一次反刍的过程。每多读一本，对自己曾经引以为豪的教学就多了一份惭愧。经过认真阅读，发现自己还需要彻底进行一次洗脑，彻底改变自己目前的教学方式和课研方式。好吧，也许就是这一点收获吧。

我重新看了几本名著，真如前人所说，每一个年龄段看同一本名著都会有不同的感受与收获。现在才感觉让自己欣赏名著的时间居然都没有了，经常忙里偷闲看一会，人呀，曾经有那么大把的时间给我看书，我却漫无目的，浑浑噩噩地度过了，唉！

我阅读了好几本教育专著，居然读出了自己的一些思考，不知能否再深入一些，让自己的思考生根发芽。

我的教育博客基本是每天都更新的，主要记录孩子们的暑假作品，还有我们师生交流的痕迹，等开学了才会有鲜活的事件可以记录。

好了，该睡了。明天，要上班了，没有喜也没有悲，大概是年龄到了吧？我现在居然很少激动，很少兴奋。平平淡淡就是生活本来的样子吧？

晕，持续的晕

已经连续十五天了，眩晕一直陪伴着我，使得上网对于我来说成了奢侈。

十五天前的那个晚上，我依旧在电脑前陪着丫头一直到十二点，老公累了先睡下了。等我上床时，他已经发出了鼾声，我摸着黑悄悄地上了床。

当我的头刚贴到枕头时，头脑一下子空白一片，眼前隐隐的路灯透过的光全模糊了，我几乎没有了意识。这是我第一次有这样眩晕的感觉，我突然想到：会不会一下就离开这个世界呀？会不会一觉睡不醒呀？于是凭着直觉，我一边用手把老公拍醒，一边喊他："醒醒，我快不行了。"这时，我开始稍微清醒了一些。老公被我惊醒，连忙含糊地问："怎么啦？什么感觉？"

"我晕，好晕呀，一点不能动呀！"

"怎么个晕法？想吐吗？心慌吗？"

这时我已经侧过身来，经过短时间的眩晕，开始完全清醒了。"没事了，现在好多了。我刚才担心是脑出血，一下子走了，跟你没说一句话呢。"老公这时也彻底醒了："这种症状估计是颈椎问题引起的，和心血管没有多大关系的。别太多虑了。"

听了他的宽慰，我也放心多了："我知道了，你睡吧，我也睡了。"

"哦。"他轻声地答着，"明天去看看吧。"没过一会儿，他又轻轻地发出了鼾声，显然他是太困了。

而我更担心的是第二天要带孩子去春游的事。本来是应该辗转反侧的，结果在床上是一点不能动的，无论朝哪个方向动一下都要晕一会儿才能神志清醒。我还是担心，一觉睡走了，自己是超脱了，但是太不值了，我一边胡思乱想着，一边睡着了。

第二天，虽然起床的时候是一点点缓解眩晕才最终站起来，我还是坚持去参加了春游，因为我不去孩子们该失望透了，我伤不起五十个孩子的心呀！我坚持着像什么事也没有发生过一样，和孩子们一起快乐地游玩，但是其间还是有几次差点晕倒了。但是，不认输是我的本性。于是，我便这样拖了好几天，依然是晕，依然是忘我地工作着。第五天的时候，我觉得晕得受不了了，我就去医院量了血压，低压是100，到了临界点。于是医生推测我可能是血压高造成了头晕，过段时间可能会好一些。就这样又拖了好几天。

这周一，我实在是晕得不行了，我打算上完课去医院里拍张片子看看。我去得太迟，好不容易才挂到了心血管的专家号。医生一听说我是教师，毫不犹豫地说："你这是职业病，是比较严重的颈椎病，没有特效药。先开点药吃吃，不行就吊水。"听他说得这般轻松，于是我又放松了。我坚持吃了快一周的药，居然没有一点好转的迹象。尤其在早晨，我晕得特别厉害，如果不扶墙肯定会摔倒。

周三学校期中考试，我用了半天时间把试卷改了出来，这是我一贯的作风。但是，到了晚上，我就更晕了，看来玩命工作的最终结果就是这样吧？这次，我们班的平均分比第二名多了五分，比第三名多了十分。于是他们讽刺我："该！谁让你这么拼命地改作业、备课、写反思来着，搞得我们都没法混了。这下该歇歇了吧。"其实，我知道她们不避讳我，知道我不在乎别人怎么评价我。但是连续这么长时间的眩晕，倒是让我想问自己：这样玩命地工作究竟有没有必要呢？

今早的状况应该是最严重的了，我扶着墙已经走到客厅了，按说应该缓得差不多了，但是我突然就失去了意识——摔得好痛呀，胳膊和腿都摔到了椅子边上，全出血了。吓得老公连忙过来拉起我："你不要再上网了，也不要再伏案了，这样下去你会摔死的。"

呵呵，我老实了一天，晚上还是在他的怒视下上了网，记下了这段特别的、美好的回忆。因为这段时间，我被他特别呵护着，啥事也不用干——所以，我不想很快就恢复。下午，他强迫我去挂水，我装着睡着了，没有去。也许，享受这种生活也是一种快乐哟。

可以拿着书躺在床上看，周国平的《妞妞》看得人心酸、感动。老公的全程呵护也令我动容。丫头上午悄悄走到我床边轻轻地问："老妈，怎么摔啦？"好温馨哟。

理顺思绪，重新开始

这几天，我的心情比较复杂，不是为已经辞去的校长职务，也不是为还没有定稿的论文，就是比较乱，也许是暂时的空虚，也许是身上的担子一下子卸了不适应，也许是手头上一时没了需要急做的事，也许是间或有电话来劝我继续做校长的事烦扰我，还有可能是有人要接替我的职位向我征求意见触动了我。说不清，凡此种种，乱了我的思绪，乱了我认为不会再悸动的心。我本来应该可以静下心来完成论文了，却没了心情。我必须调整，我要找回我自己，我要完成自己未来的目标。

丫头的考级结束了，也就意味着，以后她要把所有精力用到学习上了。虽然说应试教育有缺点，但是暂时改变不了，我们就要去适应。丫头一直找不准自己的方向，最近我也一直在观察她，想和她好好聊聊，毕竟我这次辞职是以丫头作为借口的，其实孩子的事也确实是我的头等大事。

我每次想和她好好聊聊时，她都是沉默，这曾经让我很恼火。但是，从现在开始，我必须改变自己的态度，以前是以工作忙、事业心强为借口，现在我是一心一意为女儿了，我必须改变以前简单、粗暴的态度。

"妈妈的改变不需要你背负什么心理负担，但是我的出发点确实是想有更多的时间与你一起学习，一起克服生活和学习上的困难。"我的诚意或许打动了她，她开始有表情，开始接受我的意见了。

"妈妈不知道你到底需要怎样的家庭氛围，需要我们做什么。但是，我的直觉告诉我，这些年来我最大的失误是没能帮助你培养自觉学习的习惯。就目前来看，你每天也就是机械地完成老师布置的作业，或是妈妈布置的作业。你自己不知道下一步该做什么，自己的学习突破口在哪里……"

女儿开始流泪，我的话可能说到了她的心坎上了。"妈妈希望你最近好好想想自己的五年目标——这是大目标。然后再确定两年目标，作为中期目标。最后确定月目标或是周目标，一个人只有确定了目标才会有动力，也才会有收获。"

虽然她总是一声未吭，但是我知道她听进我的话了。我知道自家孩子的脾气，我必须不断地督促她。不是有很多妈妈都辞职专门带孩子吗？我这次的选择绝对是正确的。至于对丫头的教育，我只要用心，一定会有成效的。因为我的女儿是聪明的，是善良的。和丫头谈话以后，我的思路开始清晰，这不是我未来五年除教学外最大的问题吗？我要想办法去攻克，这是一场攻坚战，也是一场持久战。不仅要靠体力，更要靠智慧。我一直自费学习的东西也应该往我自家孩子身上用用了。这五年来，我的业余时间应该主要花在丫头身上。我必须明确这个目标，相信女儿，也相信我自己。

晚上散步时，老公劝我："既然辞职了就好好歇歇吧！也不要再去奋斗了，清闲清闲，比比谁能活过一百岁！"这我做不到，也不是我的性格。我一直活在自己制定的目标中，一下子没了方向，我会很痛苦，也会短命的。只不过，我需要把自己的生活节奏调节一下，不要搞得太累，不要有太大的压力是真的。好在以后不要再面对复杂的人际关系，不要再去处理繁杂的事务，我会很轻松的。面对自己的教学任务，面对自己的学生，我绝对是得心应手，并且是非常快乐的。

理理自己的思绪。我还是我自己，我还是那个不想虚度每天的我，只是现在追求的目标不同罢了。打开电脑看其他教育人士的博客，精彩纷呈，我虽想人云亦云也难以做到，因为大家的观点出入实在太大了。保持我的爱心，延续我的热心，执着我的上进心。我将会在另一方土地上生根发芽，终有收获。

我该怎样拯救自己

到昨晚十二点，我又一次把自己痛骂了一顿："你完了，彻底完了。"

昨晚十二点是这一轮投稿的最后期限，我又一次对自己失信了，没有写出来，虽然做了很多准备工作。虽然从那天看到征稿启事后就痛下决心：这次一定不能像前两次那样半途而废了。我纠结了好几天，痛苦了好几天，也准备了好几天，最终的结果还是一样的——没有完稿。

连日来已经形成了恶性循环，没有要求，没有限制，没有主题的东西，想到哪写到哪，可以任我发挥，随心所欲，写得很流畅，很舒心。一旦有了要求，作为任务，就什么也写不出来了。不是一时语塞，而是每次语塞。

我完了！难道正规的文章，就彻底不写了吗？如今的博客离我自己当初的预想也是越来越远了。没有目标与功利性的生活也是很危险的。毕竟我还会面临很多的考验和功利性的检测或衡量，我不能就这样坐以待毙，以后拿什么证明我的工作，不是早就想好了吗？而我目前恰恰是背道而驰。

因为没有人管我了，因为我觉得自己也不需要人管了，所以放纵自己的业余时间。因为没有奋斗目标了，所以任由自己的笔随着思绪想到哪写到哪，只要自己觉得快乐。但是，我还是社会人呀，我还需要用成绩来捍卫尊严。我需要冷静思考目前的状态了。

班级博客里每日记录的与孩子们的点滴故事，确实是最真实、最一线的。可是我没能把它们拎起来，当我想在《班主任》上投稿时却拿不出一篇像样的东西。老师与朋友早就劝过我，不能把所有的东西都写在博客里，也不能把所有的精力都放在博客上。因为自己贪图安逸，因为自己害怕面对现实的残酷，我在逃避，选择了自己最惬意的生活方式，但是这是在为以后埋下苦果，因为很多东西一旦需要的时候再来准备就来不及。当机会从我身边溜走，我的痛楚会更深。

我该怎样挽救我自己？或者选择从此啥也不追求了，那还不如死了算了。或者选择从此不写博客了，那也生不如死。上帝呀，请你派一个天使姐姐来管管我吧。像我这样不自觉的人，没有人敲打，没有人鞭策注定以失败告终。

我该怎样挽救我自己？上帝帮不了我，得靠我自己。

打个逗号暂时休息

连续一周的作战，我终于把准备好的满满三袋材料装进了袋子里。无论如何，明天先把材料交上去，成功与否全在天意了。呵呵，我不负我心便罢了。啊，好累！

人啊，真是矛盾的集合体，如果我不想再奋斗，如果我安于现状，我就不需要这么努力。但是我就是我，我没办法说服自己停止不前，我也不能让自己停在时间长河的一个小旮旯里，不与奔流的河水同去，我的本性就是如此，没有目标我不能生活。所以，暂时的劳累是没有关系的，明天我就可以轻松地面对一切，明天我就可以随时记录我的心情。

昨天，我们去婆婆家吃饭，顺便看看外公外婆，时间很紧，我们坐了十分钟就要走，外婆拉着我的手就是不让我走，眼里居然闪出了泪花："玲呀，我想你，你跟我讲讲话好吗？你已经好久没来了。"听她这么一说，我的眼泪也出来了，是呀，我上次还是端午节来的，这一晃就好几个月了。这时，公公打电话催我们赶快回家吃饭。我耐心哄着外婆："我忙完了手里的事一定来吃饭，陪你聊天好吗？"我说了好多话，她总算松手了。我这次交了材料一定要去陪陪两位老人。他们现在最需要的就是有人关心他们，有人陪陪他们，他们就满足了。

还有妈妈，最近她基本住在自己家里，也是比较孤独的。她听说我骨质增生，每天催我到她那做按摩，我知道她更希望我每天能够抽出时间去陪她聊聊。老人们多么需要孩子的陪伴呀，老了的他们对儿女的依赖也如同我们小时候对他们的眷念一样呀。

"刑场"归来

前天忽然接到紧急通知，要到市里开会，布置职称评定工作。开完会，我傻眼了，时间紧张得容不得你有半点准备的机会——现场抽题，现场一个小时写说课稿，二十分钟说课和答辩。这说课的事我还是七年前拿中学教师资格证时经历过，现在没啥印象了。主持会议的领导说要放下包袱，全靠平时积累了，言下之意这一关全靠大家的真功夫了。我心里直打鼓，一边担心一边庆幸，最起码这个国庆长假可以过得舒心一点了。嗨，"早死早投胎""早搞早了"。昨天，我请了一天假在家熟悉了课程标准和几个年级的教师用书，反正也看不完，教材版本和年级都不知道，先看看吧，权当自我安慰。

　　也许是年龄大了，遇到这样紧张的事，我居然能睡得着也能吃得下了，是不是经过磨炼的次数多了，我的适应性强多了。

　　天气预报说今天有小雨，太阳居然出来了，我感觉兆头不错，不过这对每一个人都是一样的预兆（呵呵，先自己美一下再说）。十一点，我从家里准时出发，十二点二十要到考点抽签。快速公交在我到站后两分钟就到了，我坐的是空调车，人很少，我的心情格外舒畅，看来今天运气不错。二十五分钟到达终点站，直接在公交站换乘，下一辆车居然也开足了空调在车站等候了。

　　我非常顺利地提前四十分钟到达考场，评委老师们在吃盒饭，上午是考察特级教师，评委老师们也够辛苦的。

　　我坐下安定了情绪，和几个同学科组的老师聊天，缓解一下紧张的气氛。

　　时间到了，抽到的题目让我一头雾水，我根本不知道是哪个年级和哪个版本的课题，反正凭感觉写吧。我整整写了一个小时，满满的两大张，自我感觉良好，应该不会太跑题吧。

　　我说课的抽签号是三号，我觉得很好，因为我的性子急，让我等别人，我可受不了，更何况我下午最后一节还有课，早结束我可以回去上课，两天没到学校了，也不知道我的那帮孩子们怎样了。

　　我拿着写好的说课稿，站在讲台上，本来想好的，可以脱稿，可以神采飞扬一些的，但是面对评委老师，我的声音颤抖了，心跳加速。一位评委老师频繁地看着手表，我不能掌握时间，不知道她暗示的是啥意思。于是，我去繁就简，很快把说课的六个环节走完。答辩的题目，老师所提根本不是我说课稿的重点，不管了先答完，迅速离开考场，与这段时间一直笼罩在我心头的阴影暂时作别。

　　拿到被收取的手机，才两点二十，速战速决，呵呵，不知道是不是迅速"毙命"，随之而来的是漫长的等待，结果如何，听天由命吧。我该做的努力都做了，这次权当是演练一下，成败都可以，我做好了思想准备。

　　好了，"刑场"归来，我有获得新生的感觉，这些天一直被这事压得透不过气。这下好了，我可以重新回到自己的生活轨道上了。

第三篇　良师引领　益友指路

举杯邀恩师，对影成三人
——记我的硕士生导师周兴国教授

新的一年即将开始，我有一个最大的心愿，希望能够再见到导师，向他请教一些问题，从他那儿获取一些滋养我迷茫生活的精神养料。这次借着送书稿的名义，我约了老师，没想到他欣然答应了。家人都笑话我："师生关系早就结束了，你就不要再去烦他了。"我没有放弃，因为我有很多教育和思想上的困惑，我必须和高层次的专家交流才能走出去。说真的，假如不能与他交谈，我发自内心地不会信服的，而且老师对我比较了解，我也能够很快与他谈到主题上来。

新年第二天，我揣着早早买好的火车票，在寒风中再次踏上了我已经无数次走过的求学之路。这次目的和往常不一样，可以说没有目的，仅仅是为了让老师给我解开心结，让自己从日益纠结的教育困惑中走出来。近来，无论是对于女儿的教育，还是对于学生的教育，我都进入了死胡同，有时甚至痛恨自己的思考与反思，特别是对于学生的教育。假如我多少年如一日的重复教学，不去反思教育的过程与结果，不去关注孩子们除了考试分数以外的事，我一样能够过得很快乐。但是，麻烦的是，我已经在思考了，我不能阻止自己思考，不仅是自身的教育，还有身边的其他教育，还有更大的教育，都令我在思考中焦灼万分。而这些仅仅只能是思考，我无力改变现状。其实，我身边有很多人都在想着改变。像我的众多博友，都在无时无刻地思考着改变和创新，他们都是明白人，都是有教育良知的人，不过他们也同样在困惑之中。

当我看到《教育报》的梁主编在QQ签名上写下了"行走在理想教育的边缘"时，我读到了他对教育的费解与困惑。当我读到某老师在应试教育和良心教育的权衡中不得已而为之的痛楚时，心中还是欣喜的——我们的教育圈里有很多不屈不挠，为教育百般思索、不断努力、有良知的人士。而我的力量似乎更微弱，但是我必须珍视我自身的存在，或者正视我的思想转变，我必须找到老师，请他给我指引方向。

我还在火车上时，老师就给我打来电话，还是一如既往的平和的声音。得知了我抵达的时间后，他说要从家里出发了。

进入校园，一股熟悉的气息扑面而来，特别是走进教科院，走进老师的办公室，还是每个角落都堆满了书籍，只是书架上原来的一层书已经变成了两层书。桌面上摆放着他新出的一本书《论教育的自由》——又是一本我看不懂的书。我拿起书简单看了一下，通篇的教育哲学，还有国外的相关理论引用，我真看不懂，这就是层次的差别吧。桌子旁边的地上还摆着几摞书，翻看了一下也都是老师新出的书。我看看老师说："您真是应了那句'著作等身'吧？"他总是很谦虚："没什么，都是一些没有价值的书。"也许老师被我的"您的书我总是看不懂"惹生气了吧，不愿意跟我谈他的书，从来不愿意向我推荐他的书。这些年来，老师从来没有向我们炫耀过他在任何一方面的成就，总是谦虚地笑着，听着我们说话，然后缜密地给我们解答。

老师一直是我们心目中一个非常真实的、绝对不虚假的学者和良师。他的眼神是犀利的，仿佛能够一眼看透你的心思，所以很多时候与他谈话无需隐瞒，也无需做作，无需担心向他呈现自己的无知与浅薄。每次我感觉难以释怀的事，经过他的诠释，马上让我豁然开朗。其实，从谈话中，很容易听出像老师这样的学者们，他们也致力改变现行教育，但是也会有众多的不得已。

每次和老师谈话都能够感受到他对我们的尊重，他总是把我们这些学生放在一个相同的教育工作者的角度和我们一起讨论、交流。而且每次谈话之前，我的思想是混乱的、混沌的，经过他一梳理，思路马上清晰了。当然他还有每位优秀老师都具备的良好素质——赏识学生。在我以小学老师的身份求学的路上，从未缺乏老师的鼓励与赏识，他几乎从不拿自己的学识来刻意要求我们，仅仅是在我们的观点与思想过于偏激的时候，才会给我们提出改进的意见。在他不紧不慢、亲切的话语中，我能够一步步完成论文并顺利通过。然后，我又在他的影响下改变自己的工作方式，从校长职位上撤下来，一心教学，对自己的教育和教学反思，不断记录，虽然目前并无大的建树，但是我相信收获总会有的。与其每天去做那些浪费时间的事，不如静下心来教好一个班的孩子，在教育中思考并提升自己。

谈话中，他又纠正了我的几个"绝对化"：第一，对当前领导不懂教育的质疑与否定。老师说，无论对任何人的评价都需要站在他的角度去理解问题，其实他也有难处，很多事也许他也不想做。只是他处在那个位置上，他不能不做。第二，一个自然人在进行社会人的转变过程中他是需要适应性的改变的，并不是所有的独特性都是好的。他还特别强调了一些所谓的"独具特色的课堂"，没有立足于学情，反而害了学生。第三，我目前所做的事有什么意义呢？我曾经非常沉浸于自己的状态，可以静下心来思考，静下心来记录。但是，好久没有外界刺激，大概就会动力不足了吧？我自己变得迷惑了。老师说，做任何事都贵在坚持，不要总把做事功利化，相信自己只要坚持下去一定会有收获的。对此，我自己也有亲身感受，很多事不是奔着功利的目标去的，其实最后还是会有功利性的回报的。

一个多小时的时间，我和老师一瓶红酒对酌，时间过得很快，他下午有会，我返程的时间也到了。回来的火车上，我没有看自己带的书，找了一个没有人的座位临窗而坐，回味着和老师的一番谈话。越来越感受到老师作为一个学者的众多无奈，他也需要做一些自己觉得没有意义的事，他也有无法改变的很多很多事，何况是我等小教师呢？

我细细地咀嚼老师的话，希望通过这种过程，能让自己前路明朗、思绪清晰。

加油吧！快奔四的人儿！不懈怠！老师最后不放心地给我发短信：一路顺风，继续努力！哦，还是不能辜负了他的期望的，不能辜负他对我的鼓励与赏识。

再谢老师，因为他的引领让我改变了生活方式、学习方式，认识社会和生活的方式。祝愿他能够成为全国知名、世界闻名的哲学家、教育家！

喜见梁师

昨晚，我刚从南京回到家，就看到梁老师的微博显示：刚下火车，感受火热，合肥43度。这是说的我们这个城市，梁老师居然来到我们家了，真是一大惊喜。于是，我在QQ上给他留言，希望能够尽一下我的地主之谊。没过一会儿，他回话了：我在行知学校，明天下午给大家做讲座。明天上午北京师范大学檀教授的讲座，我想听一听。知道他来了行知学校，我更加欣喜了，因为行知学校的袁校长也是教育名人，更是我多年的博友。他每年暑假都会请来很多教育大家给老师们进行校本培训，这已经成为我们周边校本培训的一大亮点。前些日子，他向我介绍了20日上午的陈琴老师的素读。没想到，他们还请了梁老师。于是，我毫不犹豫地说："哦，那明天我也来听讲座。"

早晨，我匆匆赶到行知学校，校本培训教室里已经坐了不少老师，讲座八点半开始，我们八点不到就到了，我和小鸣坐在了第一排的最边角，等待着梁老师和未曾谋面的袁校长。

这一天相处下来，梁老师给我的总体印象是：帅气、洒脱。

正像行知学校的孙校长所言，梁老师本人比照片上要年轻、帅气。这位"山东大汉"，虽然秉承了山东人的高大健壮，却又是十足的白面书生。他的笑容是温润的，他的语言是真挚而有吸引力的。看到他，我迎了过去，他很亲切地与我握手，仿佛相识很久，这就是博友之间的默契。

这一天，我一直跟着他，感受着他为了高效课堂的追逐与执着，也感受着他最本真的教育思想与行为。

——最经典的"速记形象"。

作为梁老师的铁杆粉丝，一定很熟悉这个形象，这就是梁老师参加所有会议的经典形象，他在很多场合下都能够利用电脑进行现场速记。上午，我们一起聆听檀教授的讲座，我偷偷地看了一眼他的记录，不仅仅如他所说记录了讲座的内容，还写下了一些简单的感悟。这也许就是一位一流撰稿人的特殊本领吧。

——"关注课堂，提倡高效"的老师。

下午是梁老师的讲座，中午他没有休息，把昨晚准备好的课件进行了调整，因为他要结合上午檀教授的讲座和对行知学校的感知进行现场调整。我再次感受到了他的治学严谨，教学因地制宜、因人制宜精神。

主持人在开场时隆重介绍了梁老师，他一直谦恭地站在边上候场，面带微笑，保持着一如既往的亲切，没有架子，没有从首都来的大家的傲气。

讲座时，他要求站着讲，把会场当成课堂。用他自己的话说就是：坐下去就讲不出来了，更别提精彩的表现了。讲座内容切合教师们的教育实际，讲到关键的部分时，他没有引经据典，而是通过简单的游戏或者故事帮助老师们自然过渡与想象。这是梁老师引导我们改变自己固定的思维模式，提倡创新思维的一项游戏。在这个环节，梁老师充分调动全场听课老师的探究意识，把老师们的状态很自然地引入了他的高效课堂。

——诗意语文，高效课堂。

在讲座的后半段，梁老师主要结合他自己的教学经历，和我们一起分享自己的"每课一诗"。他用每课一诗不仅解决了语文课堂上阅读理解的各种问题，而且把写作中的谋篇、扣题与立意讲得充满诗意，这些内容变得简单易懂。他还利用"每日一诗"很好地解决了班级管理中的棘手问题，用他的诗化解了班主任与家长和学生沟通中的矛盾。一位诗意、智慧的语文老师与班主任就站在我们的面前，他的教育思想也走进了我们的心里。他的讲座是以多年教学经验与积累作为基础，所以显得厚重、真切。

作为一名资深的中学语文老师，他的嗓音浑厚，朗读水平高超，具有磁性。他还把自己写的诗唱给我们听，唱完以后全场爆发了持久的掌声。

最后，他居然留了半个小时与老师们交流，这该要多大的勇气呀。谁不知道这是最难的，这需要超强的应变能力和绝对充盈的专业素养。但是，梁老师在几百人面前从容不迫，应变自如。最经典的是第一位老师问："您的诗意课堂仅仅局限于语文课堂，那么我们是英语老师，我们怎样在课堂上贯彻您的诗意课堂呢？"梁老师不慌不忙："首先我申明，我对英语一窍不通。但是，我知道英语乃英国人的语文，那么可以推想，我们中国语文的教学方法完全可以在英国人的语文课上落实。"（哈哈，多么睿智的回答。非常自然、合理地把问题又一次引入了他的诗意课堂。）

在半个小时的交流中，他一直都是有条不紊地回答着来自不同领域的老师们不同角度的问题。不知道是我们听课老师的水平太低，还是梁老师的知识面太广，总之我心里有点小遗憾——居然全场这么多老师没能难住他，呵呵！不服！

晚上，我和主办方一起把梁老师送到了火车站。回味这一天与梁老师的相处，那个真诚、洒脱、谦虚、自信的形象一直在我的眼前。走近梁老师，我对他的崇拜更近了一步，因为他向我展示了一个无论在何时，都坚持自己的教育立场、一个有良知的教育人的可敬可亲的形象。

再见，梁老师，希望下次有机会再次感受您的教育魅力！

走进行知，走近袁校长

作为袁方正校长的忠实粉丝，我像全国的千万粉丝一样，从他的文字里见证了他接手行知几年来所做的各种努力。如今，行知这棵大树上结出的累累硕果，背后隐藏着袁校长与他的领导团队多少的心血与智慧，我们一路看过，一路感受。其实，作为博友，虽然我们就在一个城市，而且现在住得更近，却从未谋面。这个暑假，我向袁校长预约了去听陈琴老师的讲座，没想到因为梁老师的到来，我和袁校长见面的时间提前了。

他们俩一起出现在我的面前，我首先认出了梁老师，因为他的面孔天天出现在博客里，早已铭记。认识了梁老师以后，他说："袁校长听说我们熟，要急着打电话给你呢。"我说："我今天也是第一次与他见面。"接着，梁老师介绍了我和袁校长认识，一个手拿茶杯和笔记本，全身已经湿透的精致男士。看到他，我脑子里冒出的第一印象就是潘长江的那句："浓缩的都是精华。"袁校长也一定属于此类型啦！

　　和袁校长、梁老师同为博友，我仅仅是一个县区的一线教师，心里一直很忐忑，今儿就着迎接梁老师的噱头来忽悠，生怕袁校长和他的领导组不买我的账。但是，他的热情很快打消了我的顾虑，包括后来他在酒席上把我介绍给他的团队的时候，也是非常真诚的，对我这样一个小教师给予了充分的肯定，让我这一天能够人模人样地坐在全会场的第一排，享受贵宾的待遇，实在有些受宠若惊。感谢袁校长！

　　上午，我们几个一起聆听檀教授的讲座，袁校长一直很认真，时而冥思，时而记录，这种认真听讲的态度无疑给老师们起到了榜样的作用。会间，偶尔会有几位老师发出一点声音，稍微影响了会场的气氛，他回头寻找，并没有瞋目，也没有大声提醒。我想他仅仅是要摆出这种姿态，善意地提醒那些老师吧。其实，我知道，他作为一校之长，此刻他的心里是很焦虑的，但是他的脸上没有任何表现，足见他的修养之高，足见他对老师们的包容之深。

　　天气莫名得越来越热，檀教授慷慨陈词的同时，衣服已经汗湿了一大片，脸上的汗水擦了又溢，溢了又擦，我们坐在最前排，看得最真切。深为檀教授的状态纠结，但是四台空调已经马力全开，因为人多温度高，全场的温度一直保持在31度左右。此刻，作为东道主的袁校长应该是最着急的，他的团队领导也知道他的心情，不断有人到空调边调温度，但是每每都是失望的，因为指示灯一直显示着"16度"，无法再低。

　　我忽然想起在几个学校上课时，校方会给主持人配台电风扇，我悄悄给袁校长发了短信："能不能给授课老师配一台电扇？"没一会儿，袁校长便转头与身边的书记小声耳语，接着书记又找了另一位年轻的领导耳语。整个过程是无声的，我用眼睛的余光看到了整个过程。这也许就是袁校长管理的模式，遇事与书记先商量，取得书记的支持，充分尊重书记的意见，然后由书记把任务分配给二级机构的领导执行。

　　接着我收到他的短信："已经让他们去落实了。"呵呵，心里感觉暖暖的，因为我的建议得到他的认可，而且这样一个不起眼的建议还获得了他的感谢。大概十几分钟以后，年轻的领导搬来了一台非常大的电扇，于是清风顿时在主席台前吹拂，檀教授的脸上露出了满意的笑容，讲话的声音更洪亮了。感慨于袁校长与他团队的执行力，还有作为一把手领导，敢于放手让二级机构去做，他们就能创造性地开展工作。例如这台电扇，袁校长的意思是看能不能想办法买一台，结果这位年轻的领导居然想到把食堂里的电风扇搬来了——风力大、效果好。通过一台电扇，我见到了袁校长的管理智慧，假如不是长期的放手与信任，今天这位年轻的领导就不会表现得如此出色。

　　行知的整个校园条件并不优越，无论是建筑物还是内部设施都是很一般的。但是，在这样三流的办学条件下，能够把学校办出特色，办出新意，正是袁校长和他的管理团队的过人之处。简陋的教室里是整洁的，每一个教室的门前没有色彩斑斓的手工作品，但是都配有一块小黑板，上面是与经典诵读相关的文字与图画。学校所有宣传画都是最简单的泡沫纸做的，成本是最低的。下午，我有幸走进袁校长的办公室。这间办公室，除了两个书架彰显了主人的一些特色与品味，其他陈设都是落伍的，甚至显得有些不够清洁。我曾经到过一些名校，他们校园都是窗明几净的，但是你只要稍微注意一下，他们学校里还活跃着一批保洁工。其实，以袁校长每年不间断地从各地请来名师大家的出手，他们应该是有经济实力的，但是他把主要财力用到了给学校增添文化品位，而不是搞形象工程。这也许就是他提倡的静静做教育，扎实做教育的主旨吧。

　　酒桌上，他总是带头一饮而尽。不强迫任何一位老师喝酒，还帮请来的老教授代酒，帮学校的副校长代酒。人说酒品如人品，能够这样畅饮，能够牺牲自己成全别人，这可能也是他能够让整个领导团队和谐共处的原因吧。席间，我没有看到哪位领导刻意向他谄媚，更没有人毕恭毕敬地向他敬酒，倒是每次喝酒他们之间都如同亲人一般，端起来就喝，也不论喝多喝少，不需语言，只要眼神交流就足够了。这样亲密无间的团队，这样融洽的工作氛围是最理想的状态，大家不需要钩心斗角，只要一心工作就行。

　　一直没看到他指手画脚地指挥，倒是看到了其他领导在安排着各项事务，他没有插嘴，更没有过问，只是陪着请来的教授们说话。在等待教授的时候，他召集了一次短会，我在一旁与梁老师聊天，隐约间没听到他说多少话，倒是其他领导都有积极的发言。这就是把管理工作做到了极致的领导，放手让每一位领导都有事做，也让每一位领导都能够把自己的那份事尽力做好。

走进行知，感受他们不搞花架子，真实、扎实的教育。走近袁校长，感受他于无声处见威严，于宽容中见秩序的校长风范。

让瞬间的感动定格

我最近在准备材料，心里没底，想利用放假时间请专家指点一下。好不容易联系上他，一个我并不是很熟悉的专业老师，只是在我的市级课题验收时见过他，留下了他的电话号码。电话打通后，他居然没有拒绝，答应我在办公室等我，我说开车二十分钟能到。我风尘仆仆赶到时，他的桌上已经泡好了一杯为我准备的快凉透的绿茶，一种被尊重的感觉直入心底。

他说自己趁这段时间已经初步研读了文件，让我把材料拿出来，他逐条逐条地给我解说，不知不觉间一个小时就过去了，谈话中全然看不出他有半点专家的架子，很多时候他都会说："你觉得这样是否好一点？"或者在我没有信心时，他就会不时地给我打气："你很厉害的，相信自己。现在周边的小学老师像你这样研读教学、研究学生的人不多，而且你又是那么好学。"被专家这么一肯定，我心里很受用，自己也是信心百倍了，无论如何先试试再说吧。今天早上，他竟然给我打了电话补充了一个问题，我心里对他的感动继续升级。

一杯清凉的绿茶，一段毫不保留的指点，一个特别关照的电话，体现出一位教育者诲人不倦的精神，更体现出他的热情助人，真诚待人。我此刻最大的感觉就是：当一位学生真好，特别是遇到好老师的时候。

想想这一路，以学生的发展为自己的工作目标，以自我的提升为自身奋斗目标。一直快乐，也一直收获，为人师、为人生的感动常在。把这些感动的瞬间定格在心底，永远记住自己的使命，永远不愧于自己的使命就好。

尾随感恩

——记我的驾校教练

结束了全家二十几口人的元宵聚餐后，我开车送侄女去学校，路过我学车的驾校，很自然地想到学车时的场景，想到了我的教练。我随口说了句："到我的'母校'了。"心里有点留念，有点紧张，学车时的酸甜苦辣片刻涌上心头。

我的教练是一个性格直爽，态度粗暴的人。只要不上车，他和我们相处得像兄妹似的。因为他的文化程度不高，私下里对我们这些老师还是心存些许尊重的，有时他甚至会说，"不要叫我师傅，我应该叫你们老师才对。"他爱喝酒，爱抽烟，每天练车的中午都会喝一点，至于香烟估计每天要抽三包，每次练车回来我们都是满身烟味。闲下来时，他也会和我们聊他家里的事，关心我们的事，很有人情味的师傅，让我的感觉就是"你敬他一尺，他必会敬你一丈"的。虽然我已经"出师"两年，每个节日他还会发短信给我，让我这个徒弟很不好意思。所以，每次从学校路过，我都想去见见他，去感谢一下师傅。

上了车，他可就完全变了一个人，变得"六亲不认"，我们一直认为他是一个不会因材施教的教练，总是用粗暴的态度对待每一位犯错的学员。有时，我们越怕他教训，越是出错。记得一起和我学车的玲考选项时硬是被师傅骂得哭着不愿再学了，后来我劝了她几个小时，她才回心转意。师傅对我最狠的一次就是在"绕大饼"的时候骂我："要不是看在你是老师的份上，我一脚就把你踹下去。"下了车，我们会和师傅聊："我们在您这一点自信都找不到啦。"

就是在他无数次的叫骂声中，我们顺利通过了各项考试，并且在开车时没有丝毫畏惧。现在，我回味起师傅的"无情"，已经没有任何怨恨了，有的只是感激。我开车时遇到很多意外情况时，不禁会想：这里如果不是师傅当时的严格要求，现在怎能记住？驾车时的规范操作，也是得益于师傅的声色俱厉。师傅在我们拿到驾照时对我们说："我的态度不好，请你们原谅。你们要知道，方向盘在手，那就是人命关天的事，容不得开半点玩笑的。"

冷静下来，我觉得师傅的烟瘾那么大也是可以理解的，在驾校的练习场地里，每天重复着同样的内容，再遇到不太灵活的学生，师傅郁闷呀，只能抽烟解忧了。所以，驾校的教练十个有九个是烟鬼。

那次"谢师宴"上，我用一瓶白开水加上半斤酒，灌醉了同来的三个教练，吓得教练们从此不敢提到我们这里来吃饭的事，都说我是"海量"，他们哪里知道，连倒酒的服务员都是我们的"托儿"。师傅每次发短信都会对我的酒量大加赞赏，但是还会加一句"一定不要酒后驾车"。他哪里知道，徒弟为了让几位教练喝好，也有骗他的时候。

我正在回忆，忽然看到前面好像是师傅的车，我加快速度赶上去，果然是他，还是老样子，叼着香烟，一副漫不经心的样子。准备和他打招呼时，他忽然转弯了。毕竟是新年，我得给他拜个年。我也尾随他转了弯，加了油门超了他，并打了方向灯停下，师傅也停了车，看到是我，他非常高兴。我从车里拿了两瓶酒："今天是相约不如偶遇，算是学生在这里给你拜年了。"师傅居然红了脸"这怎么好意思呢?""有什么不好意思，感谢师傅呀。"看到车里还坐着学员，我对他们说："咱们师傅教出来的学员个个都是好样的。"抬头看师傅，他的脸更红了。"现在车开得不错嘛。"我连忙解释："刚才为了撵你才开得那么快，平时不这样呀。"他笑了，竟然是那样腼腆的笑，一点找不到在车上凶神恶煞的样子了。

我怕影响交通，即刻与师傅告别。看得出，他高兴极了。可以想象，今晚几个教练到一起，他又要一番吹嘘了。呵呵，我感恩，他快乐，这就足够了。

人生路上，我会铭记帮助过我的人，并一直心存感激。

永远无法触及的高度

——聆听刘晓阳校长上《雾凇》一课有感

我们有幸请到专家型名师刘晓阳校长执教《雾凇》一课，为工作室挂牌添彩，为工作室成员做专业引领。

听了他的课，第一感觉是沉着、大气。

因为之前的挂牌仪式，刘老师一直没能与孩子们接触。我匆匆赶到班级的时候，上课铃已经响了，等到孩子们进入班级收拾好课本，排队到了多媒体教室，上课时间已经被耽误了三分钟，我和孩子们都显得有些焦虑。但是，刘老师表现得沉着、冷静，他没有表现出半点不满意，而是开场与孩子们进行游戏互动，拉近与孩子们之间的距离。在这样仓促的借班上课的情况下，他能够如此沉着，更显示出了他的大家风范。

当他抛出第一个问题后，发现孩子们在第一课时的学习中并没有达到他想要的目标，他不慌不忙地调整教学环节，适应孩子们的认知。把本课中涉及的几个气象词语逐一加以说明，看上去耽误了不少时间，对后面孩子们理解"雾凇"形成作用很大，这就是所谓的"磨刀不误砍柴工"吧。

虽然课堂没有和第一课时教学对接好，但是丝毫没有影响他的心情。在最重要的朗读环节，他敢于反复花时间纠正孩子们的"顿读"方式的错误。并且自己反复范读，让孩子们对比读。在读中感悟，在读中提升，在本节课教学中刘老师把朗读指导做到了极致。

第二感觉，他的课是求真、务实的。

"扎实、真实、朴实"这几大优点，在刘校长的课堂中彰显得淋漓尽致。他和孩子们从来没有接触过，没有借助于任何奖励的形式，靠的就是与孩子们语言交流，就是用语言文字与孩子们产生共鸣，从而让孩子们认同他，并慢慢跟上他的节奏，从他的课堂受益。他的课堂上，没有任何花架子，也没有使用多媒体图片的辅助功能。他信奉的就是通过孩子们的阅读和感悟来培养他们运用语言文字的能力。

刘校长自己的语文素养深厚，又以最真诚、最认真的敬业精神影响我们。词语、句子如何教学，引导学生如何感知也都尽在他的心中，所以他的课堂能够收放自如，能够万变不离其宗。

第三感觉，课堂设计浑然天成，富有诗意。

这节课给我最大的震撼是，刘老师的课从"预热"环节，到最后"小导游问路"环节，没有一个环节是孤立的，没有哪一点是多余的。

预热环节的"古诗接龙"，其实就为他在下一个环节中教会孩子们在文章中学会引用古诗词埋下了伏笔。而他在"预热"环节中的让孩子们对比利用比喻、拟人等手法写句子的妙处，就为课堂教学中的"雾凇形成过程中的传神描写的方法"埋下了探讨的种子。亦步亦趋，步步为营，他的课堂就是一盘绝妙的棋局，也许你已经在他的棋局中迷失了方向，但是布局的他心中有底，心中敞亮。因为，他的每一个教学设计都是为了培养孩子们学会运用语言文字。

同时，他的板书设计也是别具匠心的，可以说每一个词都不能少，每一种摆设都是有特殊意义的，一直到他最后利用板书帮助孩子们背诵课文，这一步步设计，其实又在教会孩子们一种学习方法：怎样从复杂的语句中提炼关键词，怎样用关键词学会快速背诵的方法。

这一节课饱含了刘校长多少良苦用心啊！他不仅让我知道了"一……便……"是一个承接式的关联词语，而且让我懂得了要让孩子们真正喜欢语文，学会语文，课堂上扎实的文本细读，做足课前功课对于一个老师是多么重要。

我想说的话还有很多，用一句话来做结：大师的高度永远难以企及，却是我们一直努力的方向。小学语文课堂应该回归自然，回归本性。返璞归真的课堂，让孩子们喜欢的课堂，才是真正的好课堂。

我，需要静下心来好好思考我的课堂。

我的舅舅陆应杉老师

"二玲，舅舅得了直肠癌。"电话那头，妈妈的声音已经哽咽了，我连忙劝说她："没事的，现在这样的病已经不可怕了。"妈妈略微缓解了悲伤的心情，就嘱咐我和弟弟要抽时间陪陪舅舅，在他住院期间尽可能地提供帮助。

刚刚56岁的舅舅，一直还坚持在教育管理部门做着最繁重的工作，从来不觉得自己身体吃不消。我想，忽然之间被查出有这样的毛病，对舅舅来说是致命的打击。我觉得，现在他从心理上战胜自己最重要。昨天，我陪舅舅在医院做术前的各项检查，顺便和他聊聊，因为在所有的侄男侄女中，只有我和他的职业是一样的，我俩在经历上也有相似之处，而且舅舅平时也格外疼我。

早晨六点多，我赶到了医院。医院里的人太多了，舅舅的加床已经排到走廊外面了。舅舅脸上是少有的平静，我握住了他的手，他说："没事，丫头，舅舅心里很坦然，我还在劝说别人呢。"看到舅舅很乐观，我心里的石头也放下了。我随即拿着今天需要检查的项目先去内科大楼做了打探，把各项检查所在位置和时间看好，便于舅舅能够尽快做完检查。我回到舅舅身边时，护士正在给舅舅抽血，大概要检查很多项目，护士身旁放了七八只小瓶子。舅舅的血管细不好抽，他看着护士打趣说："没事，不要怕我痛，我会配合你的。"那护士看了半天选好了取血处，一针扎下去就出血了。舅舅忙表扬她说："你的针法很高明，一针见血，谢谢哈！"护士听了不好意思地笑了。舅舅居然在知道自己身患重病时，还能不改往日风趣，实在是难能可贵。

快到检查CT和做超声波的时间了，因为排队的人很多，我们俩便聊了很多，舅舅说："好长时间我们都没能坐下来这样说话了。"是呀，舅舅工作很忙，这是大家都知道的，主要是他对工作尽心尽责，凡是做过的工作都是尽善尽美的，虽然接近退休年龄，却受到了领导的一致信任，工作量与日俱增。但是，舅舅从来没说过一个累字，从来都是认真完成的。我这个外甥女平时也没有多少时间陪他，像今天这样能和舅舅畅聊的机会确实太少。

舅舅和我说起了他的病史："其实，得这样的病还是有渊源的，第一个原因就是太累了，现在想想二十几岁时为了学习，为了提高学历，每个暑假每天骑自行车来回奔波于家和授课地点之间，往返有一百多里，每天早晨骑一两个小时自行车到学校，顾不上满身大汗连着就要听一天的课，晚上骑车回家后，还要认真复习功课、写作业。那三年真是累，但是我仗着自己年轻硬挺过来了，成了700多名入学者中能毕业的极少数人中的一个……"是呀，舅舅那时想拿个文凭绝对是比登天还难。但是他凭着自己顽强的毅力，毅然拿下了专科和本科学历，其中的苦又岂能够用三言两语说清楚呢。

舅舅说："这样的累和苦一直延续到我后来担任教导主任和校长，我们那时当学校领导，主要精力全部放在到地方政府和各个单位去要钱建校、添置教学用品上，而且学校的各类杂事都要我去管。为了给学校多增加收入，那些年，我不知道在酒桌上耗掉了多少时间，也不知道喝了多少酒。那时，中午不禁酒，我基本上从中午到晚上就一直泡在酒精里，身体能吃得消吗？而且，我舍不得放下我的数学教学，每天上午要教学和批改作业。多重事务缠身，累得喘不过气来还无处抱怨，只能自己扛，也只能做好，否则对不起学生和老师。"

其实，舅舅是一个天才的数学老师，他多才多艺，不但字写得漂亮，画画得好，而且歌唱得也好，还会弹琴。小时候，舅舅在我们心目中就是神仙一样的人，最厉害的是他的数学思维和数学教学能力。舅舅当校长那会儿，每周只有四节课，但是他居然把他带的班级教出了全区统考第一名的好成绩。现在，我们每每说起舅舅时，都会替他惋惜：假如舅舅当初不当校长，不走行政路线，现在一定能够成为全国知名的数学教师，更有可能在教育教学上早有建树。此刻，又让我想到"教而优则做校长"的举措是否为上策。有多少好教师就是这样被埋没了。舅舅应该就是其中的一个。

好在干了十年校长、呕心沥血之后，他被调入了区教研室，真正走上了适合他的教研道路。但是，因为教研室人手紧张，很多工作都需要他一个人做，他用于潜心研究教学的时间甚少。而且，随着区教研工作的开展，原来只有两个人的教研室已经发展到现在的十几个人了，舅舅身上的工作量一点没有减少，身上的担子反倒越来越重了。用舅妈的话说："你舅舅那是只知道心疼别人，不知道心疼自己，干起工作来就玩命。"多少年如一日的恪尽职守，让本应该安享退休后生活的舅舅过早得了这种可怕的疾病。唉，我虽然已经有了几次陪长辈看病的经历，这次却显得更加揪心。因为舅舅总是在说，还有什么什么事要做呢。看来，让舅舅很快改变角色不是一件很容易的事。

我和舅舅谈了很久，也谈了很多。

最后舅舅由衷地对我说："丫头，不要把全部精力都放在学习和工作，该休息的时候一定要休息，要吸取舅舅的教训。"是的，这是舅舅最想对我说的话。

下周舅舅就要做手术了，祝愿舅舅手术成功。一定会的！

走近激情四射的朱玉民教授

其实，听完朱教授的课后，我都不知道学了些什么，更确切地说，他带给我们的不是知识，是心灵的震撼，是对我们教育思想的冲击。这位走在大街上和平常小老头没有任何差别的邻家老伯，真是用他的生命在做教育，用他全身的活力在课堂上感染我们。我们都为之倾倒，为之折服。那个下午，我们激情澎湃，所有人都仰视着这位身高不足一米六的、精瘦的70岁老人。我们用久久的掌声，向他传递我们对他的无限崇敬。

一、讲台就是舞台

那天下午，二点十分这位很不显眼的老人就来到了教室，在多功能讲台上不断地调试他的课件，还默默地注视了我们很久。还没到上课的时间，他就急不可耐地开讲了，没想到他的声音会那么高亢。他没有像其他老师那样，拿着话筒坐在椅子上娓娓道来，而是完全脱离了讲台，站在教室的前方，不时地做着动作，几乎是上蹿下跳。配合他非常协调的动作，他的课堂不是在传授，而是在表演。整节课，他几乎是调动了所有器官帮助他授课。一会儿手舞足蹈，一会儿慷慨陈词。每个环节都是扣人心弦的，让你一刻也没有开小差的机会。

他如同一位伟大的诗人，以激扬的语言，最生动的身姿导入了他的课堂主题："站在知识的码头，看着能力的彼岸，需要方法来联结。"这个方法就是他所研究的领域"构建数字化教育环境"。朱教授分别呈现了语文、数学、音乐、美术、科学、历史等课堂运用现代信息技术的案例，现场播放了大量的图片、视频，让我学到了信息技术与课堂教学有效整合的应用理论知识和实际操作方法。

上完课，他立即跑到外面抽烟，站在走廊上的他和讲台上的他是完全两样的。

二、让学生专注的课堂

朱教授虽已70多岁，却精神矍铄，语言铿锵有力，时而辅以舞蹈，时而像孩童般跳起，激情四溢。他讲课时在教室的前后左右不停地走动，有几次在讲台上演示时差点摔倒，但是他依然忘我地表现着。我们知道，其实他就一个目的，他需要每一个学生专注地听他的课，他需要让自己的课堂有吸引力，能够自觉唤起学生的注意力。很多次，他在我们中间行走，也就是提示我们思想不能游离于课堂。这样的责任心和我这样一个一年级老师没有两样，在大学校园里不知道是否能找到第二个了。

一位专家、一位老教授能够一如既往地敬业、恪守师德，是多么难得呀。作为一名一直研究数字化环境教学的专家，他同时又是务实的专家。他恳切地说："多媒体辅助教学虽然好，但是不能滥用，更不能乱用，要用得恰到好处。例如，上《荷塘月色》这一课，最蹩脚的老师是把荷塘的画面用多媒体呈现了，朱自清写的荷塘语句优美，就是要一百个人读文章时，展开他们不同的想象，能够在自己的脑海中展现不同的荷塘景色，你在此时呈现了画面，完了！大家心目中的荷塘都一样了，还有什么美丽可言？"老人一丝不苟的治学态度留在我们每一个学员的心中，不能磨灭。

三、有效课堂教学模式

老人很有意思，不断地在自己的陈述中说着："这是我的研究成果，其他人都还没研究出来哈。我先跟你们讲了，不要外传呀。"好可爱的老教授。呵呵，权当是老教授传授给我们的独家秘方吧！他的有效课堂的教学模式的"六个过程"：

1. 感知过程：创境激趣，设疑引思。
2. 认知过程：营造环境，观察分析。
3. 理解过程：交流操作，同化顺应。
4. 巩固过程：建构获得，强化记忆。
5. 应用过程：拓展迁移，发展智力。
6. 评价过程：反馈调控，提升经验。

感谢老教授为我们解读的有效课堂的过程，只有把整个身心都投入教育事业的人才会真懂教育。所有高效的课堂都是基于学生爱听，师生产生共鸣，老师投入激情的课堂；所有的教学形式没有最先进，只有最合适。

拜读月下风荷的博客
——记我的文友薛良翠老师

晚上，我静下心来细细品读了月下风荷的博客。

我前两天就读了她的几篇博文，她的博客装扮得特别有品位。不仅文章写得好，配的插图都是那么美，那么得体。

她的文章写得真好，无论是教育点滴还是心窗一隅，文笔细腻，行文洒脱。字里行间透露出的真情，或让人感伤流泪，或让人静心沉思。相比之下，我的这些博文真是"小儿科"，我得向她好好学学，不仅是她的文笔，还有她对学生的爱，对工作的执着，对女儿的教育都值得我学习。能够在博客中遇到这样的良师，真是我的大收获。

同时，在阅读了她的文章后，我更能体会她凭借自己顽强的毅力，战胜了生活给她带来的不幸。所以她的文章总是劝别人要懂得珍惜。是呀，每当我们在失去时再学会珍惜已经为时太晚了。而这一点她应该体会得最深，也承受得最多。因此，她用如椽之笔善意地告诫每一位博友，要懂得珍惜身边每一个人。谢谢她的胸怀，佩服她的坚强。当不幸降临的时候，她没有选择退缩，而是笑对人生，因为她不想女儿受到伤害，因为她不希望她所有的亲人为她痛苦。其实，她是把种种痛苦打了包自己硬吞了下去，为的是让身边的亲人得以心安。而这些苦又会时时地露出头，每逢节日、每到花香、每到秋凉、每到独处，它们都会冒出来，因为爱之深切，痛会令人身心俱焚。这时，月下风荷只有用她的笔抒发她的情怀，寄托她的哀思。情之深，让人读完泪不能干。好一个真情、勇敢的月下风荷。

我在她的文章中感受到她对学生的博爱和对教育问题的敏感。她肯定是位好老师，因为她是那样爱学生，全心全意地投入她所钟情的教育事业，并且无怨无悔。也累、也烦，但是听不到她的抱怨。也是困难重重，但是她没想过逃离。同样作为一名老师，我要向她学习的地方太多。

月下风荷的博文不是一天两天可以读完的，忙完了学习任务，我要好好去品味，去向她学习。她的篇篇博文或真情流露，或育儿心得，或教育点滴，都是我的镜子。而她的文笔估计我是学不了的，在她面前我自觉才疏学浅，汗颜汗颜！

真诚地祝愿她在现在的状态下幸福永远。

做孟老师那样的"老教师"

　　一直期盼着能够在什么地方再见到他，一个我不知道姓名的老教师。初识他，是在去年的语文学科培训会上。那是我平生第一次在一百多名同行面前讲自己的语文教学心得，心里是忐忑的，看着台下众多头发花白的老教师，我更加怯懦了，担心他们的不屑，更担心自己的无知、无能。

　　当我结束简单的开场白，很艰难地抬起头与在座的一百多位老师进行眼神交流的时候，我看到一部分老师睁大了眼睛看着我，很认真地倾听着我的话语。特别是坐在第一排第三位的，一位头发花白的男教师，他表情温和，始终面带微笑，一直看着我，并时时地微微点头。我看到他，仿佛一针兴奋剂注入了我的血液，我的精气神马上提高了八度，与台下老师交流的眼神也变得勇敢、坚毅了。在接下去的交流中，我始终有意识地在视线中寻找这位长者的目光，并刻意与他进行眼神交流，寻求他给予我的鼓励。

　　那天课间休息的时候，我特意走到他身边与他聊天。他没有像其他老教师那样对我不冷不热，而是很正面地评价了我刚才讲的内容，充分肯定了我教学中的做法和尝试。那天他说的一句话让我一直铭记："你能够在自己的工作中做这么多事，自己很累，但是你的学生的确是幸运的。"这句出自一位资深教育工作者的话语，其实就是对我工作的莫大肯定与鼓舞。对于每年暑假的培训，他说："你们讲的我都爱听，包括学校发的书我也都看完，虽然有的不太懂，接受得慢一些，但是对自己也是有帮助的。我虽然快要退休了，但是还教着语文课，只要上一天课我就有必要多学习学习，提高自己的教学能力。"多么简单与朴实的话语，其实这也许就是千千万万位坚守在农村教育岗位上的教师们的那份教育情怀吧。

　　那次的课，因为有了这位老人鼓励的目光，让我信心倍增，也让我在后来的课中敢于不借助名家和理论作为支撑，只说自己做的。因为老人说：

"讲你做的，我们都爱听，因为这是最真实的；只有讲真实的，你也才能讲得更生动，更走心。"

今年的继续教育，我很荣幸地被邀请给老师们讲作文教学尝试。那天的课，我意外地发现，在同样的位置我又看到了那温柔的眼神，那位老教师居然还坐在第一排的第三个座位，依然是很认真地倾听，间或点头微笑，我依然是在讲话的过程中贪婪地获取他赏识的眼神，鼓励自己大胆表达，真诚说话。那老师好像知道我的用意，便一刻也没有松懈过，在我上半场一个半小时的讲课中，他是最守纪律的"好学生"，一直端坐，一直没有动，甚至头部的姿势也没换一下。这样赏识的姿态，对于我是多么重要。我对于他只是一个素不相识的同仁，我与他从去年的一面之交以后便没有联系过，而他已经真正把我当成了一位值得信赖的晚辈老师。他眼神里的热忱感染了我，甚至在我平时的工作中鞭策着我。

中场休息时，我依然走到了他的身边，他也没有谦虚，就像遇到了老朋友，直接对我说："你今年明显比去年放得开了，也老道了一些。你讲的内容还是挺吸引人的，值得我这样的老教师学习呢。"哈哈，又是鼓励，我又一次被他的真诚与热情感动。从这位来自偏远地区的快退休的老教师那里，我看到的是一如既往的诚恳。我问他还教语文课吗？他说："还教呀，下面学生少，但是每个班的语文老师是不能少的，我准备干到退休呢。"我与他聊天，最大的快乐是不要装，也不会听到诸如：你们年轻，你们城镇的老师不知道我们在乡下的痛苦之类的话语。他对教育的热爱，对农村教育的那份最淳朴的情怀在他的眼神里展露无遗。

这次与他相遇后，我仍然不知道他姓什么，更不清楚他到底在哪个学校任教，只知道在一个偏远的农村小学，有他这样一位有快四十年教龄的老教师。

没想到，这次我去高店，居然在他们中心校的培训现场，还是在第一排的第三位，又看到了他。（始终坐在第一排的老教师，有着多么强大的渴求知识的动力。）我异常激动，像见到了老朋友，我连忙走过去与他握手，他应该知道我会来的，他没有惊讶，只是依然保持着他那经典的微笑。我有点忘情，居然当着所有老师的面表达了我对他的感激："感谢您在几次的听讲中一直给予我鼓励的微笑，感谢您给予我的田野般宽阔的包容。"我这一时冲动说出的话语，却表达了我的真实心情。

这次讲的内容虽然和作文不相同，但是他那毫不改变的倾听姿态，和那经典的赏识眼神还是一直陪伴着我。

临走时，我问了校长这位老师的姓名，校长说他姓孟，但是听校长的语气，这位老师给他的印象并不深刻。足见孟老师应该一直在一所村小里任教，平时与中心校领导接触的机会并不多，也可以看出这是一位从来不给领导穿小鞋、使绊子的老教师，没有倚老卖老。他坚持着自己的教育原则，只为那份教育良心，只为着自己的那份教育坚守，平凡却从不自哀自怜。

默默地、微笑着面对一切、对待一切，不抱怨，不懈怠，一直学习。这样的教育坚守，我能够坚持到退休吗？假如我们每一位教师都能像孟老师这样，教育也会像春花一样烂漫，像山林一般永远纯净而焕发生机吧？

校长是学校的灵魂
——记我身边的教育工作者金菊校长

上午因为要拿去南京听课的证件，我去了金姐的学校。一年没来，学校的变化真大呀，不是硬件设施，而是学生的面貌和校园环境的变化，让我折服于姐姐的管理，更深深感到：一个校长就是一个学校的灵魂。

金姐的学校是我们当地最大的小学，拥有近五千名小学生，四百多教师，上次和我聊天，她说很多老师她可能一周都见不到一面。从一位优秀的教师做到教导主任，到现在的一把手，金姐一路走来，其中的艰辛我是可以想象的，她的努力与认真的态度是学校能够在她任校长不到一年的时间里发生了翻天覆地变化的原因。

这个学校占地面积不大，场地的限制导致在校学生人满为患，各种活动很难开展。我以前到她们学校去，学生追、打、哄、闹的情况比比皆是，随处可能出现安全事故。进入每个教室都可以看到垃圾满地，上学放学的时候学校里聚满了接送孩子的家长，整栋教学楼都是吵闹的声音。今天我去时正赶上孩子们放学，之前的情况已经不复存在，校园里整洁如新，虽然人头攒动，但是孩子们在家长的牵引下，没有追打哄闹现象，正在有序地离校。一路走到姐姐的办公室，我的心情激动不已。当初，上级启用姐姐当一把手，我就说过：这是几千学生的大幸事，现在看来是没错的。这估计也是我们当地教育的大幸事。

走进金姐的办公室，看到我来她很高兴，好久没见了。她笑着说我："还是妹妹知道享福，当一名专职老师是最幸福的事。"她拉着我的手，难以掩饰的喜悦。"姐，还好。我以为你这么累，肯定瘦的只剩下骨头了，现在看来你绝对能够胜任这项工作。你呀真是太厉害了，几个月的治理，学校面貌大为改观了呀。"听了我的赞美，金姐有些不好意思，连忙谦虚："哪有呀，还不是老师们一起干的吗？""我知道是老师们一起做，但是还是你头领得好呀。"她一边抓着我的手不放，一边已经处理了老教师体检的事和教导主任安排教研的事。我亲见姐的忙碌与高效，而且态度一直亲和，不温不火，发自内心地钦佩。

我要告辞。"等会，咱姐俩好久没见了，今天不是为了教学检查我一定留你吃饭，我们好好聊聊。"我知道她不会撂下参加检查的其他老师陪我的，这也是我的性格。"姐，我理解。等你没事了，随时找我，我来陪你聊。"她很高兴，还是拉着我的手送我到楼下："很累，真的。"估计这些话姐不能对别人说。我很理解："我知道，当初我那学校还没你这十分之一大呢，我都扛不下去。不过，你的能力强一些，最主要是侄女已经大学快毕业了，你没有后顾之忧。挺几年吧！姐，为了这个学校的孩子。"金姐知道我说的都是真心话，欣慰地点点头。

松开了金姐一直握着的手，我的手心还藏着她的温度。一个女校长能够独当一面支撑起这样一个大学校是多么不容易，姐做到了，也做得很好。但是，其中肯定有酸楚，有多少泪不可以在别人面前流，有多少话不能对别人说。苦只有自己受，因为我们都有一个信念，无论在学校的哪一个岗位上，都要尽力做好，不为别的，看在孩子们的份上，他们是纯洁无邪的。

也希望有更多的外界力量能够支持姐的工作。让她一心管理，能够心无旁骛，不要因为其他与教育无关的事浪费了她太多的精力。姐，妹妹支持你。相信你的付出一定会取得美好的收获！

聆听张化万老师的讲座有感

去年暑假，我买了好几本张化万老师的书阅读，因为他擅长带徒弟，又擅长指导写游戏式的作文，所以我一直非常喜欢他的风格。这次有幸在活动中聆听了他的讲座，再一次近距离感受到了他的亲和力，还有他的从容、淡定。更让我听出的是他一直都是眼中有学生，心中有学生的人。

当主持人介绍张老师的各种头衔以后，他笑了笑说："这些都是过去的事了，我其实仅仅是一位教了50年小学语文课的老师。"繁华褪尽，张老师甘于隐藏自己的种种成就，也没有吹嘘自己的任何作为。开讲就进入主题，和我们一起探讨语言运用的核心问题。下面是我对张老师讲座的理解。

一、阅读教学需对话

阅读教学是自己的心灵和文本、教材编者、老师与小伙伴的对话。

对话的背后是思想，呈现方式是语言。对话是一种共享，共享精神、知识、智慧和意义。容忍差异是对话的基础。小学生不是对话的研究者，主要任务是学习语言、运用语言，在语言运用中掌握语言。

1.对话需要尊重。尊重原著，尊重编者，尊重当下，尊重儿童的理解，而不是自说自话，强加于人的理解。

2.对话需要理解。要做到"三到"——眼到、口到、手到。阅读需要增大个体读的时间。当你的孩子们个性表达的空间越大，孩子们的个性表达能力就越强。

3.对话需要碰撞。学生成熟的理解力是在老师创造的相互碰撞与感悟的过程中成长起来的。

好的老师是揣着明白装糊涂，学生提问能够培养学生的创新力和思维的创造性。

二、体验是阅读的升华

1. 身临其境才可能感同身受。

2. 个性阅读才可能多元体验。

真正尊重孩子的教育是在言语交际的过程中，在交际境界完成情感体验。阅读体验是过程，自主批阅促进多元化发展。感悟体验是最重要的语言实践质疑，走进文本去理解，打通文本和儿童世界的连接，联系上下文理解，联系儿童生活感受、体验。

三、运用是改革的归宿

语文教育的核心是人文关怀，语文教学的核心是运用语文，阅读教学的归宿是语言实践。学生是语言研究者，应适可而止；课堂是语言实践时空，要充分运用。语文能力的真正获得，需要反复练习。到底"人文关怀"和"运用语文"孰重孰轻？

1. 在语言运用中积累模仿。词语短句的掌握要用情读，理解意蕴，用心写，体会意味。目前，学生面临的现象是积累多，但错别字也多。要引导学生归类摘抄，有序积累。把听到的话摘抄下来是最好的。"眼睛亮亮"的，说明学生有思想，找到语境，把孩子们带进语境，再让孩子们独创；"千篇一律"是发展过程中不可逾越的一个过程。

2. 语言运用综合灵动。学习生字词时，要让学生自由读，老师领读，学生跟读。

3. 语言运用要精道，或泼墨似水，或惜墨如金。概括力强弱是智力高低的重要标志。要锻炼小学生的语言概括能力。语言能力是靠反复训练得来的，主要内容的概括到第三学段要着重训练。

4. 多次试读，反复比较，欣赏分享，熟能生巧。差异是学习的资源，错误是学习的资源，敢于让孩子们展示不足，发现不足，改正不足。

下午停车时，我恰巧遇到附小的老师们欢送张老师，他们正在校园里拍照。我是不喜欢和名师、专家留影的，但是既然遇到了，可能就是缘分，于是我也凑过去照了一张。呵呵，赶了一次潮流吧。

在我看来，张老师的讲座就像照片中主角后面的背景，张老师的讲座只能给我"启"，需要我自己去"悟"，去尝试。

暑假充电之"与细节处见真情"

在基地充电的第一天上午，省教科院的周玲老师给我们解读了2011版的《小学语文课程标准》。

在聆听中思考，在思考中有了思维和情感的交锋与碰撞，这也许就是每次充电的意义所在吧。

一、感动于周玲老师对自己的不断批判精神

同样作为全省小学语文教师的领路人，周老师严谨的治学精神令我敬仰。她在强调了本次解读的主题就是"语文课程是学习语言文字的综合性、实践性的课程"这个纲领性的要求之后，直接呈现了自己四年的思考与实践——经过反复打磨的《两个铁球同时着地》一课的教学设计。三次的修改，不是简单的修饰，而是颠覆性的重新设计。用她的话来说就是经过了反复推敲，在脑子里反复过。我觉得还有更重要的一点是她经过了自己不断的学习、思考与提升，对小学语文的认识有了转变。鉴于课程标准的改变，她对自己的教学设计做了大幅度的改动。真正从师本的课堂走进了生本的课堂，从华丽的课堂走进了扎实、沉静的课堂。同时，她也是在不断的实践和反思中修改自己的课堂。虽然她的第一设计课堂效果很好，也曾经成就了她的公开课、示范课。但是，她并没有自满，而是站在"成功"

之上冷思考，寻找自己的不足。更难能可贵的是，她能够对照新课标不断地推翻自己曾经的光环。一个人反思自己的失败很简单，但是能够在成功之上反思，是非常难能可贵的。

鉴于周老师对自己课堂的不断修改与反思，让我也更坚定了我曾经的几个想法：①为了把第一课时上得精彩，不得不放弃识字教学和汉字的书写，这是为了公开课上迎合听课者的喜好，让课堂更精彩生动一些，让课堂更有特色一些。②很多公开课完全是老师牵着孩子们的鼻子走，为了控制时间，为了老师的精彩预设能够在课堂上开花结果。在这样的课堂上，学生的主体性难以体现。③如果任孩子们在常态的课堂上自由发挥和珍视孩子的个性表现，那必将使你的课堂显得不紧凑，也不可能环环相扣。因此，真正常态的课堂要凸显孩子们的主体性，就不要纠结于对时间的掌控。

二、感受到周老师以现身说法把我们领进了"眼中有学生"的课堂

周老师反思自己在当教师的时候不断在全省各地展示的示范课，她反思的基点就是"教学设计是否适合孩子们"。所以，她在第二稿中及时纠正了"以名人名言导入"的教学设计，因为当她经过冷静思考以后，领悟了四年级的孩子根本无法读懂这样的名言，而且后面的环节为了呼应导入部分也是用这句名言做结，这也被她彻底删掉了。第二稿的教学设计她直接把"教学目标"改成了"学习目标"，从根本上要求自己一节课必须从孩子们的学习开始入手设计。

周玲老师在反思她的第一节课时，给了自己几个很现实、中肯的批评：①通过名言引出课程内容，与四年级孩子的身心发展是不匹配的。②老师出示词语让孩子们连起来读这个环节，是看似自由的不自由，看似民主的不民主。③老师在教学环节中设计的问题，如果能够出自学生们自己的自读感悟会更好。④找反问句等各种学习活动都是老师设计的。⑤这节课中最致命的问题就是大多的内容都是老师告知的，而不是来自孩子们自己的感悟。

三、感激她能够在解读中给予正确的引领

周玲老师从一个一线的特级教师转变为一个省级的教研人员，角色的转变对她自己来说也是一个挑战，所以也是在她自己的不断学习、思索甚至是失败中进行了整理与推敲。她很诚恳地给我们这些小学语文老师提出了建议：

1. 语言文字"运用"的内涵就是理解、表达、交流与分享。理解是手段，表达是目的。

2. 向名师学运用是引领，学习名师也要有自己的眼光。

3. 重视团队互助的力量。

4. 抓作业、促运用、提高驱动力。

5. 铭记大师的话——语文这门课是学习运用语言本领的。

6. 以运用促发展，追忆情境性知识、追记案例性知识、追问原理性知识。

一个上午的时间，在周老师诚挚、恳切的语言中，我在思考与接收的过程中，感受到无论是我平时践行的，还是我这次暑假与各位老师分享的，都没有偏离新课标的方向。我为此而欣慰。

第四篇　起步虽晚　贵在坚持

我要做远程教育的辅导者啦

今天下午放学后，我去师范学院报名（很庆幸，这次学习一点没耽误我给孩子们上课）。这次，我参加为期两天的省级"赢在课堂"远程培训项目辅导者培训。这可是第一次呀，我喜欢尝试和挑战，进入一个新的领域，我一定会有新的收获与思考。一直都是学员，这次总算跳级了（呵呵，感觉真好，是不是很容易满足呀）。

其实，作为多年的远程教育的学员，我在学习的过程中有很多困惑、想法和不满，希望通过这次培训，能够让我解除困惑，也让我和组织者见见面，把我的想法表达出来，希望能够对他们有所帮助，也对参加培训的学员有所帮助。

因为师范学院离我家很近，开车也就十分钟，我放弃了晚上的住宿和跟校车，也许失去了一次接触全省各地教育精英的机会。我还是选择了来回跑，毕竟时间上是完全允许的。

下午报到时，我看到了来自全省各地的老师正在办理住宿手续，一个个踌躇满志。希望他们的心情也跟我一样，想学点东西，也想为我们的服务对象们做点事。

每一次学习都是值得好好珍惜的，给自己一个任务，好好听课，记录下自己的不同感受与收获。

明天还要上课，不写了。不过还是挺幸福，验证了公公说的一句话："老是这样不断地学习，我媳妇马上可以给老师们当老师了。"呵呵，继续努力吧，仅以此来鼓励自己要不断更新自己的知识积累。

培训第一天
——我能成为一颗火种吗？

确实是不一样的体验，也是不一样的培训和感受。这是多次学习以来，第一次上午、下午都拖堂半个多小时，却没有一位学员抱怨的。

首先，让我震撼的是他们的时间观念特别强，每个环节的衔接基本上都是以分钟来计算的，这样的会议形式让培训者们能够很快进入角色，紧张起来，了然自己的职责。上午的领导讲话也是全脱稿状态，而且不拖泥带水，这样的领导不承认他们的水平是不行的。这项计划的总监——周卫老师已经六十多岁了，他说："我几年前对电脑一窍不通，现在成了远程教育的总监，这就证明了无论什么事只要学就没有问题。"我记住了他说的一句最朴实的话："我快七十了还在学习呢，你们三十多的不学行吗？"由己推人，让我们缩小了畏难心理和懒惰情绪。

几位就座的专家和领导，在上午的培训和下午的活动中一一展示了自己的内涵与风采。周卫老师旁边这位长相似俄罗斯美女的裴老师，别看她年轻，下午就是她一个人主持了我们三百多人的"热身活动"，而且活动现场有条不紊，老师们情绪高涨、激情四溢。我因此而感到惊奇，原来深藏在每个人心中的那份激情是完全可以被点燃的。正像这次培训的口号：点燃激情，携手同行。

下午的全体培训活动，就是在中国研修网的两个二十几岁的小女生的组织下进行的，通过三个多小时的活动，大家都认识了彼此。在很短的时间内，我们的五个小组经过合作都分别有了自己小组的组名、组徽、组训和组歌。大家上台快乐地展示，集体欢唱各自的组歌，这些刚才还素不相识的老师们，现在一下变得熟悉，并且能够做到精诚合作，把自己的聪明才智发挥得淋漓尽致。最让我感动的还是有几名岁数较大的男教师，虽然头发花白，依然和年轻的老师们一起激情飞扬，看看他们毫无顾忌地唱着临时编写的"组歌"，你就会为此一震，如果不是这样的环境，这样的场合，能看到这样难得的场面吗？为组织者喝彩！这项活动名为"破冰之旅"，真是再恰当不过了，因为它让三百名参训老师相识、相知，快乐合作。

往上走了一步，越发感受到了国家对农村教育的无比关注，可以说这样的远程培训都是专家和各级培训机构全力打造的，他们的指导思想是一流的，技术是一流的，但是到了最关键的一层时却出了问题，这是为什么呢？问题的节点应该从我们这些"培训者"开始，假如我们没有激情，就根本无法点燃学员们的激情。说真的，我身为学员多年，基本上和大部分学员一样也就是为了拿到结业证书，可能培训过程中潜移默化的影响是有的，但是我一直没有积极参与论坛和评论活动之中，想想都惭愧。

晚上，我回到家后，把班级的100名学员的信息从中国教师研修网上下载下来，发现这些老师分布在我们县区的各个角落，离我最近的都有三十里路，而且没有一个我熟悉的。看来，做好这次的班主任管理工作是一次很严峻的考验。听了上午几位去年优秀班主任的经验介绍，感觉压力好大呀。

更重要的是，领导反复强调，这项培训体现的是"国家意志"，是"国家行为"，也是"国家规格"的培训。咱们也是上级派来的，算是责任重大，肩负重担的。今年国家拨了5.7亿元用于农村中小学老师的培训，可谓花了大本钱，下了大工夫。但是，真正能够起效的会有多少呢？唯独在这件事上，我觉得是有必要的，哪怕是只起到了1亿元的效用，那也值得。这件事做了总比不做好，农村中小学教师的教学理念和教学行为确实需要外界的冲击，否则就如同一潭死水，只会越来越沉寂，越来越臭。

但是，靠我们这几百名培训者，或是靠几个专家组，就能让老师们重视培训工作并认真学习的可能性是很小的，需要行政干预，需要与领导的绩效或政绩挂钩，和老师的评聘挂钩。要想把国家的意志真正落到实处，不从这几个方面入手，显然是空谈。我就很担心自己班级的这一百位老师是否能被我点燃激情，是否能真学，是否能学以致用。都是难题，也很难破解。

培训第二天

——把自己先点燃

今天上午的培训内容是先由专家解读具体操作过程，然后进行上机演示。可以说，项目组的考虑是很周到的，这次培训课一开始就进行了两节"我的网上课堂"培训。这种培训是非常必要和及时的，我们以前学习就经常碰到这样的困惑：开始时，大家都是一腔热情参与学习的，结果在登录的过程中屡试屡败，就产生了强烈的不满和抵触情绪。这样的安排对一般的已经会上网的老师来说应该都不算难。

上午，我和县区的另一位语文组的班主任商量后决定调换班级，因为他们学校参加学习的学员在我们组，我们学校参加学习的老师在他们组。在上午的实战演练中，我们分别进行了"班级公告"的发布，"班级沙龙"的问题发起。我觉得最难的还是班级简报的编写，文字部分应该不是太难，插图和动画、音乐部分对我是一个挑战，好在电脑这东西只要你不断操作就会有收获，我有信心做好，这和我一直坚持写博客也是有关系的。其实，细细想来，想做好那还是有很多困难需要克服，需要不断摸索的。

首先，我现在身上啥领导职务都没有了，我组织活动的号召力从哪儿来呢？仅仅靠我的人格魅力吗？今天已经开班了，我该怎样和其他几位培训老师征得县局领导的支持，这一点很重要。

其次，我的一百个学员都是语文老师，通常他们在学校里会担任班主任，他们的工作都会非常忙，怎样调动他们的积极性，让他们真正投入学习中去，这显然是一个大难题。

最后，我们班的不少老师住在比较远的地方，他们那边是否通了网络？我对班级老师一点不了解，还需要我通过同学和朋友的关系去挖掘一些积极性比较高的、有才华的老师帮助我圆满地完成这次学习任务。我的想法是，充分调动年轻教师的积极性；对于老教师，要多帮助他们，尽量帮助他们通过。

又是一项需要花费大量时间、消耗大量精力的事，所以不能怕、不能烦，调整好自己的心态，平静地迎接挑战，相信自己的潜能吧！

国培远程教育进入新阶段

每天进入我们的培训的网上班级都会有新的收获，今晚打开电脑，幸福的感觉油然而生。看来这几天的努力没有白费，截止到今晚，已经有70人开始上网学习了，很多人开始参与讨论，做了作业，上传了资源，感觉真好。不过，看到计时上还是"0"的老师，我的心里直打鼓，怎么回事呢？是什么原因没上网学习？等到了周末，我再一一打电话追问，争取做到"一个不少"，不为别的，为了自己的职责。

下一步要物色几个学员导师，帮助我完成班级简报的制作了。我一直在寻思，这件事也要等到大家基本都上网以后，看看再定。初步感觉班里的能人还是不少的，热心人也多，这是最好的资源。

一直到今天晚上，还有老师在给我回短信，呵呵，感谢他们还记得回复，感谢他们把我当老师看。想到这，我就有点汗颜了，最近有点忙，没有时间研究课程，对技术问题也是两眼一抹黑，对老师们的"质问"，我也很迷茫。我必须抽空看看，让自己也提高一下，和老师们交流时才能有共同语言吧。

每天都有新的收获，在和一百位老师相伴的国培路上收获着前行。

第一次外出做讲座

昨天，我被一个中心校邀请，与全校七十多名教师共同学习、交流，我就教师的有效学习进行了两个小时的汇报。我的汇报主要通过以下几个方面的问题，结合我自己的学习经历展开。

一、给自主学习增强动力

1. 自身发展的需要：确立一个发展目标。

2. 学生发展的需要：没有日新月异的知识结构怎么面对孩子。

3. 家庭教育的需要：我们的孩子或有的老教师的孙子辈们，他们的成长需要我们不断更新自己已有的知识。

二、教师自主学习的几种方式

1. 多读。读书是我们每个教师必需的生活方式。

2. 勤思。只有思考，才会闪现每个教师的个性智慧光芒。

3. 多写。做一个有心人，认真总结教育的得与失，记录教育中的火花。

4. 善研。我们应该在反思中不断学习和研究，在学习研究中提升自我。

三、我们的学习无时不在

1. 在教学中学习：在备课中的学习；在上课中的学习；批改作业时的学习。

2. 抓住培训机会认真学习。

3. 在比赛中学习。

4. 在课题研究中主动学习。

5. 向身边的人学习。

四、学习路上无闲人

1. 想学习必须要挤时间。韩剧、宫廷剧、打麻将、打游戏与学习无缘。

2. 想学习就要持之以恒。

3. 想学习要能耐得住寂寞，沉得下心。

4. 没有简简单单的成功，无论哪一种成功的背后都会有超出凡人的付出。

在座的七十多位教师中有一大半是四十岁以上的老师，他们听得非常认真，一直默默地记录着、聆听着、思考着。我非常感动，本来觉得自己讲的有关学习的话题会令这些老教师反感，没想到效果还不错。看来，很多教师不是不愿意学习，而是缺少人引导。

当我谈到了"教育倦怠"时，他们若有所思。会后，校长说："感谢你说出了我们平时不能说的话，你所说的各种现象在我们学校都存在，但是从我们口里说出来他们会不服气，经过你这么一点拨，能够唤起他们的一些思考就很好了。"

一位老师对我说："你讲得很实在，也很实用，你是我们身边的读书人，你所做的都是我们能够效仿的，所以听了你的课觉得收获很大。"

教导主任对我说："本来是想让你通过你的教育博客和我们老师们谈谈你是怎样爱生如子的，从而激发起他们的教育良知，培养良好师德的。不过，你今天讲的有效学习也很好，不过就你对学生的那种润物无声的爱，今天真的是只见冰山一角。"

其实，在准备讲座的时候我也做了权衡的，假如对这些一直扎根农村教育的老师们讲太高的理论或提太高的要求，显然是不现实的，也是他们不能接受的。所以，我还是选择了和他们自身有关的一些问题进行了阐述，希望能够与他们产生共鸣。

在合肥学院和老师们一起交流学习

这个暑假，我这个"泥瓦工"居然混到"砖家"队伍里来了，竟然要给市区的老师们讲课了，唉！受宠若惊呀！一个星期前我参加了培训会，接受任务以后开始纠结、忐忑、焦虑。我这肚中没啥货的人，能面对几百号人讲两个小时吗？于是，纠结之余，我开始了"头脑风暴"。

首先，我把发给我的书看了一遍，稍微有了一点思路过后，我开始从网上搜集相关的"学习设计"与"学习方式"的内容，没想到网上有关这方面的东西并不多。我再深入地看下去才发现，所谓的学习设计，其实也是教学设计的一种，最有代表性的就是"导学案"，也就是《中国教育报》前段时间喊得最响的高效课堂的教学方式。但是，如今已时过境迁了，《中国教育报》的主编们又把中国教育改革分成了三代改革，导学案的阶段已经属于第二代了，现在专家们在探索和研究的是第三代，是摆脱对教育的束缚，不再过度纠缠于课堂技术，而是以"人本"为基石构建全新的课堂规则和形态，更加强调生活内容和方式，更加关注生命状态和质量，改变的是教学的意义，必须对学校教育重新审视和定位，尤其是要重新界定课堂。课堂是课堂，学校是课堂，家庭是课堂，社会是课堂，课堂无处不在，并且所有的课堂紧密相连，连成一个整体。这就让我想起了"翻转课堂""可汗学院"和"微课程"。这也正是我上次去广州进行课题培训时，教授们大力推广的，可能也是时下最流行的。但是，在这些我自己都不能信服，自己都一知半解的名词和改革面前，我望而却步了。对于这样的话题我能跟老师们谈什么呢？于是，我自己找了一个转折点。我找到了叶澜教授的文章，带着老师们冷思考，对我们应该怎么教小学语文课的问题进行了梳理。

其次，我要义无反顾地把老师们拉到我们小学语文学科的宗师们身边，拉到我一直崇拜和追随的大师们身边，他们没有用导学案，他们也没有用微课程，他们却培养了一批又一批热爱语文，会说会写，会交流的学生，这其实是语文教学的关键所在。把《小学语文教师》杂志给我们总结的四代名师及他们的特点介绍给老师们，然后把我最崇拜的大师——于永正、贾志敏、薛发根等老师的小学语文课堂的教学主张介绍给大家。我相信，跟着《小学语文教师》杂志的主流思想教语文、看语文不会错。

最后，我还是用了现身说法劝老师们要做一个自觉学习的老师。因为我一路的学习和不断的确立目标并实现目标的过程，是每一位老师可以效仿的，所以要介绍给大家，希望大家能够给自己一个规划，能够在工作的岗位上一直向前。

我的开场白是："尊敬的老师们，请允许我先深深地向你们鞠一躬，因为我既不是名师也不是专家，更不是领导。所以，从身份上我无法征服你们，但是希望通过我的真诚打动你们。今天我和老师们共同学习的这短短的两个小时，我是经过认真准备的，我也会真诚地与老师们一起学习，一起交流，一起分享。不过，整个下午，你们是自由的，可以看书，可以读报，可以上网，也可以走动——但是不要影响他人。如果，你们要交谈，请你们声音小一点，最好不要盖过我的声音。"

于是，整个下午两个多小时，老师们认真聆听了我的讲座。教室里有几十位年龄较大的老师，有的和我妈妈的年龄都差不多大了，感谢他们在两个多小时的时间里一直坚持坐在教室里，也感谢他们能够时时向我投来赞许的目光，给予我鼓励。还有几位老师把自己的孩子都带来了，而几个孩子整个上课期间没有离开过，也感谢他们。当然，所有能够耐心把我的课听完的老师都是值得我尊敬的，因为我的水平有限，台下有不少老师比我棒。好在大家都是一线老师，能够互相理解各自的苦衷，所以我也就坦然了。

本次讲座感觉自己最大的进步就是脸皮厚了，能够站在这么多老师面前毫不脸红地讲话，这脸皮也是相当厚了。

哈哈，十场中的第一场顺利结束，不问效果和反馈意见的课其实也还算好上哈！

在肥西师范学校与老师们交流学习

今天，当我再一次迈进母校的大门，是带着神圣的使命，与参加继续教育的老师们共同学习的，而在这场学习中我是引路人。不知道为何，这次的学习比上次紧张，因为这次面临的都是我熟识的老师，有的甚至就是我的同学，大家都知道我的水平，所以我越发紧张。昨晚，我对课件进行了临时调整，想更多地与老师们一起分享我这几年和孩子们一起学习、生活的过程，也想把我的学习经历与老师们分享，促进我们县区老师的专业化发展。当我提前半个多小时来到了教室里，看到了在座的一百多位老师，我的头脑忽然之间懵了，因为在座的老师大部分年龄比较大，我所准备的材料他们会有兴趣听吗？但是，我又似乎没有临场改变学习内容的勇气。于是，硬着头皮开始吧。

和上次在市里上课一样，我试图在讲话的过程中发觉一些能够和我交流的眼神，但是却很难找到，我越来越没有自信了。我心里直打鼓，是我的内容安排得不好？还是老师压根就没有兴趣呢？老师们没有人讲话，也没有人玩手机，更没有人看其他的杂书。但是他们的表情是漠然的，没有人愿意与我有任何的眼神互动。通常，这样的课堂根本无法调动起我的积极性。但是，我还是要顶着压力上下去。还好，在我感觉没有思路的时候，有老师提出休息。于是，进入休息状态，我趁着这个时间与老师们交流。有的老师就向我提出来："你讲的东西适合城市学校，不适合像我们这样的农村小学。"也有老师提出："现在休息一会儿，你讲一会儿再休息一会儿，一个上午就差不多了。"呵呵，感谢这位老师的理解，她是担心我上不下去吗？但是，无论是出于责任还是最起码的师德，我必须把这课继续上下去，并努力给听课老师更多的帮助。

下午，我实在是没有多大的信心。我走进课堂，看到这个班的老师更多，而且老教师居多。我决定调整一下方式，更多地向他们展示我和孩子们一起做的事情和孩子们的作品。但是，在我还没有进行开场白的时候，我却在教室里发现了好几双友善的眼睛，他们很真诚地看着我。于是，我的情绪开始异常地高涨起来，我给自己打气，相信下午的状况一定会好转。

谢天谢地，在我和老师们共同学习的过程中能够和我进行眼神交流的老师越来越多了，还时不时地会有赞赏的笑声。许多老教师都很友好、坚定地看着我，鼓励着我。我觉得越来越有动力：啊，我找到感觉啦！

越说越起劲，不知不觉中一个多小时过去了，老师们听得异常认真，最喜欢的是他们时不时地微笑，时不时地点头，时不时地与我对视。虽然没有稿子，但是我感觉自己越说越好了。感谢各位老师。中间休息的时候，有一位老教师高声喊着说:"李老师,看到你的教学,我感觉我教了三十年没有你一年做的事情多。你把所有的精力与时间都给了学生吧?"感谢这位老师的理解。还有一位老教师,十分同情地说:"做了这么多的事,该做出了多大的牺牲,家里好多事都不能做了。"我知道,他的话完全是出自一位父辈的关爱。我打心眼里感谢他们。

下午和老师们共度的三个小时显得特别短。再次感谢这些老师,是他们给了我自信,是他们让我重新找到了感觉。

参与听课老师对我"讲座"的评价

暑假的讲座,今天已经完成了六场。下午的这一场,有我的好朋友在场,我心里打鼓的当儿又非常欣喜。因为在朋友当中,她是最敢于说真话的,我现在急需要听讲座的老师给我反馈意见。因为其实我是用了几年的积累在与老师们一起分享,但是我的语言表达确实是不理想的。结束讲课,几乎问及所有的听众他们都会说:"不错。""很好。"我知道老师们都碍于面子不愿意说,或者更多的是老师们并不指望从这样的学习中获得什么。

上午,好友就跟我保证:"中午我回去睡一会,下午一定打足精神听你讲课,争取给你提一些建议。"我非常感激。

今天的听课老师很多来自县城,相对于农村教师而言,他们的经历和阅历比较丰富,水平较高,所以我又一次班门弄斧了。我起先还是蛮紧张的,慢慢才找到了感觉。

讲课结束后,好友给我提了几个意见。

第一,话语间夹杂着有些字词听不清楚,表达得不够清晰,语速还是快了一些。

中肯,也一语中的。语速快是我的一大缺点,现在也在改进了,但是在这样的讲堂上,特别是没有稿子的时候,经常会发挥不太好,有时也会一时语塞。时而,我自己都没有清晰的思路,语言表达不够清楚是正常的。

从原因上分析是我自己的水平有限，也不够自信，虽然说的都是自己做的事，但是没有能很好地表达出来，这是我的一大缺陷。还有，有关语文教学的专业术语我自己还没有完全搞清楚，只是在践行，上升到理论的高度来充实我的做法，或者用我所做的事例来诠释一种理论，这中间需要一个过程，需要一个契合点。这也许就是两位老师推荐我看大师专著的原因吧。需要加强！

第二，话筒使用得不够好，声音一会儿高，一会儿低。

这应该是方法问题，也是细节问题，下一场要注意了。

第三，话语间总是夹杂着"啊——啊——"，说出来的话不够连贯。

虽然我自己没有留意，但是这样的情况是一定有的。因为，基本上所有的语言表达都需要我临场编辑，大抵就是脱口秀，这是我对自己的能力考验，同时不尽如人意的地方肯定会有的。这些"啊——啊——"完全就是为了我掩饰自身不足的，或许这也是自我保护的一种形式吧。

所以，我一定要不断挑战自己，不断完善自己，才能有信心、有胆量再次站到这样的讲台上。

好友虽然碍于我的情面没有再往下提了，但是我知道一定还有很多毛病，因为我这个"泥瓦匠"本身就水平有限。需要历练，更需要思考并改进不足。我一直为自己的"自吹自擂"而纠结，但是我每节课上还是毫不隐瞒地谈了我的学习过程，也谈了我的小收获。其实，我只是想告诉老师们一个最简单的道理：只有想不到，没有做不到。我们通过努力都能够达到自己制订的目标，一切努力都不会白费，仅此而已。在讲课的这些日子里，我结识了不少老师，他们用不同的方式与我联系，说明我的行为对他们有触动。希望我们县区的老师有所行动，能够有自己的目标，主动学习。

合肥的一位老师这样评价我："喜欢你直来直去的性格，有啥讲啥，不做作。"我喜欢她对我的评价，也希望向老师们展示本真的我，热情的我。

参加合肥市小学语文教师培训基地启动仪式

7月5日，我有幸作为小学语文专家组成员参加了小语基地的启动仪式。

我被启动仪式简洁、明快的会务安排所触动，整个启动仪式是简约而不简单的。内容涵盖量大，形式丰富但不奢华。领导讲话言简意赅，没有照本宣科的客套话，也没有不痛不痒的繁言赘述。

基地负责人冯露校长经过长时间的考察、请教、考证、揣摩，制订了一套创新而实用的基地活动方式，给整个基地活动打下了坚定的思想基础。她解读方案，从指导思想、培训目标、培训专项课题、培训方式等几个方面对活动进行了部署。基地的总目标是立足课堂，聚焦实践，达到参训教师的三个转变，这次专题课题就是学习语言文字的运用。

本次活动，我收获最大的还是聆听了吴福雷老师的《从"高原"到"高远"》的微讲座。早在前年的国培远程培训时，我就认识了吴老师，但是一直没有聆听过他关于小学语文知识方面的解读与讲座。作为安徽省小学语文教研的最高研究人员，他有思想、有内涵，更具备良好的语文素养。

他的语言是幽默的，出言惊起四座："今天我们在一起快快乐乐地、冠冕堂皇地建立了'基地组织'，不仅轰动了全合肥，也轰动了全世界呀，试问谁有这个胆量？"他的开场第一句就逗得大家哄堂大笑，会议的气氛立即变得轻松自如，一句话也拉近了这位专家和我们一线老师的距离。

他是有思想的安徽教育人，首先他提出我们省的"小语"不能盲目崇拜和照搬"浙派""苏派"，我们应该创新我们的"徽派"风格。作为我省小学语文的最高领路人，能够有这样的雄才谋略，是我们"小语人"的幸事。他对我们省的教育本土化缺失表示了担忧，并希望在座的"小语人"能够不盲目跟风，把别人的长处为我所用，化我所为。"人家的教育只能作为我们的营养，而绝不能是我们的肌肤和骨骼。"这句话一定是他发自内心的呐喊。

　　他是一个善于践行的人，他的呐喊不是空喊。近几年，他一直与全省各地的"小语人"进行广泛的联系与交流，他创建了"语文教师才艺孵化坊"，把无数的"小语人"吸引进来。在他的示范和引领下，大家逐渐懂得语文教师应该具备怎样的素养与才情。同时也让大家明白了，个人的素养正是切实提高专业素养的基础与保障。同时，吴老师也是一个集写、说、唱、奏各项技能于一身的优秀的语文老师的代表。他已经通过自己的经历撰写了一本专业著作，目前正在为第二本书的出炉努力。无论是他的博客，还是他的空间，随处都能看到他的优秀作品。正像他说的："作为一个'小语人'，不会写东西那是一大缺憾。"

　　他是一个高举旗帜的引路人。作为我们的引路人，他首先要求我们"以阅读为业"：不但要做一个合格的读书人，更要做一个积极的引路人，最最重要的是要带领学生们阅读，让他们一生受用。他说的那句话："当孩子们能够在安全的、自由的氛围中学习时，此时的教育效果最佳。"我感同身受，也有过多次这样的成功体验。当然，他没有忘记提醒我们还要做一个幸福的读书人。阅读是语文人最诗意的姿态，也希望我们的"小语人"都有这样的姿态。

　　接着，他希望我们都过上有文字的生活，这一点倒是正合我的意愿。教育写作成就教育，写教育叙事贮存幸福感，提升思考力。文学创作就是给生命一个注脚，生活因记录而永恒。写作是"小语人"最美丽的职业姿态，看来我正在向这种姿态迈进哟！继续努力！

　　在讲到"小语人"还要在课堂拼搏的时候，吴老师强调课堂是起点不是终点，是过程不是目的。语文课首先要上得有意思而不是有意义，语文课是很平和，很简单，很美丽的。学习语文重点是课外，其次是课内。

　　最后，吴老师希望我们每一个"小语人"都能成为幸福的教师，并掌握幸福定律：爱儿童、爱语文、爱生活、爱教育。

　　吴老师短短一个小时的讲座，为我们"小语人"指明了方向，提供了动力，点燃了希望。听老师一席言，心胸敞亮，认准目标，陪孩子们阅读、阅读、再阅读；和孩子们一起快乐地写作、写作、再写作。这条路是对的，我将一直坚持下去。

第五篇　咬定专业　立足课堂

今天，我终于如愿以偿
——记重新回归专职教师后的感受

今天是校本培训的最后一天，校长宣布了组织上对我的决定，同意我辞去校长职务，回到中心校担任语文老师，我还得知，我可以担任一年级的语文老师、班主任兼"品德与生活"课的老师。这些都是我这个暑假梦寐以求的，因为当班主任才能充分实现我的教育理想，更好地与孩子们交流，服务于我的语文教学；担任"品德与生活"课的老师，我认为这是低年级班主任必须做的，这门课程与班级工作、学生的养成教育息息相关。我可以施行我的个性化的教学方式了。至少在第一周，我要一改及时教拼音的习惯，利用一周时间结合"品德与生活"课，在班级开展养成教育。

我希望现在的家长改变一下眼光，不要总把目光放在孩子的成绩上，要多关注孩子的养成教育和快乐成长。为此，我要与他们多交流，取得他们的信任与支持，把这届孩子培养成我最满意的学生，这也是对我多年潜心教学研究的一次检验。

啊！太好了，我可以一身轻松地教我那一个班的孩子了。也不是，我还要和同一年级组的老师们一起共同实践和研究低年级孩子的养成教育问题。希望他们能和我一样关注孩子们的养成教育。

孩子们入学的第一天我就要开家长会，然后第一学期开家长会的概率可能要大一些，等孩子们的习惯都养成了，我们就可以少开，甚至不开家长会了。在此，我提出几点必须执行的教育尝试：

一、所有孩子不许在校园里吃零食，任何家长不准让孩子带零钱到学校。所有的学习用品由家长代为配备。

二、开学第一周不上新课，全面开展养成教育，并且与家长达成共识。

三、我们班级的宗旨是：快乐、健康、安全。第一学期尽量不写或少写作业，最起码不留抄写的作业。改变以增加孩子训练量来提高孩子成绩的陈旧方法。如果发现哪位家长没有经过老师允许，私自给孩子布置作业，我们要严格制止！不能让家长"扼杀了孩子们的学习兴趣"。

四、赋予班级的墙壁生命，让它每天都有变化，让它记录孩子们的成长足迹，快乐的童年。

五、培养孩子们阅读的能力与兴趣，建议家长每天坚持给孩子讲故事。很多成功的孩子都是在故事中长大的。我也要给孩子们讲故事，带领孩子们读、背《三字经》《弟子规》。让孩子们在诵读经典中感受语文之美，语言之美。

六、每日和家长用校讯通交流一次。

七、在我原来的教学水平上努力提高，增加课堂的有效性，课课反思，日日反思。在反思中成熟，在反思中寻找成功的喜悦。

与同仁及家长们共勉。为了孩子，我们的努力与付出都是值得的。

擦亮眼睛当名师

新的一天开始了，今天是江主任给我们上课。老实说，在他没有讲课之前，我们并不看好他，不仅是因为他其貌不扬的长相，不修边幅的仪表，还有他自己告诉我们的"公鸭嗓子"。

听完他的课，才领悟了什么是"人不可貌相，海水不可斗量"。他的课是经过精心筛选资料，加上自己的一些看法，虽然仍显有些凌乱，但是已经把中国小语界的一些最典型的现象学派和名人都找出来了。因为他对当前教育界的现象看得比较透彻，自己有比较深的理解，所以分析起来也是站在了一定的高度上。我觉得这对我们以后怎样走自己的小学语文教师之路非常有指导意义，让我们更清醒地认识了现在纷繁复杂的小语界。对我的意义可能更大，因为我已决定放弃一切杂务，专心当一位语文老师，并尽可能地做好这方面的研究。而我转身后的这条路也不是好走的，因为我的知识积淀、专业技能、理论素养都还非常欠缺，需要我花大量的时间去弥补。不过有一点是毋庸置疑的，我爱孩子，我爱语文教学，这是绝对的。

我相信我将不会后悔我在2010年暑假做出的这个选择。

今天，江主任也提到了现在中国教育的不协调现象，就是"教而优则管理"的问题。一旦你从事教育管理，就不再有属于自己的时间与精力，可能也就终止了自己的研究，毁了自己的教研路。为什么有这么多人都明白这样不好，却还在这样做呢？

江老师分析了四代名师的不同点：当前这个时期，名师之所以成名，更多靠上课的技术或者说艺术。这与前面两代名师有很大不同。第一代名师将自己的思想、经验、理论构建在课堂之上，不以上课取胜。第二代名师既有教室里的经验，也有上课的技术。第三代名师，教室里的经验较少，上课的技术钻研偏重。此时，公开课、观摩课、研讨课等更多是看名师的教学表演。一课成名天下知，成了一种真实而畸形的现状。我觉得很受用。

关于教学风格的形成，他的观点是：其成因较为复杂。对于大多数教师来说，影响其教学风格最主要的因素是教师自身的后天主观原因，即自身受教育程度、乐观的敬业精神、教学经验积累和创新意识等，但教师自身的先天条件和外界环境的影响也对其教学风格的形成产生一定的影响。比如教师的性别、年龄、生活阅历、个性倾向性及个性心理特征决定了教师教学风格的具体表现。客观因素还包括地域、时代等。

不难看出，影响语文教师教学风格形成的因素中都含有人格特征因素，特别是教师的个性特征、气质、审美思想、兴趣爱好、个性心理等因素。语文教师的教学风格与其个性是分不开的，个性的中心特质决定了语文教师的主导教学风格。每位语文教师都有自己喜欢或欣赏的教学风格，而大多数的教学风格又都依赖于语文教师本人的认知风格。因此，语文教师的教学风格首先要与他（她）自身的认知风格相匹配。

教师从开始教学到逐步成熟，最终形成自己独特的教学风格，是一个艰苦而长期的探索过程。这个阶段的教师基本上摆脱了模仿的束缚，能够独立地完成教学工作的各个环节，诸如备课、上课、课外作业布置与批改、课外辅导、学生学业成绩的检查与评定等等。但在独立的教学过程中，要善于借鉴别人的成功经验，结合自己的特点，创造性地教学。在教学进行一个阶段后，自己能够善于反思自己的教学情况，总结经验和教训，再结合自己的特点，进行创造性教学，逐步形成自己的教学风格。

对于他的"渴望名师"一说，我不敢苟同，虽然他说他自己也不渴望名师，但他希望我们有这样的追求。在我想来，这样也过于功利了。其实我们每个语文教师只要踏踏实实地教好自己的一个班学生，我觉得也很好。有些东西可望而不可即，大家都去当名师，谁去教孩子？每个人做好自己的一份事，那也是一种伟大。

我骄傲，因为我是小学语文教师

"我骄傲，因为我是小学语文教师！"

我发自内心地说出这句话，是因为《小学语文教师》杂志社给我的回复是"因为每个人都是小学语文教师教出来的"。这句话更让我骄傲，让我在选择担任校长还是专职语文教师时，毫不犹豫地选择了担任一名语文教师。虽然外界不明白为什么我在校长生涯刚刚起步，而且干得还不错的时候选择了辞职。只有我自己明白，因为我更热爱小学语文教师这个职业。

担任教师十五年来，我一直从事着语文教学，在这个平凡的岗位上我收获了很多快乐。四年的教导主任工作没能耽误我的语文教学工作，近几年的校长职务确实让我力不从心了。反思自己的工作，如果仍然一边当校长，一边担任现在的六年级孩子的语文教师，我是绝对不能都干好的。与其这样辛苦，还不如舍弃一方。摸着我的良心，根据我的喜好，我决定做一名专职的语文教师，其他什么职务都不再担任。之所以这样留念，是因为十五年的语文课教学令我骄傲。

一、孩子们爱上我的语文课

十五年的语文教学，我的所有学生没有一个讨厌语文课，直至他们上了高中、大学，一提起语文课都会毫不客气地说："我最不怕的就是语文课。"上中学后成绩不太跟上的孩子都坚定地说，只有语文可以多考点分。这种语文学习兴趣的培养也不是刻意的，就是在不知不觉中，和孩子们日日夜夜的语文学习中慢慢培养起来的。

有人说语文是开放的课堂，因为它的开放就容得下我想尽办法去和孩子们开发语文学习资源，正是在开发中我和孩子们玩在一起、学在一起，创造了快乐，更收获了情感。无数次和孩子们走出校园，去看花开花落，去感受季节变化，去寻找家乡的巨变。让孩子们自己动手买材料包饺子、下饺子、吃饺子，孩子们在笑声中体会生活的酸、甜、苦、辣。让孩子们感受生活就是语文，语文就是生活。我这个孩子王真是乐在其中，回味无穷。

丰富自己的课堂教学形式，让孩子们成课堂的主人，这也让我受益匪浅。语文课堂当然是语文学习的主阵地，所以我总是不厌其烦地备课，然后又从不按备课的内容上课。我的备课就是为了备知识点，备重难点，具体的教学环节和教学设计完全看当天语文课上孩子们的情况来定，也就是每天以最快的速度安排最适合当天教学的课堂教学形式，这些都是根据不同的课文和孩子们的接受情况来定的。有的课堂完全由孩子们做主，有的课堂以多媒体课件展示为主要的教学形式，有的课堂我的主导多一点。但是我的课堂只有一以贯之的平和的教学风格，没有放之四海皆准的教学套路。最让我快乐的是孩子们喜爱我的课堂，这正是我追求的，站在讲台上，或是走在孩子们中间，孩子们的眼光闪烁，与我快乐地交流，这就是我最大的快乐。

二、我乐教语文课

虽然一直杂事缠身，备课甚至作文的批改都要晚上带回家做。但是，我一直非常热爱我的语文教学，为了不耽误孩子们的学习，我总是赶在周末就备好了下一周要上的课，下好了课件。不是特别的情况，我是绝对不愿耽误孩子们的语文课的，因为我自知没有魏书生的本领，孩子们还没有养成自学的好习惯。十五年来，我没有哪节课是应付孩子们的，也从没有因为上课而感觉辛苦，因为有孩子们的配合，一堂四十分钟的课总是在不知不觉中就结束了。

我一直认为，一节课无论是自己还是听课老师，如果感觉四十分钟太长，那这节课你肯定上得不成功，孩子们在不知不觉中结束了一节课的学习任务，下课铃响了还意犹未尽，那你这节课肯定是成功的，至少孩子们是喜欢的。在课堂上，我把孩子们当成自己的朋友，与他们平起平坐。每当我坐到孩子们之中，和他们一起聆听班里的"小老师"的精彩教学时，那是我最满足的时候。在我的课堂里，每个孩子都能展示自己的风采，这也是我一直追求的——让他们在我的课堂上找到自信。这样的情感培养使我的课堂充满了每个孩子快乐的话语，所以我乐此不疲。

作为一名语文老师，最让我快乐的还有批改孩子们的作文或是日记，这是他们的创作，也是对我平时教学的检验。看着孩子们的写作水平一天天提高，我无比自豪。每当徜徉在孩子们的语言世界里，我的心也变得充满童真和幸福。每次作文评讲课，孩子们讲评得头头是道，俨然一个个内行的语文教师——恰当的评语，灵动的点拨，真让我这个老师有些汗颜。每天，我们的课堂都是不一样的，我们都能获取不同的知识和快乐。在孩子们的笑声中，我收获了最大的愉悦。

三、语文教学促进我的专业成长

做一名语文教师其实不难，想做一名专业的语文教师其实很难，也许一辈子也无法实现。徐中玉在他的一篇文章中写道：语文教师要具备深厚的语文功底，高超的引导技艺，揭示整个作品内在生命力的能力。要做到这三点就需要我们不断地去学习，去博览群书，上下求索。因为害怕做不好语文老师，因为停留在原有的知识层次上实在不能胜任这项工作，因为孩子们渴求知识的强烈愿望，这些促使着我不断地去学习、去奋斗，不仅是学历层次上的提高，还有理论的学习。但我总觉得自己没有学好，总觉得时间不够用。作为一名语文老师，我们要学的实在太多了。特别是现在的苏教版高年级语文教学，没有广博的知识在课堂上很容易就被学生难倒。

更多时候，是孩子们告诉我答案，这时没有知识上的权威我也乐意。

有深厚的语文功底，有高超的引导技艺，这是作为一名专业型语文教师必须具备的。要做到这些就必须有一颗谦虚学习的心，一份孜孜不倦的追求精神。我具备了这两点后，那就必须再学习理论知识，学以致用，把我的实践上升为理论，这将是我下一步追求的目标。

这个暑假，我做出了别人不能理解的选择，因为我热爱小学语文教师这个职业，我愿意为此而努力一辈子，为此项工作奉献我的一生。我喜爱课堂上孩子们闪亮的眼神，我倾情于孩子们充满童真的作品。我想，我一定会无悔于我的选择。

我骄傲，因为我是小学语文教师！

玩活我的课堂

一年级孩子的注意力不易集中，特别是在需要倾听的教学环节，放眼望下去一个班有十个孩子在听已经很给面子了。上午，活动课老师有事，我又是连上两节，但是今天的效果就大不相同了。因为我把竞争机制和各种教学活动引入了课堂教学。使得至少95%的孩子情绪高涨，在两节课的时间里基本都能随着我的指挥棒运转。

第一节课，我先选择了与bpmf对应的儿歌《爸爸带我爬山坡》作为切入点，因为昨天的拼读情况不是很好，今天必须通过活动与练习进行巩固。我领读几遍后，孩子们比赛背诵。今天刘怡彤背诵的最好，发音准确，声音响亮，我为她授予一颗星星后，其他孩子的精神头上来了，开始跃跃欲试。我抽查了几个同学的背诵，发现几个外地来的孩子发音不准，这需要花很大工夫来纠正。背诵环节结束，孩子们不肯罢休，都举着小手，等待展示。我加大了难度，让他们在儿歌中找出昨天学的音节，我把这些音节写在黑板上，我们来复习。在这个环节中，孩子们一开始不知道什么是音节，我举了一个例子，他们立即反应过来，几个基础好的孩子很快帮我找出了昨天学的音节。我找出了六个昨天的音节，下一步很关键，每个孩子都必须达标。所以，我先采用了全班接龙的形式，让每个孩子都有被检查的机会。果然有七个孩子不会拼读，我先让他们站好，下一步重点辅导这几个孩子。让我欣喜的是，有十几个孩子在今天声母与"o"的拼读中自觉地进行了纠正，虽然发音还不是太准，但是能够自发、努力地做，这已经让我很高兴了。特别是杨桐舒，今天不但大胆地站起来，还完全纠正了不准确发音，做得很棒。梁可毅昨晚应该也下了工夫，今天读得不错。在个人比赛中，我及时给读得好的同学贴上了星星，孩子们的积极性可高了。然后，为了加强训练，我又安排了小组竞赛，让他们从小培养合作意识和集体荣誉感。三轮小组竞赛后，孩子们的热情达到了最高点。我又把他们放在一起，让他们感受一下整个班级在一起的力量，培养他们的班级荣誉感。第二节"识字课"，我也同样不断变化方式展开教学，手里的星星发了不少，孩子们的学习积极性越来越高，目的达到了，感觉真好。

我遇到两个困惑，因为没有进行大量的抄写，今天安排孩子们听写，只有王缘武的格式全对，其他上黑板的同学均有不同形式的错误，是否还需要安排抄写呢？真是很难，很矛盾呀。孩子们趴在地上玩弹子，加上这两天流汗，每天搞得像脏猫一样，想禁止他们玩弹子，可是孩子们玩什么呢？什么都不让他们玩，是否太残忍了？

还有，每天每个孩子都想回答每个问题，不能让他们都如愿，如何不让他们的热情冷却，也是一个大问题。

嘿嘿，猜猜他们在想什么？

学期即将结束，最后一个单元的课文学习的都是富含哲理的文章。希望能从这些课文中让孩子们领悟更多的道理，指导他们的生活。所以，在课堂上，我不断地鼓励他们说出自己的想法。

上《争论的故事》时，我和孩子们一起领略盛老师那些学生的风采。

当孩子们充分感受文中四个孩子的观点之后，有孩子就提出了："老师，为什么课文这里用了十二个点的省略号？"我说："因为盛老师的学生都很棒，他们还从这个故事里领悟了不同的道理呀。老师也相信李老师的孩子也是很棒的，你们也谈谈你们的想法吧？"

开始时，孩子们似乎信心满满，都觉得自己会有不同的感悟，纷纷举手发表自己的意见。但是我总结了一下，大家除了和文中盛老师孩子观点雷同之外，比较有新意的就是"这兄弟俩真笨，应该把大雁射下来再讨论该怎么吃"。

当一鸣提出"应该抓住问题的关键"时，我做了延伸："孩子们，属于一个人的时间和精力都是有限的，我们一定要在一个时间段里抓住关键的问题来处理，抓住关键的事来做。就像故事中的兄弟俩，他们此刻要抓的关键是什么呢？"

"是先把大雁射下来。"

"是的，大雁飞过头顶的时间是短暂的，我们只有抓住了这段时间射大雁才能有收获。就像现在这段时间，我们要抓的关键是什么呢？"

"是学习。"

"对了，抓住这段学习的关键时机努力学习，才会有知识，才能实现我们的理想。"

说到这里，我不想再往下延伸了。

但是，有孩子却站起来了。

"老师，你知道我从故事中读到了什么吗？我觉得还是应该把大雁烤着吃，因为大雁当然是烤着吃香。我们每次吃烧烤的时候都觉得好吃。"

"不一定吧。我觉得还可以烧着吃，我妈妈每次做的红烧鸡可好吃了。"

"不是的，我觉得还可以炸着吃，你看外面的油炸鸡腿那个味道呀，真是没得说。"说完，他还舔了舔嘴唇。

"其实清蒸也很好吃的，我奶奶每次做的清蒸鲈鱼都是供不应求的哦。"
……

哈哈，本来是让他们在《争论的故事》里感觉更多的因为不必要的争论耽误了大事的道理，结果他们上演了一段"美食谈"，这就是孩子哟！他们想的永远和我们不一样，听听他们的想法也没有什么错。至少可以和他们的心贴得更近！

学古诗从默写开始

开学期间，总有很多事情需要安排、布置，孩子们的许多习惯因为一个暑假的放任也需要及时调整。上课的进度一直处于迟缓状态。

上午连着两节语文课，我决定用两节课的时间把古诗两首上完，这学期我开始培养孩子们自己找问题，自己解答，在质疑与释疑中慢慢学会自主学习的能力。

开始上课，我二话没说："两首古诗，你们已经预习过了，都会背诵了，下面我们开始默写。叫两名同学上黑板默写，其他孩子自己拿本子默写。"

我把课题写好，在课题下方用粉笔画了竖线，把黑板分成两半，让两个孩子各默写一首，然后我就可以利用孩子们的默写内容作为板书讲解诗文了。

五分钟不到的时间，上黑板的两个孩子已经默写完了，无论是书写还是排版都符合要求，我很满意。我又给其他的孩子加了两分钟，他们都纷纷放下了笔，我在来回的巡视中看到有的孩子在默写中写了错别字，这是很正常的，因为本课的生字还没有上，只是让孩子们回家预习了一下。

"好，下面请你们翻开书本，对一对你们默写的和黑板上默写的有没有错字，是什么原因造成的错字？好吗？"

在对照的过程中，很多孩子担心自己的错误被别人发现，都以迅雷不及掩耳之势进行着修改，其实他们哪能逃过我的眼神，哪些孩子写错了哪个字，我在巡视中已经都记住了。

"好，下面请写错字的同学举手。"有几个同学开始举手。

马康先站起来说："我把'停车坐爱枫林晚'中的'林'写成了'叶'

了，这样就和下句中的词语重复了，也不正确。"

俊杰站起来说："我把'霜叶红于二月花'中的'霜叶'的'叶'写成了'夜晚'的'夜'了。"随着他的话语，孩子们发出了笑声。

"你要是写成了'霜夜'那就是漆黑的一片了，哪能看到红于二月花呢？"有孩子提出了自己的想法。

俊杰听了不好意思地低下了头，我想这个字他永远不会写错了。

还有孩子举手，因为还有一个关键字有几个孩子写错了。"白云生处有人家"中的"生"有不少孩子写成了"深"，我看到了林俊写错了，他自己很快改过来，但是没好意思举手，我让他站起来说，他也很诚实地说出了自己写错的这个字。这个字有很多人好混淆，因为这两个字感觉"深"更合适一些。我连忙作出了解释："诗人这首诗是传世之作、传神之作，他不仅写出了美丽的秋景，而且把山中的秋景用短短的几句诗写活了。从哪些方面能看出他把景色写活了呢？"

孩子们开始凝神思考，我给他们一点小的提示："想一想这个'生'字可以组什么词？"

"生命、生活、生气、生日、生长……"他们一口气组了好多词。

"好的，请你们想一想在这句诗中的'生'应该是什么意思呢？"

"我觉得应该是生长的意思，白云在深山不断生长了，好像是活了一样。"终于有孩子点出了关键的意思。

"对了，这句诗中一个生字，形象地表现了白云升腾、缭绕和飘浮的种种动态，就像在不断地生长一样，同时也说明山很高。这个字正是作者的点睛之笔，所以绝对不能写错哟！"刚才写错字的孩子经过这么一点拨恍然大悟，相信他们以后不会再把这两个字写混淆了。

"老师，我还发现一处作者把景色写活了的地方，就是'远上寒山石径斜'，这里的'远上'让人感觉石径正在向寒山深处延伸，就像我们爬山一样，我们观赏景色的目光也由近到远，随着诗人慢慢向山的高处和深处看去。"子荔站起来很兴奋地报告他的想法。

想不到呀，我的孩子们能够有这样善于发现的眼睛，给了他们方法他们就能利用方法解决问题，真让我兴奋。

通过默写和纠正错字，我们很快解决了生字的问题，而且理解了诗句，真是意外收获，看来每一次用心的安排教学环节都会收到意想不到的效果，提高课堂教学效率更需要我们开动脑筋，积极想办法。

一首诗勾出了两首诗

学习《枫桥夜泊》，我想试试孩子们自己学习古诗的能力。于是，对照着王俊默写的诗句，我问孩子们："读了这首诗，你们知道作者写这首诗时是怎样的心情吗？"有孩子大胆地说出了："寂寞、孤独。"啊，没想到呀，这一定归功于昨晚的预习，有了这几个孩子的提示，其他孩子也开始进入了积极的思考之中。

"是呀，你们说得很棒，这首诗的作者也是写秋景，但他不是快乐的，而是寂寞、孤独的，是愁苦的。你们能够阅读古诗，还能体会诗人的情感，老师真为你们感到高兴。"几个回答问题的孩子脸上浮现出了骄傲的神情，其他孩子也因为我的赞赏，打起了精神，准备迎接下一轮挑战。

看着孩子们兴致勃勃的样子，我立刻抛出了下一个问题："是呀，诗人确实是寂寞、孤独的，你们是从哪些地方看出来的呢？能不能说给大家听一听呢？"教室里安静极了，孩子们或拿出书本看课文中的诗句和插图，或看着黑板上的板书思考。

一会儿，有同学举手。

"我觉得'江枫渔火对愁眠'这句最能说明诗人是很孤独的，因为他写了江枫和渔火相对着不能睡觉，其实就是写他自己睡不着。"呵呵，想象力很丰富哟！

"老师，我发现了一个问题，在我们上学期学的《春晓》中'春眠不觉晓'是指春天睡眠非常好，不知不觉就天亮了，而诗人那时还不想起床。这首诗中诗人正好相反，'江枫渔火对愁眠'中'愁眠'是因为睡不着而发愁，越发愁就越睡不着。"哦，我禁不住为这位同学鼓起掌来，其他孩子也跟着鼓掌。孩子们真是太厉害了，他们想到的我居然没有想到。"教学相长"又一次在课堂上得以体现。

"孩子们，你们的回答让老师刮目相看，你们都能当我的老师了。老师要看看在今天学古诗的课堂上，还有哪些同学可以当我的老师。"我兴奋地鼓励着孩子们。

"老师，我觉得'月落乌啼霜满天'这句最能表现出诗人的寂寞与孤独，因为诗人很晚都睡不着所以才看到了这些景象。"

接着有孩子补充："月亮已经落下去了，诗人还没有睡觉，那时我们都睡着了。"

"当月亮落下去的时候，听到了乌鸦的叫声，诗人感到更加凄凉了。这时，又发生了什么呢？"我接过了孩子们的话说。

有孩子开始满脸的愁容："诗人真是愁上加愁，本来已经是半夜还睡不着，听到了乌鸦的叫声更难受。天又开始下霜了，感觉更冷了。"这时，他禁不住把自己的身子缩了一下，其他孩子和我也仿佛挨了冻。

所有的孩子都开始进入了诗人愁苦的心情之中，也走进了枫桥的那个不眠的夜晚。

"孩子们，你们知道诗人为什么会如此愁苦，如此孤独、寂寞吗？"短暂的沉默，无人能回答。

我为他们做了解答："因为诗人想家了，思念家人、思念故乡，所以他一个人在外面感觉特别孤独，晚上睡不着。"

"哦，我知道了，李白也是因为想家写了《静夜思》。"有孩子立刻想到了去年学的诗。我倍感欣慰，孩子们都能够把学到的知识灵活运用，而且可以融会贯通了，真好！

"是呀，李白在思乡时是用月亮和霜来抒发自己的情感的，古代人通常会用月亮的圆缺来表达自己的离别之情，你们在以后的学习中会学到更多这样的诗句，希望你们能够多找找这样的古诗进行对比诵读。"我快乐地给孩子们补充着，其实我对于古诗知之甚少，在鼓励孩子们大量诵读的同时，我是否也需要多读多念呢？当然需要！我的三年级孩子已经能够这样全面地阐释诗意了，只怕我不学习很快就会被他们超越，后生可畏哟！

四年级开始的语文教学新尝试

　　开学一周了，但我只上了一课，主要是在尝试中思考这学期应该带着孩子们怎样高效地进行课堂教学，怎样在课堂教学中落实"语用"，怎样在日日的"阅读教学"中提高孩子们的写作能力。暑假期间，我整理孩子们作文的同时，也在不断反思自己的教学，虽然平时一直循序渐进地培养着孩子自学自育的能力，但是真正能够在四年级一个学期中学会质疑，学会在质疑中学习并深入思考的孩子只有半数的孩子。怎样以这样的形式把每个孩子的思考与质疑的能力提高是一件难事，怎样在日后的教学中培养起孩子们自学的能力很重要。再过两年，孩子们就要离开我，两年后我希望他们从我这里带走的不仅仅是毕业考试时的好成绩，更是对语文的热爱，对一日不接触文字就难过的冲动，而这些在这两年内我能够做到吗？而在实现我这远大目标的同时，我又面临着很多极其细微的事，一些语文学习上的小麻烦。这些我一点儿都不能忽视，所以前行之路更加艰难。

　　我用了一节课的时间引导孩子们正确、端正地在本子上写自己的姓名。往年，孩子们的各种本子上的名字都是我写的，进入五年级，这些简单易行的事应该让他们做，主要是很多孩子的字写得比我漂亮了。于是，我让他们自己写，结果又处于一放手就乱的境地，交上来的本子上的姓名五花八门，各色的笔，加上各种形式的书写，一看就是没有规矩、没有经过训练的。看着排列不整齐，书写马虎的本子，我决定利用一节课的时间做这件事。首先，我选出几本写得特别好看的本子让他们欣赏，然后说出好看的原因。然后，再选出几本写得不好的，让他们找出不美观的原因。最后，我在黑板上统一板书，统一要求，让他们知道下次拿起新本子时应该怎样写。

　　"孩子们，我们的书壳和本壳就好比我们的脸蛋，是门面的事，是让人一眼就看到的。所以，我们在提起笔的时候就要想一想，有几行字，我应该怎样设计，怎样排列才好看。另外，为了你每次拿到本子就心情舒畅，也为了老师每次批改作业的时候不感到辛苦，你们应该把字写漂亮才行，对不对？"显然，孩子们之前是没有重视，现在会写，也乐于写好了，于是悄悄地用各种形式修改了之前写得不理想的文字。

看到他们很快改好，我趁热打铁："好，看来你们现在已经写得不错了。还想尝试吗？"

"想。"

"好，那老师这节课就满足你们的愿望，让你们一次写个够。"接着，我把听写本、作文本、抄写本、随堂练的本子全部发了下去，让孩子们练习。结果，他们很快便完成了，而且写得工整、美观，他们一个个都满意地看着本子欣赏自己的杰作。我也乐在其中，省却了我多少时间哦。

暑假前，我安排了让孩子们接触本学期生字词的练习，这学期在生字学习上我想完全放手。经过之前的四年，他们应该懂得怎样学习了。于是，从这学期开始，我课前有一次听写。只听写生字，然后他们根据这个生字默写本课中包含这个生字的词语，另外再补充一个词语。难度似乎有点大。但是，如果课前认真预习，对一半的孩子是没有问题的。在第一次听写中，如果拼音与生字词都写对的孩子，可以免于写课堂生字词，省下的时间进行课外阅读。第一课就有三十二位同学不需要完成课堂生字词这项作业。简单重复的作业我们完全可以不做，特别是已经掌握很好的孩子，我们应该让他们有更多的时间做自己喜欢做的事。

关于利用孩子们预习单内容设计课堂教学，这学期配合的家长多了，孩子们可以直接把自己的质疑通过网络发给我，这样我就可以用最快的速度备课。但是，这学期我应该把重点放在"语用"上，之前的语文课上可能涉及的"非本体"的内容太多了，从之前孩子们的预习单中也能够看出来。好像孩子们很喜欢这样的课堂，但是对孩子们语文学习的深远价值是不够的。所以，我要改变课堂，不仅要注重"语用"，更要注重趣味性，注重孩子们的主动参与，让他们一如既往地爱我的课堂。

关于作文，我想的也很多，首先就是孩子们千篇一律的结尾，毫无新意，毫无生机。这个要作为本学期作文教学的头等大事。然后，再怎么加强训练，让更多的孩子佳作不断，这需要我不断地践行与思考。

这一周工作了七天，却没有做出很精彩的事，但是一点都不亏。因为我们必须在开学前一周把最简单的规范做好，把这学期我和孩子们该做的做好。之后，一切都很简单。学习课文是小事情，关键还是要在让孩子们学习课文的同时提升各方面的能力，过健康、快乐、充实的小学生活最重要。加油，我的孩子们！

尝试改变我的课堂

——学生自主的课堂

孩子们进入四年级，我决定要把课堂的这种以我为主导的方式彻底改变了。最近，我听了六年级的几节课，孩子们在课堂上一直默默无语，全然没有参与课堂的积极性，这也许就是年龄增长所造成的——孩子们进入了青春期，有害羞的心理，不愿意展示自己了。我想，也许我把自己主导的课堂坚持下去，我的孩子到了六年级一准也是这样的。所以，我改变课堂的决心更加强烈了。

梁老师和《教师报》一直提倡的"导学案"的方式是我非常想尝试的，加之我这个暑假对从"教师教的课堂"向"学生学的课堂"转变有所了解。我决定从这里着手。不过，我自己不想走别人走过的路，也不想自制导学案，或者是用别人的导学案来支持我的教学。因为，我觉得我的改变还是应该从我的孩子入手，从我的课堂入手。

于是，我首先在开始的几课里尝试了使用预习单，设计很简单：我没有给孩子们限制问题，也没有给他们设定条条框框，只是给了他们一张纸，让他们把这张纸分为四个部分：

一、我会读（对课前朗读的自我评价）；

二、我会写（对课前生字掌握的自我评价）；

三、我读懂了（对预习时自我感悟与收获的记录）；

四、我有问题（自我质疑）。

　　我始终认为，导学案的问题不应该由老师来设置，因为老师设置的导学案仍然是站在成人的角度来看问题。从孩子们当中搜集问题的优点如下：首先，我可以完全了解孩子们的学情，真正能够在课堂上做到孩子们知道的我们不讲，我们的教学从孩子们想知道和愿意探索的地方着手。其次，我们可以很快了解班级中不同孩子的需求，然后根据这些需求设计教学环节，不至于在课堂上冷落一部分孩子。这样可以有效避免利用导学案时，成绩越差的孩子越学不好的弊端。最后，让孩子们能够充分思考并大胆质疑，让他们最终培养起大胆地提出问题并解决问题的能力。

　　在前面的几节课中，我利用了小组合作的方式让孩子们完成"我会读"和"我会写"，效果很好，孩子们也喜欢这样的方式，关键是我可以在八个小组中进行组织和指导，所有的孩子都不至于离我很远。但是，进入下一个环节，利用孩子们的问题进行继续感悟文章时，因为问题太多，我没有进行充分的梳理，时间被耽误了很多，最大的问题是在这个环节中，具体让孩子们怎样用小组合作的形式来最终反馈，还是一个未能解决的大问题。具体操作时，孩子们小组合作并不是太好，而且小组之间有干扰。汇报时由谁来汇报，小组讨论以后再汇报显然会耽误很多时间。于是，几节课的尝试后，孩子们虽然热情很高，但是我感觉总体很乱，没有思路，关键是耽误的时间比较多。

　　后面的几节课，孩子们回家自己写预习单也显得很牵强了，部分孩子完全是在糊任务。于是，在我整理预习单上问题的时候，提出有价值问题的孩子越来越少了。这样的发展趋势让我不得不继续改进我的课堂。

尝试改变我的课堂
——"静如止水，动若脱兔"

　　明天赶上我上公开课，鉴于一贯赶早的风格，我决定把每学期必上的两节公开课放在一起上，也把养成教育课题主题班会与语文课结合起来上。于是，我有了初步的构思，给这两节课起了一个综合性的主题——"静如止水，动若脱兔"。

因为我本学期的养成教育主题是养成积极思考和善于质疑的习惯。这个主题正好与我目前正在尝试的语文课堂相吻合，我要在我全新的语文课堂上让孩子们明白几种思考与质疑习惯的方式——在倾听中思考与质疑；在阅读中思考与质疑；在问题中思考与质疑；在讨论中思考与质疑；在参与中思考与质疑。当然，形式还有许多，但是在本次的活动课和语文课相结合的课堂中，我只想引导孩子们养成这几种思考与质疑的形式。

为了达到最佳与最真实的效果，我这次找了一篇孩子们从未接触过的课文，是非苏教版的四年级语文课文。最近一段时间，我在班级里开展了"每天一篇"的美文欣赏活动，就是每天我给孩子们读课外的一篇文章，让孩子们在听的过程中质疑与记忆。效果很不错，经常一遍读完，孩子们收获很大，而且他们非常喜欢听我读书。加之最近两课让孩子们回家做的预习单效果越来越差了，于是，从上次晖云老师上完《桂花雨》以后，我就临时决定让孩子们不进行任何的课前预习，直接进入学习状态。而且，课前用的就是我读孩子们边听边思考、质疑的形式，那节课上，我感觉孩子们的质疑都很到位。

明天，我选择的课文是《爬山虎的脚》，课前我不让孩子对这课有任何的了解，那样他们在课堂上才会听得更认真，在听的过程中产生的第一疑问才是最真实，最有灵性的，我要的就是他们自己最本真的感受。

初步设计这节语文课的教学环节就是老师读课文，学生倾听并在学习单上提出质疑和收获，然后请同学提出质疑，学生帮助解决，解决不了的在后续学习中解决，谈收获并一起分享；发放课文纸，让孩子们大声朗读，先过读音关，在读的过程中找出疑问和收获，小组合作朗读，老师读生字，学生把生字词划出来，找出不懂的字词并质疑；请对字词有疑问的同学提问，孩子们一起解决，一起分享收获；老师请四名同学上黑板听写，其他同学在学习单反面听写，检验学习生字词的效果；学生就课文的结构质疑，分享收获，老师引导学生把课文学习集中在"爬山虎的叶子""爬山虎的脚"两大方面来介绍，学生一边思考，一边朗读文章中关键词句，进行句子鉴赏；抓住文章中对本来"静"的事物进行了"动"的描写，其中的绝妙之处在哪里？重点在孩子们的质疑中引导孩子们从语言文字的表达中学习作者关于"爬山虎往上爬"的动态描写过程，指导写法，体会作者写作背后的故事，引入我们平时的作文。一动一静，是对爬山虎的描写，有动有静，或动或静又是孩子们课堂上思考的方式和学习的方法。在这堂课的过程中贯穿语文学习和习惯养成。

应该说这样的设计是比较新颖的，想法很好，不知道效果会怎样。关键问题是孩子们在这节课上的"质疑"的效果，还有一个主要问题是，在最近两节课的尝试中，有几个孩子对字词的质疑都不会。他们已经习惯了死记硬背的方式。不知道他们能不能慢慢地学会从课文的多个方面来质疑，如果这些孩子还停留在只会听讲的水平，那么为了他们我还需要调整我的教学环节设计。

今天，我用了三节课时间，让孩子们以学习单的形式进行《九寨沟》的学习，感觉效果还不错。但是，这节课孩子们之前预习过，他们相对熟悉一些，这可能有助于他们的理解。这节课上，令我惊喜的是，孩子们上讲台提出疑问的声音非常响亮，棒极了。希望他们明天能够表现出色!

这节课"炸锅"啦!

准备上《恐龙》这一课，我是提前好好备课的，因为孩子们知道的关于恐龙的知识比我知道得多得多，假如我一点儿不了解，一定会让孩子们瞧不起的。于是，我特别用心地备了这一课。但是，课堂上，我还是难以抑制男孩子们的表现欲，无论是在教室还是在多媒体上的拓展课，孩子们在课堂上都是异常兴奋的，整节课都处于"炸锅"的状态。

上课伊始，我首先很谦虚地对孩子们说："对于恐龙，老师了解得不多，上这节课，你们当老师的老师，我甘愿向你们学习。"话音刚落，孩子们就开始激动起来了，几个男孩子恨不得把我撵下讲台直接当老师了。我说得不恰当的地方，他们会毫不留情地指出来。这节课，孩子们算是和我较上劲了。

课堂上，我们不仅仅一起探讨，更多的是他们提出了很多我压根无法解决的问题难住了我。例如：梁龙和雷龙躯干都很大，我们怎么区别呢？恐龙到底是怎么灭绝的？人类是通过什么知道有这么多恐龙的？等等。

还有好多问题，我真的不知道该怎样回答。有几个自称"恐龙研究专家"的男孩子在底下偷笑，仿佛故意看我的笑话。他们更会不时地冒出一句："老师，你说是不是有xx龙？"他们非要看到我茫然无知的眼神他们才开心。炫耀自己的一点小知识是这些家伙今天最大的快乐，我知识储备不够，只能认输啦！

最让他们感觉不可一世的，是在多媒体教室上的那节课，我把上次去地质博物馆的照片找出来，让他们辨别那些我们曾经观察过的恐龙骨架到底是哪种恐龙的。这次，当我说出了那个最大的骨架是梁龙的骨架时，几个小家伙彻底把我赶下来了，他们自己跑到了讲台上绘声绘色地给同学们介绍起了各种龙的特征。

为了反驳我说的一个恐龙的骨架是霸王龙的骨架，几个孩子轮流上来补充。

立伟介绍："霸王龙，它的前肢是短小的，基本上它所有的力量都来自后肢和尾部，这样的体型有利于他们看到猎物以后迅速地猛扑过去并用前肢抓住。"

祁程："是的，霸王龙的一些特征有些像澳大利亚的袋鼠，它的后肢发达，行走起来非常快捷，这有利于它捕食猎物。"

胡润显然对恐龙的研究很深，今天特别有信心，自己跑了上来："霸王龙的牙齿很尖利，而且每个牙齿都有我们的手掌这么大，所以您说这个恐龙的骨架是霸王龙的，显然是不对的。"

呵呵，我一下子变成了孤陋寡闻的学生，我索性坐到底下，让他们几个尽情地发挥。

几个孩子陆续上台，有的手舞足蹈，有的指手画脚，有的绘声绘色，兴致勃勃地给同学们介绍着各种恐龙。底下的孩子们或者补充，或者聆听，课堂成了孩子们的了，我仅仅是一个小学生，而且是一名差生，呵呵！我高兴，做老师最期待的结果不就是"青出于蓝而胜于蓝"吗？

不一样的"四朵花"

与孩子们分享《第一朵杏花》的第一自然段描写。孩子们在分享完词语过后，充分发挥他们各自才能的时刻到了。我抛出问题："孩子们，请认真阅读第一自然段。从词语表达、思想内容等方面和大家分享一下你的收获。"

片刻的思考过后，有不少孩子分享了自己的所得。大家的想法都很好，这时，孙丽君很不好意思地举起了小手，这孩子一直很有创意，我急切地希望听到她的想法，于是点名让她回答。

"老师，我觉得同样是四种不同绽放的花朵，这里的杏花也可以像《荷花》那课一样，把四种杏花的形态写出来，用排比的手法把杏花的样子写清楚。我现在就可以写出来。"

说着，孩子们的思维被她带入了《荷花》的几种不同程度的开放形态，孩子们朗声背诵起来："有的才展开两三片花瓣儿。有的花瓣儿全都展开了，露出嫩黄色的小莲蓬。有的还是花骨朵儿，看起来饱胀得马上要破裂似的。"

大家忘情地回到了荷塘，感受荷花的美。正当我准备引导孩子们说说四种不同程度绽放的杏花时，文秀站起来表示抗议。

"老师，我不赞成在这里像《荷花》那样进行细致的描写。"我和其他孩子都愣住了。

"为什么？"我引导她继续说下去。

"因为《荷花》那一课重点是让我们感受荷花的美，所以用各种描写来体现。而本课重点是让我们从'第一朵杏花'中了解竺可桢爷爷，懂得科学研究一定要精确的这个道理，不是重点描写杏花的美。"

哈哈，可爱的孩子，短短的几句让孩子们都能理解和接受的话，把深奥的写作方法——"内容要服务于主题"说得明白透彻。

我当即对文秀的观点大大夸奖了一番："哎呀，孩子们，再这样下去老师真不如你们啦。我要拜文秀为师啦！"文秀很不好意思地笑了。

同时，我也夸奖了丽君："丽君同学能够牢记已经学过的文章，进行前后对照，并且敢于大胆想象与表达，也是我的老师。"

孩子们个个都乐了，希望这种孩子们自主发现，自主探究，自主收获的课堂能够让每个孩子都积极思考。我期待他们有更大的收获。

以评助写
——师生共同评改学生作品"美丽的翡翠湖"

教学设想：

有名师认为作文课应该以写定教，如果不是这样，学生作文中的难点、困惑点，很可能是我们自己想当然的，不一定是学生真正的难点、困惑点。以写定教就是学生写在哪里，我就教到哪里。通过研究学生作文，研究学生最近发展区在哪里，然后把他们的水平向前推进一步，我认为这样有利于学生的发展。所以，我们课题组也要进行"以评助写"这方面的尝试。

欣赏评价，就是在领悟和接受的基础上，从读者的角度，对文章好的地方进行欣赏，对文中某些地方提出自己的看法，或者进行修改。

我所确定的习作内容是孩子们学习的第一篇写景作文，是通过他们亲身感受，亲眼观察后所写的真实作文。也是我们学完了《西湖》《北大荒的秋天》《拉萨的天空》这三篇文章以后，孩子们把课文学习内化到自己习作的检验。但是，孩子们毕竟刚刚接触习作，我们的要求要放低一些。好在通过初稿可以看出，孩子们经过两年的写话练习，部分孩子的作品还是不错的。

课程标准中要求第二学段写作应以段落训练为重点，应以培养学生练笔的兴趣和自信心，养成良好的练笔习惯，从把段落"写清楚、写通顺"逐渐提高到"写具体"为主要目标。孩子们刚从第一学段的写话过渡到习作，应降低起始阶段的难度，应充分考虑到培养学生的写作兴趣，在爱护学生想写敢写的兴趣热情和促进学生乐于表达、养成良好练笔习惯上努力。

所以，在我们的习作课上要以激活习作兴趣与激情为主要目标。小学生习作的最大障碍是对习作的恐惧和表达欲望的缺失。最重要、最有价值的写作指导应该从激活、唤醒和适应小学生习作的兴趣与激情入手。因为这些原因，在设计这篇习作目标时，我设定了三个目标：

1.尽量不写错别字，标点符号使用正确，语句通顺；

2.学会按照一定的顺序来写景，段落清楚，重点突出；

3.逐步学会使用比喻句、拟人句、排比句等，直接引用课文中的语句也可以。

设计教学过程时，我希望利用多媒体的展示激发学生评讲的愿望，只有让孩子们找到问题并解决问题，下次他们就不会犯这样的错误，至于词语积累的事那要慢慢来，只能让孩子们在以后的习作过程中不断阅读、积累并运用了。我主要是希望每个孩子都喜欢习作，对习作有兴趣。其他的都可以慢慢培养。

教学设计：

第一版块：创设情境导入习作评讲。

我在多媒体上播放了上次孩子们一起到翡翠湖进行实践活动的照片，这激起了他们的回忆。我把游玩的图片按照顺序展示，为后面的评改打下基础。

第二版块：习作赏析。

通过"蜜蜂采蜜"激发学生的表达兴趣，让学生有成功的喜悦，感受到写出优秀的习作并不难。

通过出示"小蜜蜂的职责"，师生共同赏析优秀作品的优秀之处。

第三版块：习作评析。

通过"啄木鸟治病"让学生找出作品中出现的问题，并请学生帮助解决，以期他们在以后的作品中不出现这样的现象。

出示"啄木鸟的职责"。让学生自由阅读、思考并汇报问题。

第四版块：自我修改。

让孩子们拿出已经写过的作品，进行修改、完善，找出自己文章中需要修改的地方并向大家汇报。

习作其实很简单之"我的习作启蒙课"

当我今天宣布"开始上作文课"的时候，我对孩子们说："孩子们，请你记住这一天，从今天开始我们就要和作文打交道了，以后凡是需要学习语文的日子里就一定会写作文。只要作文写得好的孩子，语文成绩也一定好。更主要的是，写作可能会陪我们一辈子，和我们永远生活在一起。所以，大家一定要重视写作文，更要重视作文课。"

那天的作文课因为上午的"一节特殊的数学课"，被推迟到下午。我不担心孩子们因为上作文课而打瞌睡，因为我心里有谱——孩子们喜欢表达。

我利用中午和孩子们一起练字的机会，把课本中呈现的第一篇例文端端正正地抄写在黑板上。这便于引导孩子们学习习作的方法和掌握习作的具体要求。

好阿姨

一天，我到商店买牙膏。刚进门，一位阿姨就笑着问："小朋友，要点什么？"我说："买两管'两面针'牙膏。""好，就给你拿。"不一会儿，她把两管牙膏连同找回的钱一块递到了我的手上，说："拿好了。"接着，又去照应别的顾客去了，她对每一位顾客都那么热情，好像她认识每个人似的。

我把这节写作启蒙课分为两个环节来进行，主要是让孩子们说。

第一个环节：找出"好"。

这个"好"分为两种，一种是阿姨的"好"，一种是习作的"好"，这两种"好"是相辅相成的，没有阿姨的好，就写不出好的习作；没有好的习作也就体现不出来阿姨的好。

我以两个"好"为引线，让孩子们认真阅读、思考，然后把自己的思考结果与大家分享。五分钟后，孩子们陆续举手。

"我觉得这篇习作中对话部分写得好，而且对话部分的标点符号用得很准确。"有孩子说。

"这位同学用了'照应'这个词我觉得很好，以前我也遇到过这样的情况，不知道用哪个词，今天学会了。"有孩子补充。

"我认为习作中对于阿姨的表情描写得好，有'笑着说'呀，'热情'呀，都反映出了阿姨的好。"一个孩子接着说。

我接过话茬："是呀，我们每一篇习作都是有目的的，这位小同学写这篇习作就是为了让我们知道这个阿姨的好，刚才这位同学已经找了习作的目的很好，希望下面的同学能够谈得更好。"

孩子们的发言更踊跃了："在这篇文章中我又看见了《无字词典》那一课中的双引号里还要加引号的用法。"

"呵呵，这位同学很细心，那么我们一起再温习一下这种双引号里如果还要用引号就用单引号的方法，相信你们下次使用的时候不会再错了，对吧？顺便老师想问问你们，这篇习作中为什么要在'两面针'上用引号呢?"

孩子们几乎是齐声回答的："因为这是它的品牌名称。"好了，孩子们已经知道引号的用法了，进步是不容阻挡的。

我继续引导孩子们说说这篇习作的"好"和阿姨的"好"。

"我认为阿姨对我说的话和她的动作这一段话写得很好，这里小作者用了一连串的动词写出了阿姨做事很快，态度也好。"有孩子站起来说。

看来，孩子们不但在两年的写话训练中提高了自己习作能力，而且对于文章的鉴赏能力也越来越好了，真让我骄傲。

"是呀，孩子们，你们看小作者短短几句话就让一个好阿姨的形象跃然纸上，我们读了文章以后是不是感觉这个阿姨就在我们身边，我们就像看见了她一样。我们以后写一个人，只要有这种感觉，让别人读了就像这个人你真得见到了一样，说明你写得非常好。看来，你们都认为这个小作者写得不错，是吧？"

孩子们说："是"。

进入第二个环节：找"不足"。

在孩子们大加称赞的声音中，我很神秘地说："其实呀，这位同学的习作也有很多的'不足'呢，老师还觉得这篇习作没有你们写得好，特别是我们班的几个'习作大王'，他们写得比这个小作者好多了。下面就请你们找一找这篇文章中不如你们的地方吧，让这位小作者也向我们学习学习。"

也许我的一番话对孩子有了鼓动作用，孩子们逆转了自己的思维，开始找例文中的不足。静静地，我等待着孩子们的回答。

终于有孩子自信地举起手："这篇习作的字数太少了。"是呀，和我们班不少孩子三百多字的日记比起来，这篇文章的内容显得单薄。我对这位同学轰出的"第一炮"表示赞赏，其他孩子开始大胆举手。

"这篇文章没有分段，没有开头和结尾。"有孩子说。

"对呀，看来同学们都是最高明的老师，一眼就看出了文章的不足。"我鼓励了这个孩子。

"这篇文章里没有用上一些好的词语，显得很'瘦'。"这是我给孩子们定义的内容饱满，用词形象、生动的文章就是有血有肉的"丰满的人"，反之就显得"瘦弱"，这孩子在这里用上了。呵呵，看来我平时对他们的教育都在他们心里扎根了。

孩子们还在动脑筋思考着，用自己曾经的作品和例文对照着。我给了他们两分钟消化的时间。

我对这节习作启蒙课做了总结："孩子们，其实习作一点都不难，我们已经进行了两年的写话和写日记的训练，这些对于我们是水到渠成的事。这篇例文是编辑叔叔阿姨们认为好的文章了，而这篇好的文章还不如我们写的，所以我们要相信自己，一定会写得更好，对吧？下面我们一起来看看习作的要求吧！"

孩子们一起朗读了课本里的"习作并不难，只要你把做过的、看见的、听到的、想到的写下来，让别人看明白就行了。"读完了，孩子们脸上露出了欢喜的笑容，因为这些要求对于我的孩子们来说真不难。

"好，孩子们，习作一就要开始了，这篇作文没有具体要求写什么，我们就写今天上午的'一节特殊的数学课'，怎么样？"

"行！"他们仿佛已经胸有成竹。

"那好，下一节课我们先来说说这节课中你看到的、听到的、想到的、做过的那些事，把这些说出来，然后再写出来，好吗？"

孩子们开始小声讨论。下节课是"说习作"，他们已经迫不及待了。

指导学生写《我的自画像》

虽然每个同学对自己都很熟悉，可是他们却不知道该从哪些方面着手来写自己，才能让自己变得有血有肉，而不是干巴巴的一张照片。有的学生的"自画像"勉强写来，常常写成一个毫无个性的"我"。其实，只要我们平时做个有心人，多思索，找找自己的外貌特征；对自己做过的事情，多回忆，听听周围的人对自己的评价。这样，写"自画像"的材料就丰富了。

这次习作指导主要分四部分：

第一，了解自己的性格特点。选择最能反映自己特性的事写，才能写出自己的独特之处。这种独特之处就是与别人不一样的地方。我们不需要全面，只要抓住其中的一点，写出自己的独特之处就够了。写自己的形象，一般指人物的外貌、语言、动作、心理活动等。写自己的外貌，就是自己的外形特征，包括容貌、衣着、姿态、神情等等。外貌描写首先要求抓住自己的本质特征，有选择、有重点地描写。描写自己的心理活动时，要注意把心理活动产生的原因叙述清楚，还要注意与外貌、动作、语言描写结合起来。外貌、语言、动作、心理活动写好了，自己的形象就突出、鲜明了。只有把自己的独特之处写出来了，才会有一个与众不同的"自己"跃然纸上，才能让别人很快猜出你是谁。

第二，可以开门见山直接介绍自己的外貌、个性、爱好、愿望、学习态度等，直接描述自己的经历和感受，透露自己的内心世界，这样写起来得心应手，很容易表达真情实感，让人读起来格外亲切。每个人都有自己的特点，这个特点可以从人物的年龄、外貌、语言、动作、兴趣、个性、生活习惯等诸方面去考虑。一个人的特点是多方面的，我们应根据表达需要有选择地写。

第三，写"自画像"除了直接介绍外，还可以写出周围的人对"你"的评价。选用典型事例把"自己"写具体，人与事是分不开的，一个人做的事很多，我们应选择那些最能表现自己思想、性格的典型事件来写。

第四，一个人有优点也有缺点。可以写一点"自己"的缺点，让自己能总结教训，变得聪明起来，让读者引以为戒。

习作其实很简单之"猜猜我是谁"

面对孩子们的第二篇习作，我没有作任何指导，让孩子们自己看例文，然后自由写作。结果就产生了几种情况：有的孩子完全按照例文的形式和内容来写，没有创意也没有写出自己的独特性；有的孩子简直没有内容写，就如同我们一年级刚入学时的自我介绍一般简短；还有的孩子写的不是自己，是大众化的孩子。针对这些问题，我进行了思考，并认真阅读了孩子们的文章，比较后开展了我的第二次作文指导课，这节课以孩子们主评，我主导的方式进行。只有让孩子们大胆说出自己作文的不足和优点，他们才可以写出好的作品。

上课伊始，我以班级中比较好的十一篇作品作为例文。打开我的博客，我对孩子们说："今天，老师和你们一起来做一个游戏，通过看文章猜猜文章里写的是我们班的哪个同学，好吗？"

孩子们听说要做游戏自然兴趣高涨。于是，我接着出示了游戏规则：一，读文章要仔细，抓住这个人的特点，猜出是谁后要说说理由；二，小作者自己不能发出任何信号；三，找出你觉得文章中写得好的部分和你觉得需要改进的部分。

孩子们默默阅读了游戏规则后，表示可以接受。那么我们的游戏就开始了。

我出示了第一篇文章，并朗读给孩子们听。这时，有孩子提出要求："老师，你把字体放大，我们自己读，你不要读。"哈哈，看来孩子们自己默读的水平已经很高了，而且他们更需要个性化的阅读，这正是我希望的。我用我阅读的速度，往下拉动着屏幕，没想到孩子们都可以跟上我的节奏。

阅读的同时，我提醒孩子们："可以猜出是谁的同学请举手。"没想到两段过后，没有一个同学举手。这时，我停了下来："孩子们，为什么文章已经读了两段你们还猜不出她是谁呢？"

有孩子说："因为她写自己有多高，有多重我们不能用尺子去量，也不可能用秤去称。"

也有的孩子说："她写自己喜欢扎两条辫子，我看看班里有十几个女生都是扎两条辫子的。"

还有的孩子说："她说自己喜欢跳绳，班里的女生好像都喜欢跳绳，所以我猜不出她是哪一个。"

听完孩子们的话，我故作醒悟："哦，是呀，这个同学写出来的自己没有特点，让我们实在猜不出她是谁，对不对？那么聪明的孩子们，你们写的作文能够让别人一下就猜出来吗？下面，我们继续往下看，看看能不能猜出她是谁，好吗？"

我继续拖动鼠标，让孩子们一起往下看习作。当孩子们看到"我很瘦，经常感冒，妈妈和外婆总是担心我的身体"时，有不少孩子举起了手。

"老师我知道她是谁了，是一鸣。"有孩子高兴地说了出来。

"你们同意他的意见吗？为什么？"我引导孩子们说。

"同意，因为一鸣好生病，一年级时她还住院了。"有几个孩子补充说。

"是呀，这是一鸣的特点。但是，假如要写一鸣妈妈和外婆的担心，给你们印象最深的是什么呢？你们能不能给一鸣提提建议？"我笑着对孩子们说。

"一鸣的妈妈总是在下课的时候送奶和水给她喝，生怕她渴了或是饿了。"

"一鸣的妈妈总是随时来给她增减衣服，生怕她冷了或是热了。"

"每次上体育课她妈妈都很紧张，要来看看她。"

哈哈，看来孩子们观察得都很细致。我对一鸣说："假如你能够把同学们的提议写在你的文章里，那么他们就可以一下子猜出是你了。"一鸣笑着点头，看来，写出更有特色的自己应该尽在她的心中了。

接着，我出示了第二篇习作，让孩子们边读边猜。

你们看我的头多圆。我的眼睛多么小，大家都说我眼睛小，还说我一笑他们就不知道我的眼睛在哪里了。我很讨厌他们这样说，所以就警告大家：谁要再说我坏话我会和他没完。后来，就没有人说我坏话了。

你们看我多可爱，像一个可爱的小鸡吧？

我的爱好是玩电脑、看电视、睡觉。

妈妈总说我瘦得像猴子，我对妈妈说："别看我瘦，一腿肌肉。"我呀，今年8岁，体重24千克，身高1.2米。我喜欢穿紫色的衣服。

这就是我，你们记住了吗？

我刚读完就有孩子举手。

我示意他们说说这是谁。

"我猜是小梁，因为他眼睛很小，一笑眼睛就看不见了。"

"我猜也是小梁，因为他有点'暴力'，别人要是触犯了他，他会一直打别人。"

"我猜也是小梁，他非常喜欢玩电脑。"

孩子们这次的意见非常一致。"看来，小梁的这篇文章把自己的外貌特点写得非常准确，有特色，所以你们一下子就猜出来了，很好！那么就他这篇文章，你们有什么意见要提吗？请你们来帮助小梁把这篇文章写得更好，好不好？"我鼓励着孩子们。

"我和小梁坐同桌的时候，发现他有一个特点，就是喜欢招惹别人，但是把我惹生气以后，他又会向我赔礼道歉，直到我不生气为止。"安然说。

"小梁还非常喜欢玩球，上次上数学课，他把球踩在自己脚下，结果被老师批评了一顿。

"小梁还非常喜欢喝奶，我们都喜欢闻他身上的奶香。"

"还有，小梁很善良，他家的小鸡死了，他哭了好几天。"孩子们争先恐后地说出了自己对小梁的认识，这些为小梁写好自己做了充分的准备。

这时的小梁，时而笑眯眯的，时而脸色深沉。我对他说："其他同学给你补充的评价都是可以帮助你更准确地认识自己，写好自己，你应该感谢大家。我相信你能够把自己写得更生动、有趣。"

接着，我又给孩子们出示了下一篇习作，和孩子们继续聊作文。

在班里，我在两方面是第一名：一个是画画水平第一名，一个是调皮捣蛋第一名。我说明一下——王缘武走了，我就是调皮捣蛋第一名，如果他还在，他就是第一名。

我爸爸经常说我："胳膊、腿上都是骨头，没有一块肉。你看看你哥，身上都是肉。"可我说："瘦怎么啦？好处多得是：干练、灵活、速度快而且帅。"

我是单眼皮，身高1.30米，体重60斤。我是急性子，最喜欢玩。

我读到这儿，孩子们纷纷举手了。

"老师，这是小贺，因为他的画画水平是全班第一名的。"

"我也觉得是小贺，因为他说除了王缘武他现在就是调皮捣蛋第一名了。"

"我觉得从急性子上来看也是小贺，因为他做事很快。"

我接过孩子们的话说："是的，你们说得都很好，小贺写出了他最明显的两个特点，所以你们很快就能猜出来了。但是老师觉得他的这篇文章里有很多地方需要补充，谁来给他提一提呢？"

"我觉得小贺写他画画水平第一，还要再写写这方面的内容。"

"我觉得小贺是很调皮，但是他写作业很专注，这也是他的特点，可以写一写。"

"小贺连续两年为班级清理垃圾桶，这是很好的表现，也可以写。"

"还有，小贺有的时候做事马虎，所以考试考不到一百分，也可以写的。"孩子们的思维活跃起来，他们给小贺提出了很多建议。

"好，孩子们，虽然你们说的都是小贺的特点，但是我们写的时候不能都写，希望小贺选择自己的一两种最明显的特点来写，好吧？"小贺很仔细地听着，相信经过筛选以后，他的习作一定会大有长进的。

时间很快过去了，下课铃响了，我还有一个问题没有讲。在第二节的练笔课之前，我拿出了欣悦的文章，读给孩子们听。

我是一个小女孩，我今年9岁了，体重23千克，身高1.30厘米，浓浓的眉毛，圆圆的小脸蛋，大大的眼睛，一头乌黑的长发，里面还隐藏着几根金发，听妈妈说这金发是我生下来的时候就有的。

我最喜欢的颜色是淡紫色。我喜欢运动，跳绳是我的最爱。

别看我外表很文静，其实我很倔强的，就拿今天来说吧！妈妈说《拼音报》上有一道题目的答案是"水滴石穿"，虽然我不知道正确答案是什么，但是我觉得妈妈说得不对，我坚持我的观点，气得妈妈"头上冒火"，怒气冲冲地离开了我的房间。后来，爸爸上网查了一下，结果我是正确的，妈妈红着脸对我说："对不起！我错了。"我的心里感到非常自豪。

这就是我——一个不认输的小女孩。

读欣悦的这篇文章主要是要让孩子们学会写自己的特点要选择具体的事例来加以描写。读完文章我问孩子们："习作中的这个同学最大的特点是什么？"

"倔强！"孩子们齐声回答。

"从哪儿看出来的呢？"我问。

"因为她遇到问题时没有相信妈妈的答案，而是坚持自己的想法，妈妈生气了她还是坚持自己的想法。"

"是的，这就是选择一个具体的事例来写自己的特点，欣悦的这种写人的方法值得我们修改作文的时候学习。"

作文课上，孩子们"眼神闪烁，小手直举，妙语连珠"，经过他们修改的作文，一定会让人竖起大拇指的。

小鹰学飞
——写话的动力来自不断超越

教学目标：

1. 培养学生写话的兴趣，写出自己想说的话，写想象中的事物，写出自己对周围事物的认识与感受。

2. 帮助学生克服写话的畏惧心理。

3. 通过欣赏之前的写话作品，帮助学生树立写话的自信心。

教学准备：

多媒体课件。

教学过程：

1. 音乐激趣：一起欣赏《飞得更高》，师生同唱，调节学习气氛。教师导入课题。

2. 复习《小鹰学飞》，导出课题学习。

（1）学习这篇文章后你知道了什么？（教师点名回答）

（2）播放小鹰学飞过程的课件，师生共同回忆老鹰和小鹰的对话。

（3）在写话上逐步提高。

（4）请学生想一想学习写话和小鹰学飞有什么联系。

3. 导入写话学习。

（1）展示四年级学生的日记，提问：如果我们写话是小鹰学飞的大树，那么日记是什么呢？

（2）展示六年级学生的作文，提问：作文好比小鹰学飞的什么呢？

（3）通过多媒体展示写话的要求，请同学们看看自己达到了哪儿，能做到的请举手。

（4）通过多媒体展示日记的要求，提问：日记是小鹰学飞的大山，我们现在离它有多远?

（5）请学生看看自己以前的几个写话本，比较自己有没有自我超越。

（6）通过多媒体出示：

习作	与	"小鹰学飞"
学会写话		飞过大树
学会写日记		飞过大山
学会写作文		飞向天空
学会写书		飞往白云

（7）通过多媒体出示一年级上学期写《第一场雪》的写话，请学生欣赏。

（8）请学生说一说，以前写话和现在写日记的区别在哪里。

（9）通过多媒体展示一年级下春游后的写话，请学生读。并请学生将其与现在的习作进行比较。

（10）通过多媒体展示二年级学生秋游后的写话，请学生谈谈看到自己不同时期的写话作品后有什么感想。

教师总结：

其实，两年来，我们发现只要像小鹰一样敢于努力，敢于超越，写话对于我们来说一点都不难。相信你们也能够像小鹰一样越飞越高。

徘徊在作文课的门外

自从我接手了这个班，我就立志要从一年级开始培养孩子的写话能力。我做了大量的尝试，更付出了大量的时间与精力。但是，上学期的期末考试，我班上孩子的作文成绩一败涂地，关键问题出在作文上。我仔细地把比我们班得分高的两个班级孩子的作文进行了分析，人家确实技高一筹。从传统意义的作文评价来说，他们的作文结构清晰，内容充实，所以有很多孩子的作文得了满分。

而我的学生，作文内容的确是千变万化的，是具有创造性的，但是作文的结构不够清晰。这几年为了培养孩子们的作文兴趣，为了让孩子们提笔就敢写，我从来没有对他们进行过约束，就是希望他们能够勇敢地用自己的手写自己的心。我也反对让孩子们去学习使用好词好句，不想让孩子们的作文模式化。但是，我在应试上摔了跤，我不得不正视这个问题。我的导师一再对我说，带不出好成绩的老师绝对不能吹嘘自己是好老师。在暑假的学习中，我也从陈琴老师、薛瑞平老师和桂贤娣老师身上看到，虽然她们在不同语文教学的领域做着各种不同的尝试，但是她们依然逃不掉要向众人展示他们学生的成绩。我是平凡的语文老师，当然不能逃避这个问题。

怎样让孩子们的作文兴趣不减，又能适应考试呢？我要好好计划一下。暑假，我从管建刚作文教学革命中学习了让孩子们聚少成多，让他们每天写自己感兴趣的一句话，然后过段时间写一篇成型的作文。进行了试点过后，有一部分孩子写得不错，有一部孩子还没有一年级写话时写得好。而且，因为写得短，现在作文的谋篇构局又不会了。嗨，我纠结了。

上学期试点了作后点评，但是没有篇篇都坚持，也没有进行系统地作文教学，孩子们对选题、对围绕内容来写作似乎不是太懂。我采纳了名家的建议，孩子们的作文教学不需要教得那么细致，那样会约束孩子们的写作，作文应该在孩子们不断的阅读与积累中慢慢形成语文能力。于是，我又不知道该怎么做了。到底是指导还是不指导？到底是作前指导还是作后指导？到底怎样指导效果最好？

面对"习作1"，我慌神了，我第一次不敢走进作文教学的课堂了。我一直津津乐道于我的作文课，因为我的作文课上孩子们有话说，敢说。但是，今天我却不知道该怎么做了。

孩子们的作文需要打草稿吗？打过的草稿老师需要怎么改？老师改过的草稿孩子们应该怎么改？怎样改作文效果才是最好的？评价的形式应该是怎样的？怎样让作文教学花最少的时间获得最大的收益？好多问题，我一时之间真不知道该怎样解决了。

因为这两年学习了不少名师的作文教学法，我反而失去了自我。我本来对自己的作文教学信心满满，因为一次考试把我的锐气彻底挫败啦。我到底该怎样应付应试作文？我又该怎样指导孩子们把课本上八篇作文写好？其实，我不喜欢孩子们的作文都是一个模子，但是，我该怎么办？我居然不敢坚持自我了。

我在作文课堂的门外徘徊，孩子们，你们快来救救老师吧。你们说我该怎样和你们一起继续我们的习作之旅呢？

在舌尖上颤动的作文课

我打算让孩子们在这星期完成本学期的最后一篇作文。课本上的作文是通过一幅图片编写一篇童话故事，可是无论是例文还是图片，我都不太喜欢，实在有点太老土了。

我昨晚回父母家里，院子里的那棵枇杷树上结了很多果子。每年这时，父母都会摘下很多送给左邻右舍，分发给远近亲戚。每次赶上我们回去也会大包大包地摘下来让我们带给别人分享。我上周回家，才带了两大包，学校的老师几乎都尝了，但是家里的枇杷实在太小了，真的不好意思再送给老师们了。昨晚，我准备拒绝不带的，妈妈说："你带去给你的孩子们吃吧，他们也许喜欢吃。"也是呀，于是我便带回来了。

下午，我灵机一动，何不通过这些枇杷来一节特殊的作文课呢？于是，下午的第二节课，我让孩子进行了一次"舌尖上的体验"。

第一个环节：猜一猜。

我用两个盆子把枇杷扣好，不让孩子们看见，让他们发挥想象力先猜猜里面到底是什么，培养他们的想象力，提起他们的作文兴趣。

第二个环节：看一看。

看，分为远看和近看，远看是把装在盆子里的枇杷在孩子们面前展示一下，让他们边看边想象，然后说话。近看是发给孩子们每人一个枇杷，让他们先观察，再描述。

放在盆子里的枇杷，让孩子们先看一看，馋馋他们。

我发给他们一人一个，让他们仔细观察。瞧他们的样子，还关注了一下其他人的表情。他们相互炫耀，"来，看看我的枇杷吧！"仿佛都在仔细琢磨着。

大家都在看，立伟忍不住一口咬了下去，始终不改他的"馋猫"本色！

第三个环节：想一想，说一说。

这时候，场面开始难以控制，孩子们的表现欲爆发出来，一个个跳起来要说，站着争抢着发言的机会，有几次几个男生甚至要站到椅子上。我几乎一句话没说，全被他们抢了风头。唉！捂不住呀！孩子们真是妙语连珠，一点不带吹的，我马上把孩子们的作品展示了一下。小小枇杷的魅力真大！

要讲，我要讲，我们都要讲！瞧瞧他们的这股热情！

第四个环节：闻一闻，尝一尝。

终于可以吃了，孩子们可兴奋了，不知道这小小的枇杷居然有如此的诱惑力。呵呵！

看看他们的吃相吧，再平淡的东西都能被他们吃出山珍海味来。

第五个环节：谈感受，写一写。

尝也尝了，那就再说一说味道吧。孩子们此轮的表现一点不比上一轮逊色。而且他们还有意想不到的创意，他们居然把种子都留下来了，哈哈！真是服了他们。

好了，一节课的时间在舌尖上跳跃，有体验，更有美妙的表述。紧接着，我给孩子们一节课时间写，一节课结束，所有的孩子都交上了作文。看到孩子们的作文，我忘记了回家，我如饥似渴地阅读孩子们的作文，结果是可想而知的——令我赞叹。我想马上把这些作文带回去给两位老人看，他们一定高兴坏了，也许种枇杷种了十几年，这一年才是最甜的吧。

哈哈，我的孩子们简直太有才了！

作文教学尝试之 "听" 的绝佳效果

我既然决定了一直把作文教学践行下去，便就以此为乐事，慢慢地坚持做着，好似就有了收获，有了所得，有了让自己不放弃的理由与信心。

从四年级上学期开始，我尝试了"在倾中听学语文"，在课堂上让孩子们学会倾听的作用居然比大家一直盛赞的"阅读"效果要好得多。

第一，从孩子们听的兴趣上来说，自从每天上课前五分钟的"美文欣赏"栏目开始，孩子们逐渐恋上了这个环节，虽然我的朗读水平不高，声音也不好听，因为时间有限，经常是自己才读了一遍，就匆匆在课堂上与孩子们分享。但这些丝毫不影响孩子们对这个环节的喜爱。他们倾听时，或伏在桌面，或仰头静思，或呆呆傻愣，或奋笔记录，各种姿态，各种表现。短短几分钟内，教室里鸦雀无声，只有我的声音在不大的空间里回荡。

第二，听的效果是惊人的，他们居然能够在听一遍的情况下，顺利背出一大段自己觉得感受最深的段落与同学们分享。用一句简单的话语概括出所听内容，已经成为他们的轻松作业。不问优劣，只要倾听有收获，想分享什么就分享什么，是让大部分孩子开口的良策。但是，当有了任务式的分享，有的孩子就不敢表达了，生怕自己说错了。倾听后的分享环节一定必须是孩子们大胆表达，乐意表达并热爱这个环节的原因所在。

第三，倾听更深远的影响是无声无息，也是根深蒂固，效果是出乎我的意料的。"美文欣赏"读的都是人教版的课文，每篇课文只读一遍，孩子们并没有看到文本和文字。然而仅仅是几分钟的倾听，加上几分钟的交流分享，却发生了奇迹。在这项活动开展两个月以后，孩子们的作文中就大量出现了我们欣赏过的课文中的词句。慢慢地，孩子们居然也能灵活运用我们在欣赏中提到的写作方法，而我们本身每天花大量时间学习的课文，孩子们能够运用的语言文字却非常有限。看来，能够背诵的文字不一定会用，真正能活学活用的东西还是能在孩子们的头脑中留下印迹的。

第四，在倾听中学习写作方法。在日常的训练中，孩子们已经能够抓住题目去欣赏文章内容。例如，我们欣赏梁晓声的《慈母情深》，在倾听这篇文章中学习作者抓住细节表达情感的写法。这篇文章我也不熟，昨天第一次接触，于是便阅读了名师王崧舟执教这一课的教学实录。实录中，王老师运用了多种形式的读，最终让孩子们悟出了作者写作中的一处妙笔——反复使用一个词来表达深情。王老师是一代名家，利用他良好的语文素养进行引导，最终学生体悟深刻，收获满满。而我们的孩子今天第一次听这篇文章。听完一遍以后，任一鸣同学就迫不及待地指出："平时我们写作文时，要求尽量不重复使用一个词，这样显得单调而啰唆，而作者在一个段落中用了三次'我的母亲'。后来又用了四次'立刻'，却不显得简单重复。"瞧，孩子们倾听的能力多强，这样的绝妙写法，细节之处被她听完一遍就全找出来了，倾听的力量不容小觑。

在今天的当堂作文中，孙丽君就活学活用了这种写法："我们饿极了，空空的肚子，空空的饭碗，甚至连思想都是空空的。"良好的感觉妙不可言！

所以我没法不喜欢这个教学环节，这是有史以来我觉得最事半功倍的教学方法。

倾听出真知之学习排比句的用法

今天，我带着孩子们一起倾听的是《莫高窟》的片段。选择这一段诵读的目的，是让孩子们在倾听中学习这个片段的写作方法。我仍然是让孩子们在倾听中领悟写法。

我的要求：

1. 认真倾听，了解这个片段写的是什么内容。用一句话概括。

2. 这个片段的描写给你的第一感觉是什么样的？为什么会这样？

3. 这段描写中的哪些方法值得我们学习？我们平时的作文中可以用得

上吗？

　　带着我提出的几个问题，孩子们认真倾听。虽然，他们在第一天拿到新书的时候可能粗略地阅读过这篇课文，但是像今天我要求的这样深入阅读与思考估计还没有过。

　　当孩子们静静地聆听结束以后，平时不太爱回答问题的几个孩子居然也举手了。好，现在我们进入了第二个环节——"说"，说一说倾听的感受。

　　我先请义雯回答——这孩子在这种场合下回答问题的勇气有待提高。"我听到了，课文中用了很多'有的……有的……'。这是一种排比的用法。"我对他的回答表示肯定。是的，毫无疑问，这个段落中排比的用法非常突出，但是如果简单的学习排比显然不是我们五年级孩子应该学习的。用"有的……有的……"造排比句，我们在一年级下学期就学习了。我请孩子们继续思考刚才这个片段中描写的妙处。

　　"老师，我觉得这个片段把敦煌壁画写得很美，因为作者用词非常精美，虽然连续用了好几个排比句，但是显得丰富多彩不重复。这个值得我们学习。"是的，看来孩子们关于文本中作者写作的妙处探究得越来越明晰了。

　　当我对这个孩子的回答大加赞赏后，孩子们的眼神开始发光了，可能是思路慢慢被打开了吧？

　　"老师，这个片段的第一句话是一个过渡句，起承上启下的作用。我感觉这段话是总—分—总的结构，但是中间部分我又说不清是怎么回事。"哈哈，这孩子的阅读能力好强哦，这正是这个片段中我要着重让孩子们学习的。

　　"是呀，孩子们，我们很显然可以看出这个片段中有了两组排比句，但是第一组排比句是典型的总分形式，是描写前面所概括的敦煌壁画的内容的。那么第二个排比句又是用来做什么的呢？"我想引导孩子们说出来。

　　"第二个排比句是描写'飞天'的，其实这是敦煌壁画丰富多彩内容中的一种。"已经有孩子能够顺势说出来了。

　　"那依我看，这一段应该就是总—分—分—总的结构啦！"这孩子居然一边说，一边要上来画图，因为他要重点介绍一下第二个分写其实分出的是第一个分写的一支。

"好，你们想得非常好，老师觉得这段话的描写不仅在结构上别具匠心，而且在语言运用上也是匠心独运哦。"我表示欣赏这种写法。

"是的，我感觉第二个排比句中描写飞天的语句就非常好，作者都是同时使用了连续的两个动作的。"哦，我惊叹于孩子们的理解能力。

"对呀。"我一边再次阅读这个排比句，一边让孩子们跟我做动作。

"你们看，一手臂挎花篮，是不是让你们看到一个仙女正挎着花篮站在你面前啦！好，再做一个动作，一手采摘鲜花。什么感觉？"我与孩子们一起做动作，并提出问题。

"动起来了！"他们齐声回答。

"是的，孩子们。当'有的'后面跟的第一动作出现的时候，给了我们画面感，紧跟着一个动作再出来的时候，给我们的是什么样的感受呢？"

"是动画感！"多么绝妙的补充回答。

"好了，孩子们，下面给你们两分钟的时间考虑，十分钟写作的时间。我们利用刚才这个片段中的描写片段也写一写吧。可以是你最喜欢的景物，你最难忘的场景，你最感兴趣的物品都可以。但是，请不要把你的场面写定格了，老师希望至少呈现画面感，有动感那就更棒啦！"

进入第三个环节——写一写。

孩子们进入妙笔生花的习作环节，我期待着他们精彩的表达。

五年级的作文评讲课

从本学期开始，我开展了一种新的作文评讲课。在评讲课上，我是听众，学生们扮演主讲、主评的角色。几次实践以后，让我很欣然于这种教学方式。例如，在进行教学"习作6"看图写作文时，我就运用了这种方法，我先请孩子们预习这篇作文，然后老师找范文朗读并略作习作指导，最后请学生们打作文草稿。

以前改作文草稿是最头痛的，一个个当面改既浪费了时间，给学生的印象也不太深刻，而且存在通病，老师改的时候发现的问题，到了评讲的时候就梳理忘了。由于本学期班级人数不多，我就采取了当堂评讲学生作文的方式，让孩子们都上讲台大胆读出自己的作文。（这一项活动杜绝了有的学生很马虎，写出不通顺的文章就交给老师的现象。）学生能够自己上讲台，把一篇作文读通了，基本上词语通顺这一关就过了。而且孩子们在自改中得到了自育。

接着，就是让他们展示自己的作品了。其他孩子当听众，其实也是当老师，为了让所有孩子都认真倾听，仔细辨别，我要求每个孩子都必须参加点评。在具体操作时，我让平时写作能力有待提升的、语言表达差一些的孩子先点评，让写作能力好的最后点评，这样就避免了基础差的孩子思想懒惰，指望别人"喂着吃"的局面。更主要的是，在课堂上孩子们接受知识通常是自己"烧"的吃下去，既"营养"又易于"吸收"，避免了别人喂食的"酒肉穿肠过"。

在点评中，老师要善于调动所有孩子当"老师"的积极性，这就需要我在过渡和引导时要肯定孩子们所发现的每一处需要评点的细节。其中，包括写作的各种要素：字、词、段、篇，甚至是标点符号，孩子们任何一个小小的发现，我都应该给予他们充分的肯定。

这样不仅坚定了点评者的信心，而且让未参加点评的同学有了自信心，积极参与点评。在整节课上老师虽然是主导，但是要把这节课上到让每个孩子都受益，让每个孩子的写作水平都提高，其实很难，所以我要不断地摸索。多鼓励、少泼冷水，是把这样的评价做好的基础。

在点评的同时，我们更要保护小作者的写作热情和动力，因为无论什么样的写作教学形式，最终的目的都是让孩子们写好作文。所以，在其他点评者言辞过激、点评不切实际的时候，一定要适时挽回。老师在整节课中要时时把握节奏，做出正确的导向，慢慢带领孩子们步入热爱写作、乐于写作的殿堂。

难以寻觅的秋色

"写作4"和"练习4"的教学要求中都有让孩子们写秋景的任务。于是，我利用实践课，让孩子们利用秋叶作画。然而，这个环节只能让孩子们发挥自己的想象力做出自己心中的作品，对于写这篇习作作用不大。

在孩子们之前的说话训练中，他们除了把历年来课文中积累的有关秋天的丰收景象、果园景象说出来以外，没有其他的内容可说。大多数孩子提供的都是大雁南飞、菊花盛开、秋叶飘零。但是，这些和我们生活中的秋天几乎没有一点相似的地方，完全违背了我的习作要求：在真实表达的基础上发挥想象。于是，我设计了一节体验课，让孩子们亲眼去看看秋景，感受秋天。

校园太小，我又不能擅自带孩子们出门。于是，我组织孩子们上了六楼，希望通过登高望远的方式让孩子们观察秋景。没想到的是，楼上一米二的砖墙护栏，让一部分孩子根本看不到远处，一些勉强能够看到的，也不能如我们一样极目远眺，让四处景色尽收眼底。我还是引导孩子们把看到的说出来，有孩子说："我看到了菜园中一片片绿油油的白菜。"有的说："我看到了一些荒草开始发黄了。"还有的说："我看到了一位阿姨在收菜，那是秋天的收获。"虽然没有书上写的那种秋色，也没有那种盛大的丰收景象，但毕竟是他们亲眼所见。我又组织孩子们到操场里找秋色。

在观察前，我对孩子们说："虽然操场的植物一年四季没有多大变化，但是只要仔细观察，细心寻找，你们一定能够找到秋色的。"孩子们三五成群地去寻找秋色了，有的孩子拿起落叶闻了闻，有几个孩子围着一株女贞树在讨论着什么，还有几个孩子望着高高的香樟树，指指点点地不知道在说些什么。看来，孩子们对这样的体验活动非常感兴趣，有这样的感受作文就能写出新意，写出自己的东西来。

在体验过后的汇报中，孩子们的兴致很高。我的要求是说出自己观察到的东西，不是在书上或是媒体上看到的。

"我看到了女贞树的叶子变红了，油亮亮的，边上的小刺更加坚硬了，像一把把带着刺的小扇子。"

"我们几个看到地上落着的树叶，虽然还是绿色的，但是用手一摸就全碎了，原来它们已经没有一点水分了。"

"我看到了香樟树的叶子有的黄，有的红，大部分都是碧绿碧绿的。树上还结满了黑色的种子，圆溜溜的，像一颗颗黑珍珠一样。我捡了一颗种子闻了闻，居然臭臭的，为什么香樟树的种子却是臭的呢？"

……

出自孩子们口中别样的"秋色"，虽然没有书上那么优美生动的语句，但是这是孩子们自己感受到的，我很喜欢。我期待着孩子们的作文中不要出现那些几十年不变的"农村丰收图"，那些离我们的生活太遥远，词汇表达也是套话，不是我希望的景色。

难以寻找的秋景，在孩子们真实的眼睛里有了别样的色彩，真好！希望"霜叶红于二月花"！

一节作后点评课"感谢您"

鉴于工作室将要送课下乡，内容就是作后评点"感谢您"，我决定在我们班也来一次这样的试点。尝试是从上周四开始的，我利用一节课的时间简单做了一下作前指导，其实根据孩子们后来的作文来看，我在作前指导中用的范文是不合适的，这导致了一部分孩子的作文开头有雷同之处，这是我不希望看到的。

接着，孩子们当堂写了作文，并及时把写好的作文打出来在博客里发布。这样，本周末就有一部分孩子参与了网上点评，但是我没有让他们重点点评哪一篇，更没有给他们限定应该从哪些方面来点评，为的就是能够让他们有最自然、最本真的感受。但是，没有电脑的家庭还是很多的，导致一大部分孩子并没有参与课前点评。

周末，我把孩子们的作文看了两遍以后，总结了孩子们的作文中共性的东西。总体来说，孩子们的选材是没有问题的，他们选择的事例基本没有相似的，全班只有两个同学写"感谢妈妈"，写了他们生病时的感受。其他孩子写的内容各不相同。没有造成千人一面，千篇一律的现象，这是我在平时作文中注重个性化的练习形成的。但是，孩子们的作文中有共性的不足：一，写一件事不能把事情写具体，不能通过事例把人物刻画生动；二，写两件事不能够让两件事围绕一个中心来写，也不能做到详略有别。所以，我想在一节作文公开课上解决这两个问题。

我利用周末的时间做好了课件，一早到学校，带着孩子们到多媒体教室去，却怎么也打不开门，楼上楼下跑了几趟没有解决问题，本来预设的课堂只能搁浅。但是，约了家长来，不上也不合适，只能改一种方式，到教室里上我们平时的课——"聊作文"。既然是聊，就可以天马行空，就可以各抒己见。

于是，我改变了教学思路，请同学先上来读作文，然后其他孩子点评，希望能够通过这样的形式来完成本节课的教学目标。孩子们的表现很棒。

首先，我让雯欣上讲台读了自己的作文，一贯胆小的她，今天表现不错，她在毫无准备的情况下，能够把自己的作文流利地读出来，并且在众口铄金的状态中经受了一次历练。（很欣喜，这孩子经过了这样一场考验，下午明显放开了，敢大胆和我交流了。在点评中，孩子们的表现令我骄傲，无论是否正确，他们敢于大胆表达自己的观点，我也反复强调，没有对错，没有模式，只要能够突出主题，怎样写都可以。孩子们在无限分散的讨论中，最终回到了我想表达的主题上：怎样用一件事来表现一个人的特点或者品质，必须通过写这个人的语言、动作、神态，才能把事情写具体、形象，也才能把这个人写活。孩子们能够通过自己的理解最终回到这个点上，我很满意。每个孩子的接受能力是不一样的，既然我没有选择满堂灌，既然我要他们自己在质疑中解决困惑，我就要允许他们走弯路。我更想锻炼的是他们的能力，不仅有自己写出来的能力，还有大胆说出来的能力，更有质疑的能力。慢慢来，孩子们会朝着我希望的方向发展的。

　　我的孩子们无论是在写作中，还是在点评中都是很自信的，他们每个人都有自己的思路，有自己的想法，即便有的不一定是最正确的，但是我支持他们坚持下去，因为通往成功的路不止一条。写好作文的方法也绝不是一种，同样一个主题，我们可以用诗歌、散文、小说、新闻报道的形式来表达，为什么我们的孩子不能有自己的方式方法呢？我觉得都可以，关键是他们敢于写，大胆地表达，无论是口头的还是书面的。

　　由于孩子们在课堂上的反应过于积极，我不忍心打断他们，这也是我的"陋习"。我对课堂时间控制不准，造成了第二个教学目标没有完成。不过，对于孩子们来说，我们的每一天也许都在上写作课，我们的班会课、思品课、语文课都是相联系的，他们之间没有界限。因为生活就是语文，口语交流其实是作文的一种。

　　今天的公开课上，子阳突然呕吐，同学们没有惊慌失措，而是纷纷拿出了卫生纸，小贺及时送来了垃圾袋，鑫鑫陪同子阳到办公室休息。之后，孩子们能够立即进入正常的课堂状态，这对孩子们是一种考验。"处事不惊，荣辱不显"，希望我的孩子们以后都能做到这样。

学生"互评自改"作文课教学流程

　　在本轮市级课题研讨课主题"良好学习习惯成就高效课堂"的活动中，我决定把我们班"以评助写"的其中一种形式推广一下。这种在课堂上组织孩子们进行三轮批改，绝对不是节约老师批改时间那么简单，更重要的是提高孩子们的作文鉴赏能力，让孩子们在相互批改作文的过程中充分学习，也能够在自改作文时了解自己的不足，及时调整，在评改中获得最大的受益。

　　课堂环节设计简单易行。

　　第一环节：回顾本次作文要点，把握评改重点。

　　1.出示本单元语言表达方法与特点。

学习如何把人与动物、动物与动物之间的感情写真实、写具体。

2.请小组接龙回答自己在本单元学习中的所得。

3.师生合作回顾作者描写的方法及自己在习作中已经学会表达的部分。

(本环节设计主要体现了"以读助写"在习作教学中的重要作用,孩子们的作文从会读到会写之间有着漫长的路程,需要我们每位语文老师及时关注、引导。)

第二环节:孩子们交换批改,教师巡视相机指导。

1.各组组长交叉发作文本。

2.学生第一轮批改,教师巡视,指导学生。

3.第二轮同桌互改。

4.第三轮自改。

(课堂上大量的时间都用在了孩子们改作文上了,这是把"老师"的权利完全让给了孩子们,孩子们这时特别认真,把本单元课文学习与批改的作文相互融合,获得了二度学习。自改是在充分学习"小老师"批语的基础上,在自己批改过两本作文的基础上进行的,是一种对自己作文的综合考量,获得了本次习作的三度学习。)

第三环节:展示互学。

1.展示较弱孩子的批改作品。

2.展示中等水平孩子的批改作品。

3.展示较强水平孩子的批改作品。

(此环节设计是为了让批改的互学共进范围更加广泛,在展示过程中所有的孩子可以获得在班级层面的"四度学习"。)

第四环节:总结提升。

学"互评自改"作文课之"信任"创造的绮丽景象

作文批改的"互评自改"从五年级就在我们班全面开展了。刚开始的时候，总是作文水平高的孩子批改作文的效果好，作文水平差一点的孩子批改效果差一些。这虽然是正常情况，但是我还是希望这样高度民主与自律的课堂发挥它更大的作用。

第一点，从我自身做起。在自己的作文评语上下工夫，尽量减少一些大话、空话的评语，多一些个性化的提醒与引导，给孩子们一个学习的模板与方向。这一点对我其实是个挑战，毕竟55篇作文改下来就是一篇长篇大作，但是"改变必须从老师开始"这句话一直鞭策着我。慢慢来，自己改变了，孩子们自然会有所改变。

第二点，从单元目标着手学习作者表达方法。好在人教版教材单元的写作目标明确而简洁，我们从预习开始师生就特别明了这个单元我们学习表达的重点是什么，在学习课文与总结获得时反复揣摩本单元的表达效果与表达妙处。这样的过程，让我们师生对本单元的作文写法和批改都不再盲目。

第三点，不仅展示批改优秀的"小老师"的作品，对进步快的孩子更要着力表扬。我发动所有孩子去发现一些写作与评改上稍微欠缺的孩子的作品，并及时鼓励与表扬他们，让他们建立信心，骄傲地继续当一名合格的"小老师"。

经过长期的训练，孩子们没有让我失望，他们的作文评改中缕缕出现"我觉得"这样的字眼，充分展示出了他们的自信与勇气。同时，他们认真的修改与旁批体现出了每个孩子认真负责的态度，这是做人的根本。长篇大论的评语更让我折服，这里没有大话、空话、套话，有的只是简洁明了的写作指导。这正是我们期待的结果。

课堂上与学生一起"修炼"

案例一：课题质疑之《"你必须把这条鱼放掉！"》

每学一篇课文之前，我都要求孩子们预习，并且利用早读课和孩子们一起诵读，所以我的课堂中课题质疑好像生成性并不强。但是，让孩子们以回忆的方式来说说在自己没有读课文，看到课题时会有什么想法和疑问的环节也是火花不断的，而且更能促进孩子们思考，也能让他们把预习中的未知和疑问呈现出来。

今天，当我和孩子们一起出示课题，孩子们引导我要标上感叹号和双引号以后，我问孩子们："看到这个题目，你们想到了什么？"

"为什么题目要用双引号？为什么后面要用感叹号？"

"题目中的这句话是谁说的？"

"为什么一定要把这条鱼放掉呢？"

"这条鱼是从哪儿来的？"

"有了'必须'这个词，还要用感叹号强调，为什么说话人态度这么坚定？"

一时间，这些知道答案或者是不太清楚答案的孩子的问题一个个冒了出来，呵呵！这些问题都是这节课我要和孩子们一起感悟的重点内容哟！看来课堂上一直以来的以学定教，让孩子们不断质疑、感知的教学确实把一大部分孩子的主动思维调动起来了。

但是，班级里还是有十来个同学整节课不举手，还有十几个同学每节课积极性特强，这样的差距何时能抚平？这是我必须面对的难题。

案例二：为什么汤姆要"慢吞吞地放掉鲈鱼"？

今天，我和孩子们一起学习《"你必须把这条鱼放掉！"》，无论是题目质疑导入还是朗读感悟，孩子们表现得都很积极，大胆地说出了自己的想法，感悟出了文中汤姆的情绪转变。当讲到汤姆在父亲的要求下不得不放掉鲈鱼的时候，"慢吞吞"这个词引起了孩子们的质疑。

有孩子提出："老师，为什么前面汤姆钓鱼的时候动作那么娴熟而且迅速，而放鱼的时候却变得慢吞吞呢？"这个孩子的问题提得太好了。我抓住这个问题，请孩子们思考并说出自己的想法。顿时，孩子们脑洞大开，也大胆表达出来了。

"老师，我觉得是汤姆实在舍不得放掉这条鱼，这是他已经到手的美餐，怎能轻易放掉呢?"

"老师，我觉得汤姆是在拖延时间，再过一个多小时就到十二点了，那样就可以名正言顺地钓这条鱼了。"

"老师，我觉得汤姆是想爸爸改变主意，给一点时间让爸爸想想。"

"老师，如果我是汤姆，我会一边慢吞吞地放鱼，一边哭，那样就可以博得爸爸的同情，爸爸就同意我把鱼留下来了。"

孩子们争先恐后地发表着自己不一样的看法，但是句句都说到了点子上，我很高兴。

这时，坐在第一排的安然站起来说:"我觉得汤姆是想让鱼在外面多待一会，没有水了鱼就会死，那样就不要放了。"听到安然这么说，我连忙让孩子们在文章中找到了这一句"大鲈鱼摆动着强劲有力的身子游向了湖心"。从这一句中，我们可以看到爸爸不仅让汤姆放掉鲈鱼，也让汤姆在不影响鲈鱼健康的情况下放掉鲈鱼。

孩子们汇报结束了，我总结说:"孩子们，纵然汤姆心中有一万个不愿意，最终还是按照爸爸的要求放掉了鲈鱼，让它回到湖中继续生长，这又是为什么呢?"

孩子们又一次体会了文章中爸爸一再教育孩子一定要遵守规则的重要性。虽然之前没有一个孩子同意放掉鲈鱼，但是经过一节课的学习，大家都认为我们做事要光明磊落，每个人都要自觉遵守规则，那样生活才会更美好。中午，我让他们回家思考自己怎样理解"不管有没有人看见，我们都应该遵守规定"。我相信下午孩子们的汇报一定是精彩纷呈的。

案例三：创设情境导入之《金子》

《金子》这篇文章虽然内容浅显，但是其内涵要让孩子们能够领悟并用自己的话表达出来不是容易的事。我之前听过一位老师利用多媒体教授这节课，感觉孩子们自己体会得不够，更多的是老师在主导、牵着孩子们走。在没有多媒体的辅助教学中，对于这一课的导入就需要更加新颖与独特。

进入课堂，我首先在黑板上进行了板书"22.金子"。

"孩子们，请你们读课题。"

孩子们第一遍的语气比较平淡。我引导："你们现在看到的是什么？想想再读。"

"金子。"这一遍孩子们的语气中流露出了喜悦和羡慕，但是我觉得还是不够。

"孩子们，这可是黄灿灿的金子在你们的面前，再读。"

"金子！"孩子们这次读得异常欣喜与兴奋，有的孩子目光中充满了贪婪与惊讶，这就是我需要的效果。

"孩子们，为什么看到了金子会有这样快乐的感觉？"

"因为有了金子我就可以买自己想要的东西了。"有孩子急着说。

"有了金子我就可以买一个大别墅带我们全家人住了。"有孩子急着表达。

"有了金子我就可以每天享福了。"

"有了金子我就可以成为大富翁了。"

"有了金子我就可以发财，可以买一架航天飞机到太空去看一看了。"呵呵，这家伙的野心还不小呢。

"是呀，孩子们有了金子就有了财富，就可以实现我们的很多愿望。你们知道吗？前不久就有人在萨文河畔看到了金子。你们想不想去淘金？"我接过孩子们激烈的谈话说。

"想！""想去！""当然想！"孩子们快乐地喊了起来。

"是呀，大家都想去。这不，有很多人丢下了工作，变卖了家里的财物都去萨文河畔淘金子了，你们赶快看看课文，他们淘到金子了吗？"我对孩子们说。

立刻有孩子举手并面带失望的表情。这些问题显然在早读课的预习中他们已经攻下了。

"请用最简练的语言谈谈你的理解吧。"我对孩子们说。

"虽然人们蜂拥而至，但是最终都是一无所获。"有孩子提炼出了文章中的最关键的两个词语来表达，真不错。

"是的，在这群人中有一个特殊的人，他就是彼得·弗雷特，请你们看看他的故事吧。"孩子们听了立刻开始走进了这个人物的故事之中。

在一步步深入交流、诵读和感受之后，孩子们得出了文章中所说的"真金子"是睿智的思想+辛勤的劳动+持之以恒的精神。好，不错，在一节课上基本上所有的孩子都在感知课文，都能够主动思考，并且自己得出了文章要告诉我们的道理。

一节课找出了"真金子"所在，感觉真好。

案例四："色、形、味"俱全的课堂

《石榴》是一篇文笔优美，语言生动、形象的课文，字里行间流露出作者对石榴的喜爱之情。我读完以后为之赞叹，本来不太喜欢的石榴顿时在我的心里变得可爱无比了，我带着这样的心情和孩子们一起感受作者眼中的石榴。

一、先从"味"入手学"石榴子"

师：孩子们，老师读了这篇文章后觉得石榴实在是太令人喜爱了，而且非常想吃。哪些同学和老师有同样的感受呢？

生：通过阅读，我也非常喜欢石榴，并且读着读着我就想流口水了。

生：我觉得我已经垂涎三尺了。

生：我也很想赶快吃到石榴。

师：是呀，石榴这么好吃，你是从文章中的哪些语句中看出来的呢？

生：是"酸溜溜、甜津津，顿时感到清爽无比"这几个词让我对石榴流口水的。

生：我觉得"红白相间、晶莹透亮"这几个词把石榴子写得很漂亮很可爱，让人非常想吃。

生："玛瑙般"这个词不仅写出了石榴的样子，而且写出了石榴的可贵，我也想吃玛瑙般的石榴。

生：老师，我是通过插图看到的，插图上的石榴画得很干净，很饱满，我很想吃。

师：孩子们，作者正是使用了这些恰当、优美的词语描写了石榴子的外形和味道，让我们对它产生了无比喜爱的感情。这么美味的石榴子是怎么来的呢？请你们看看第二自然段的描写。

二、从"形"着手欣赏"石榴花"

生：这个自然段写的是石榴花。

师：在这个自然段中作者写石榴花的哪些语句你觉得写得好呢？

生：我觉得"小喇叭"这个比喻用得好，把石榴花比作小喇叭很形象。

生：我觉得这个比喻句中的"活泼"用得好。

师：好，大家一起来体会一下"活泼"这个词。一般情况下，"活泼"是形容什么的？

生："活泼"这个词一般是来形容孩子的，这里形容石榴花一定是说石榴花像孩子们一样调皮、可爱吧？

生：我觉得应该是写石榴花像孩子一样有生命力吧？

生：我觉得应该用前面学过的一个词——"生机勃勃"来表示。

师：你们对"活泼"这个词理解得不错，这里就是写石榴花的旺盛的生命力的，那么同样写出石榴花生命力的还有哪些词呢？

生：还有"正鼓着劲儿吹呢"，这里也写出了石榴花的生机，还很有力气呢。

生：我觉得这一段中关于石榴花开得很多的词也说明了石榴花旺盛的生命力。

师：刚才这名同学点得很好，关于石榴花开得很多，课文中的描写也很多，请大家找出来读读。

生：有"一朵朵""挂满"，说明石榴花开得多的。

生：还有"越开越密""越开越盛"，也说明石榴花开得多。

师：石榴花不仅开得多，它的形状也很可爱，它像一个个小喇叭，也像一只只红灯笼，对不对？

生：老师，我觉得它不像红灯笼，它更像一个个红铃铛。（文秀说得太棒了！）

师：是呀，刚才这名同学的这个比喻比老师用得恰当，老师接受她的意见。那么请你们给这个小铃铛前再加上一些修饰的词，让它变得更可爱，好吧？

生：我觉得像红色的小铃铛。

生：我觉得像用玉石做的小铃铛。

生：那我连起来说一下"这些可爱的石榴花挂满枝头，就像一串串红玉石做成的小铃铛"。

师：你们说得真好，不仅把石榴花的样子写出来了，还把它透亮、润滑的特点表达出来了，真好。在石榴花的描写上，你们觉得还有值得我们学习的地方吗？

生：老师，我觉得第三自然段开头部分的"热闹"这个写石榴花的词写得非常好。

生：是的，和"热闹非凡的原野"一样，都是把植物生长的茂盛、生机盎然写出来了。

师：我们经常用"热闹"来写人们的活动，一般在什么时候会很热闹？我们学过哪些词描写热闹的？

生：欢天喜地。

生：张灯结彩。

生：喜气洋洋。

生：锣鼓喧天。

生：人声鼎沸。

生：热闹非凡。

师：是呀，石榴花都开得这样热闹了，可见它们是多么生机勃勃，娇艳夺人呀。

生：是的，我很喜欢石榴花，它的红色红得让人心里很舒服。

生：石榴花的红镶嵌在郁郁葱葱的绿叶中显得更加鲜艳夺目。

生：石榴花花期很长，在开花的时候无论风吹雨打都是光彩照人的。

师：孩子们，你们对石榴花的美感受得很好，那么花谢了，结果子了，你们一起去看看果子是怎么成长的吧？

三、由"色"体会石榴果的成长

师：红色欲滴的石榴花总是要凋谢的，他们的凋谢是为了果子的生长。那么当热闹的石榴花渐渐谢了，果子是怎样生长的呢？请你们一起欣赏石榴果的变化过程吧。

生：我觉得"石榴一天天长大，一天天成熟"中的"一天天"写出了时间变化中果子的成长。

生：我觉得文章从石榴皮颜色的变化写出了石榴逐渐成长的过程，非常好。而且几种颜色用得很恰当，有："青绿色""青中带黄""黄中带红""一半儿红，一半儿黄"，简直写得太好了。我家也有石榴树，但是我却不能把这些颜色写得这么准确，这么好。

生：除了这些描写颜色的词，我觉得表示时间变化的词"先""逐渐""最后"用得也很好。

生：我觉得这些描写颜色的词用得好。那些把石榴当成人一样写的句子就更棒了。让我看了就好像真的是一个个小小的石榴娃娃出现在我的面前呢。

生：这里用了拟人，并且用了一连串的人的动作来写石榴，确实太生动了。

师：是呀，这就是拟人手法最好的运用，把人的动作和神态赋予植物，让人感受到这就是人的行为。那么除了这一处拟人，还有一处写得好呀，你们能感受到吗？

生：石榴成熟时的描写也非常好。他们"笑"得多好玩呀，有的"笑得咧开了嘴"，有的"笑破了肚皮，露出了满满的子儿"。我感觉作者观察得好细致，而且想象得也好。

生：作者真的把石榴子给写活了，我都不舍得吃了。

师：孩子们，通过这节课上我们的交流，大家都感受到了石榴之可爱，作者把石榴描写得如此惹人喜爱，值得我们学习的地方很多。请你们回家再多读一读、想一想，仿照这篇文章来写一种水果，好不好？

案例五：连闯三关学积累

进行"练习二"的学习时，孩子们被"读读背背"中的八个成语难住了。孩子们第一次接触这些成语，不仅读音比较拗口，意思也很难懂。

它们分别是：高堂广厦、玉宇琼楼、错落有致、曲径通幽、千岩竞秀、万壑争流、目不暇接、美不胜收。

教学过程中，我设计了几个闯关项目和孩子们一起学习。

第一关：我能读准。

当我把八个成语全部写在黑板上之后，我利用了开火车认读的方式，请孩子们认读。没想到，开始的几名同学都没有顺利通过，他们的主要问题出在"曲"这个多音字的读音不准，不认识壑、琼、幽、暇这几个字。看来，我昨晚布置的预习作业有些同学没有完成，发现问题后，我在教室里巡视了一圈，看到有三分之一的孩子经过了认真的预习，不但给生字注了音，而且解释了成语的意思。那么开火车就接着开下去，让这些预习充分的孩子帮助那些不会读的孩子。

接下去的开火车，我打破了以往的有孩子回答不准插嘴的方式，让同学们一起认读，帮助不会的孩子纠正读音，并且请这个孩子连续读几遍，加强训练达到牢记的效果。

全班同学开完火车后，我看到不少孩子都进入了学习状态。为了他们的发音更准确，我把几个生字的注音标注在黑板上，请孩子们跟我一起读，让他们进一步认记成语的读音。

接下去，我把注音擦掉，再一次让全班学生开火车。这次效果好多了，全班的孩子除了两个孩子把"曲"的读音发得不准确，其他孩子的发音都是准确的。

第一关成功闯过。

第二关：我能理解。

这些成语的意思，我不想让他们利用查词典的方式来理解，又没有上下文，怎么帮助孩子们理解呢？

我观察了这一组词语，又看了看课本的插图，我让孩子们利用插图闯第二关。

师：孩子们，你们看今天的插图里画的是什么？

生：是湖光山色，还有很多亭子和楼。

生：图画很美。

师：是的，今天的这些成语的意思都能够从图中找到。这些词正反映了湖光山色和亭台楼阁怎么样？

孩子们在黑板上的成语中浏览了一遍，然后说："美不胜收！"

师：是呀，这里的景色美不胜收，请你们把这些描写优美景色的词写在对应的图画上吧。

孩子们拿起笔，认真地思考着、对照着。我巡视一圈后，看到有些孩子还抓不住要点，就提示他们："虽然不知道这些成语的意思，但是你们可以根据成语中某一个字的意思来判断。例如'万壑争流'中有一个'流'字，说明和水有关，这样你们能够找到插图中相应的图画了吧？"

经过我的提醒，很多孩子恍然大悟，立刻能够根据这些成语中的个别字找到相应的图画。

很快，孩子们举手示意他们需要汇报了，我转了一圈后发现孩子们完成得不错。

我说："我看到不少同学找得都很好，下面请你说一说，你是根据成语中的哪个字来把握意思的，好吗？"

孩子们有的说："'高堂广厦'中，我是通过'厦'字知道这是写楼房建筑物的，所以这个成语应该是描写图中的亭台楼阁的。"

有的说："'曲径通幽'中的'径'字让我知道这是写小路的，所以应该写图中的那条通往山上的小路。"

有的说："'千岩竞秀'中的'岩'字说明这是写图中山上的各种岩石的。"

不错，利用插图让孩子们更直观地理解成语的意思，效果真不错。

第二关在孩子们积极思考与踊跃发言中度过。

下面要闯第三关了。

第三关：我会用成语。

第三关本想让孩子们在课堂上用这些成语说一句话的，但是下课铃响了。那么就留作课后作业吧，让孩子们写一个片段。

师：孩子们，看来今天课本上这些非常难懂的成语你们都能够初步理解了。下面请你们一起到图中这美丽的地方去游玩吧。

请孩子们打开课本。

师：假如我们班同学已经一起去图上的景区游玩过了。请你们今天回去把你看到的风景用上今天学的八个成语写出来介绍给别人,好吧?

期待孩子们今天写的片段异常精彩。

案例六:有声有色学"比喻句"

在本单元几篇写景的文章中,作者大量使用了比喻句,把景物写得生动、形象、有趣,让读者有身临其境的感受。以前学的比喻句多用"好像……一样"的比喻词,在《西湖》这课的课后练习里我们新增了犹如、仿佛、宛如这样的比喻词。为了孩子们能够学会用这些比喻词,上午的课堂上我们一起进行了学习与讨论。

我以前曾经对孩子们提到过,比喻句一般由"本体""喻体""比喻词"组成。孩子们对"本体"和"喻体"的概念不是很清楚。所以在今天的课堂上,我很明确地对孩子们说:"所谓'本体'就是你眼睛看到的那些真实的事物,所谓'喻体'就是当你看到了真实的事物以后心里想到的那个非常相像的事物。"接着,我举例进行了比较,孩子们很快就能分清"喻体"和"本体"了。

"比喻词"就是把"本体"和"喻体"连起来的词,如果没有"比喻词","本体"和"喻体"就是独立的,不能形成一个有关系的句子,它是引线,是桥梁,是连接"本体"和"喻体"的中介。我们这次又学习了几个比喻词,就是让我们的桥梁不单一,变得形式多样,各具风采。

接下来,我们就要说一说"本体"和"喻体"之间的关系了,"本体"很简单,那是我们眼睛看到的,可以直接表述出来的。在比喻句中,最关键的是"喻体"。孩子们都知道所有的"喻体"和"本体"之间必须有共同的特点,但是他们还没有掌握另一个关键性的问题,那就是凡是"喻体",必须把"本体"表达得更形象生动,如果没有这个效果就不需要用比喻句。

例如,孩子们在填写"天上的明月像( )一样"时,有的孩子填写的是"月饼",我和孩子们一起分析,虽然月饼和月亮有共同的特点都是圆的,但是这样表达失去了什么?孩子们考虑了一下,有的说:"没有了亮光。"有的说:"没有了白色。"我接过孩子们的话继续引导:"那么要想留住月亮的亮光和银白色,你们觉得在这里应该填什么更合适呢?"孩子们思考了一会儿，有的说："像银盘。"有的说："像明镜。"呵呵，这样填写的"喻体"效果就好多了。

为了让孩子们把"喻体"写得更生动、形象，我和孩子们一起欣赏了课文中传神的比喻句。

"孤山东边的白堤和西南的苏堤，就像两条绿色的绸带，轻柔地飘浮在碧水之上。"这句话中"喻体"的传神之处在哪？孩子们有的说："因为绸带和大堤有共同的特点，都是长长的。"有的说："把苏堤和白堤在水波荡漾中写成像飘浮的绸带，简直把两个大堤写活了。"看来，有了他们的理解，下次像这样的仿写应该是不成问题的。

"岸边的华灯倒映在湖中，宛如无数的银蛇在游动。"这句话中的"喻体"好在哪？孩子们经过思考与讨论，有的说："无数银蛇说明灯很多，是银白色的灯。"有的说："因为灯倒映在水波里，水在动，所以写成了银蛇在游动，写得很形象。"还有的说："我晚上到翡翠湖散步时也看到了这样的情境，不过翡翠湖的灯是五颜六色的，所以应该改成'无数的彩蛇在游动'。"好棒！学会了思考，学会了比较，真是好样的。

好了，孩子们，希望通过我们共同的感受与讨论，以后你们写的比喻句能够更具神韵，更精彩。

案例七：好悬！差点栽在听写这件小事上

开学将近一个月，孩子们的作业本因为种种原因后置了，所以我们的课堂生字和听写一直没有进行。于是，我和孩子们一直过得很幸福，幸福在孩子们第一篇作文就写得洋洋洒洒；幸福在孩子们和我每天共读《吹着小号前进》，并从中感受童真与亲情；幸福在孩子们慢慢长大，很多事我可以放手；幸福在孩子们在课堂上妙语连珠，课堂气氛活跃，生动有趣。然而，昨天当我开始补报前面的听写时，我的幸福随着秋风不知吹往哪去了。

我昨天下午让孩子们默写了三首古诗，听写了第一课和第二课，拼音和生字全对的孩子只有三个人，这是我们两年多以来听写时，孩子们创下的最差纪录。每改一本作业，我都会叹一口气，这是怎么啦？孩子们一个暑假过完，不仅生字遗忘了不少，就连我们一直引以为豪的注音很多孩子也找不到感觉了。我昨晚一直沉浸在焦虑之中，问题出在什么地方呢？

课下练习不多这是客观原因，但是孩子们学习或者写字时的不上心还是占了很大的因素。还有一点就是，从本学期开始，我让孩子们自学生字，无论是课前查字典预习还是课堂上的上黑板板演都是孩子们自己完成的。在这样的自学过程中，一部分孩子就存在懒惰和侥幸心理，认为反正老师不可能一个个细查，而且即便是叫到黑板上还有其他同学帮忙，没有预习好问题也不大。时间长了就造成了一部分孩子压根儿就没有认真完成预习的作业和课堂上的展示作业，学习生字的效果也不好。

另外，从两次生字课堂作业中可以看到，以前我会在黑板上订正组词，让孩子们抄下去再写，现在完全放手，让他们通过自己查字典组词直接写作业，这造成了很多孩子作业中的组词都是错误的。造成错误的原因有几种，一种是有的孩子偷懒没有查字典，只是凭着自己的想法给生字瞎组了几个词，有的是同音字也组成了词；还有的孩子是查字典了，但是字典上没有提供三个组词，所以有一两个就是自己胡诌的；还有一种情况是一种典型的偷懒，很多孩子查到了成语不愿意多写字，所以断章取义只写两个字；还有的孩子查字典组词时，为了节省时间把词抄得很潦草，主要是不懂意思，结果写作业的时候就抄错。这几种情况让我连连叹气，无可奈何，孩子们怎么偷懒起来一个比一个厉害？我把所有的要求都对他们讲过多次了，但是他们学懒的速度是超快的。我该如何解决？

还有一种可能，我最近强调把字写好，有的孩子写的时候过于关注字的间架结构或是把字写得工整隽秀，所以记忆字词的能力削弱了。

我不懂，难道非要每天连看课外书的时间都没有，反复抄写生字词孩子们才能记得吗？然而，我不想那么做，晚上的时间有限，让他们在课外多一些收获是我最大的愿望。

中午放学后，我使用了最老土的方法，留下来我们一个个清，这样的方式还要持续几天，我要看看这些孩子的问题到底出在什么地方。这些三年级的孩子不能栽倒在一年级时就能轻松过关的听写上吧？

写好的孩子陆续回家了，我让孩子们一个个到我身边，我再次听写写错的字词及拼音，一直到会写才能回家。一个小时下来，即便是写得最差的孩子也能把所有的生字词和拼音写对了。那到底是为什么？

智商都没有问题，记忆力也都没有问题，至少短暂记忆是超强的，但是为什么听写出现了错误？答案很简单——太不用心了。这段时间孩子们的浮躁又一次在班级里升华，是我的工作做得不够实了吗？我也需要反思一下。按道理，假期综合征应该已经过去了，不过可怕的"十一"长假又来了，我担心这次花大力气整治过后一个假期过去又全丢了。

不过，以孩子们的基础来看，这绝对不是问题，几天扎实抓下来，问题一定可以解决的。但是，课暂时又上不下去了，看来步子还是不能迈得太快，我还需要好好研究一下教育中慢的艺术呢。

案例八：唱着上语文第一课

在优美的音乐声中，我们开始了语文第一课的学习。当我把"让我们荡起双桨"写在黑板上的时候，有孩子小声说："终于开始上课了。"是呀，开学已经四天了，我们终于开始了语文第一课的学习，之前做的工作我觉得很有必要，甚至比讲解课文还重要。我首先安排孩子们进行"开学第一课"的回顾与讨论，然后对语文课本的目录进行了梳理，让孩子们对所有的课文进行初步了解，对每个单元的大概意思进行总结归纳。当然，还有我认为非常重要的学习习惯的培养——这一课一点不能疏忽，课课都重要，课课都需要。

正式进入课文的学习，正好第一课就是我们这些"70后"们耳熟能详的歌曲。我很喜欢这首歌，并且唱得不错，所以我选择了首先教孩子们唱好这首歌。因为大课间的时候曾经播放过这首歌，孩子们对这首歌旋律也熟悉。他们一听到前奏，立刻有了精神，那么就让我们唱着进入第一课的学习吧。

看着孩子们脸上兴奋的笑容，我知道他们对这节课的参与有了积极性，我很高兴。用优美的前奏把孩子带入课文内容，这篇本来通俗易懂的歌词，在我的教唱中，孩子们很快就能背掉课文，并且不自觉地边唱边跳起来。

我让孩子们找出文章中表示动作的词，很快他们就向我汇报："老师，几乎每一个小句子里都有一个动词。"我说："对呀，找出这些词来，我们先体会一下。"孩子们立刻动起手，拿出尺子很认真地标出了动词，并且认真地思考起来。我问他们："有不懂的词吗？""没有。"他们很自信地回答。我接着说："那好，请你们都站起来，我们一起边唱边做动作吧。你怎么想的就怎么做，好吗？"这是孩子们最乐于进行的诵读形式，只不过以前是边背书边做动作，而今天是边唱边跳。看着孩子们做出了优美的"荡起双桨"的动作，用双手做出了"小船儿轻轻"的动作，扭动着腰肢做着"红领巾迎着太阳"的动作，我的思绪开始飞扬，也和孩子们一起边唱边跳，仿佛回到了自己三年级的时候。孩子们在我的带动下，动作更协调、更优美了，脸上的笑容更可爱了。

唱完以后，我问孩子们："什么心情？""高兴！快乐！"

"好的，这首歌的词作者就是要我们体会自己的快乐生活的，你们都已经通过自己的唱和跳感受到了，真不错。"我很高兴地总结到。

孩子们听了，很满足，笑脸荡漾在教室的每一个角落。

这一课的课文学习在歌声中进行，在快乐中结束。字词的学习，我还是沿用了上学期的学生自己板书，学生当小老师的方法来进行，孩子们的参与度很高。

本学期，和孩子们愉快的语文学习就这样开始了！

案例九：学会查生活中的"无字词典"

天气预报说要下雨，太阳却出得老高，天气格外闷热，上午十点的时候，许多孩子的头发已经湿了，远远就能闻到他们身上散发出的汗味。我拿着书，走进教室，今天要带着孩子们学习第二课《学会查"无字词典"》，这一课是引导孩子们理解词语意思，不仅要学会查有字的词典，而且要学会查身边的"无字词典"；学习语言不仅要从书本中学，而且还要从生活实践中学。

我昨天请孩子们今天带字典来学校，为的是通过一个词的意思查找，引导孩子们进入课文学习。这个词我还没有确定下来，准备到课堂上现场寻找。

我刚进入课堂，就看到孩子们有的用小手不断给自己扇风，虽然开了电风扇,很多孩子的小脸仍然热得通红。于是,我在黑板上写了一个"热"字。"孩子们,请拿出你们的字典,查一查'热'字是什么意思?"顷刻间孩子们都拿出了字典,迅速进入查字状态,为的是抢先报告这个字的意思。

"老师,我查到了。"文静举起了小手。

"好,你读给大家听听吧。"

"'热'的意思就是物理学上把能使物体的温度升高的那种能叫'热'"。文静读到。

听了文静的解释,其他孩子都懵了。我笑笑:"听不懂吧,似乎把本来很容易明白的事说得更不明白了,对吧?那么你们能够通过我们现在的情况说说'热'是什么意思吗?"

孩子们相互看了看,开始发表自己的观点:"'热'就是满头大汗,头上好像在冒热气。"

"'热'就是满脸通红,喘着粗气。"

"'热'就是开着电风扇还不觉得凉快,就想到空调房间里去。"

"'热'就是希望钻进水里去,好好凉快一下。"

……

孩子们的精彩发言还要继续,我接下了他们的话语:"是呀,经过你们这么一说,对'热'的理解就容易多了。你们都是通过自己的观察和感受说出了对'热'的理解,非常棒,你们所说的就是我们这一课要提倡的《学会查'无字词典'》。好,下面赶快看一看,课文里是怎样说的,已经看过的孩子请你就课文提出你不懂的问题,好吗?"

孩子们兴致勃勃地进入了课文学习,因为课前经过了预习,通读课文已经不是问题了,他们现在需要做的是就整篇文章质疑,提出自己的疑问,把问题写在黑板上,然后大家一起讨论解决。

十分钟过后,孩子们已经写了整黑板的问题,我们稍稍筛选了一下,选择了几个问题结合课文进行了讲解。最后一个问题,我们要解决丽君提的:"树叶被太阳晒'蔫'了的'蔫'是什么意思?"之所以把这个问题放在最后讲,是因为通过孩子们对课文内容的掌握以后,学着课文的提法理解这个词语。

"好了，孩子们，经过了大家的讨论和学习，你们已经知道了'无字字典'和'有字字典'都很重要。现在，假如我们没有字典在手里，你们能够通过'无字字典'解释出'蔫'的意思吗？"

短暂的思考过后，有孩子开始回答。

"'蔫'就是树叶晒得很干的样子。"

"'蔫'就是树叶好像被晒死了似的。"

"'蔫'就是树叶都晒卷了，一点生命力都没有了。"

呵呵，看来孩子们对这种查"无字字典"的方法掌握得不错哟！

接着，还有孩子补充："'蔫'了的树叶只要遇到下雨或是晚上就又绿了，有了生命力。"

看着课堂上有几个孩子没有积极性，耷拉着脑袋。我问孩子们，能不能用"蔫"字说一句话呢？

想了片刻，有孩子说："我们班有的同学一上课就'蔫了'，下课铃一响顿时神气起来了。"说完，那几个没打起精神的孩子感到不好意思，开始正襟危坐了。

一节课下来，孩子们不但学会了课文，而且学会了课文教给的方法，并能够灵活运用，可谓一举多得，课堂效果也非常好。真好！

案例十：拜托，请不要扼杀我孩子的创造力

其实，在很多次的考试阅卷中都会遇到这样的情况，因为大家流水作业，难以避免忙中出错，对二年写话的批改就可能更会出现一些失误，但是对于这几个孩子的作品，我还是由衷地代表阅卷老师向孩子们说了一声"对不起"，因为我不想把他们的思维全部禁锢在一个框子里。要我们写传统节日，大家不能都写端午节、中秋节和春节，当我们的孩子众口一词，千篇一律时正是我的教育最失败的时候。为了不扼杀孩子们的创造力，请允许我给孩子们加分，请允许我给孩子们赔不是："对不起，孩子，老师忙中出错，把你的试卷误判了，请原谅，你写得很好。"昨天我向三个孩子做了这样的解释，因为假如这一次疏忽就有可能造成孩子终身的遗憾，他再也不敢创新了。

首先是小贺的试卷，当我看到他得了93分以后也不太相信，这孩子调皮，但是对待作业和试卷是异常认真的，基础知识不可能出错。拿到他的试卷，我替他抱屈，因为他写的传统节日是"重阳节"，并且写到了这个节日里他最喜欢的是爬山。这孩子的知识面多广呀，不但知道重阳节还知道在这个节日里会登高望远寄托思乡之情。这样的文章是符合要求的，而且内容写得很棒，属于不扣分的范畴。我走到小贺面前，她妈妈马上就说了："他考了93分，被他爸爸狠狠揍了一顿。"唉，我的宝贝，你的委屈又升级了。我和他攀谈："孩子，你写得很好，我觉得很棒，只是阅卷老师一时疏漏了，你还要继续保持这样的创意哟。"小家伙不好意思地笑了："其实，我本来是写中秋节的，后来想起了重阳节就写出来了。"我继续摸了摸他的头："你在合理的条件下有创意的表达非常好，老师很欣赏。其实，你这次考试应该是满分，老师给你赔礼了。"呵呵，小家伙又不好意思地笑了。

第二个受委屈的就是丽姚了，她的作文中利用了一个转折词，很巧妙地在文中过度了一下，却被老师误判为离题了。她第一句话是这样写的："我很喜欢端午节，但是我更喜欢中秋节。"接着就写了中秋节的吃月饼、赏月、打火把等等活动，内容充实生动，是不需要减分的文章，结果被扣了5分，老师特意在"端午节"上划了点，表示你写的是端午节为什么写了中秋节的内容？其实，这完全是阅卷老师忙中出错没有认真看孩子的文章内容哟。我也是非常郑重地对她说："孩子，你这篇文章写得很棒，可以得满分，你在作文中学会了用关联词语，真是活学活用，老师为你骄傲。"羞涩的小姑娘红了脸。其实这是老师的错误，却搞得她不好意思了。

我的孩子们，老师会在自己的能力范围内保护你们的创意和主动性的。我会为此努力的，请相信我。

案例十一：其实"转述语"根本就不用教

上午，我决定花一节课的时间来讲转述语的问题，这是我们这册书里的一个口语交际内容。我备课的时候，把直接引语和间接引语的问题也加入了教学的内容，因此感觉这节课很重要，也一定很难教。我咨询了高一个年级的老师，她们居然说："我们学了，孩子们掌握得还不错呀。"我的心里更迷糊了，怎么可能呢？这么绕的问题，怎可能在一节课简单搞定，而且孩子们都可以掌握得很牢固呢？

我带着忐忑的心情走进了教室，首先当然让他们自己读要求，稍作思考后，同座位之间相互扮演不同的角色，进行说话练习。接着，我请了两名同学上台进行表演说话，没想到效果还不错。我又叫了两对孩子，他们在交谈的过程中都能够把人称搞正确，没有混淆的，说出的话也很流畅。

接着，我把课本里出示的直接引语的那句话写在了黑板上，指导孩子们改成间接引语的话，需要改标点和人称。他们经过我一点拨，居然可以做好。

这时，我知道孩子们在直接引语还没有写得非常好的时候，不应该渗透间接引语，而对于口语交际的内容，孩子们只要能够正确转述别人的话就行了。对于这个目标，全班孩子都能够在上课之前做好，不需要做任何指导。

一节课快要结束了，我回忆了一下这节课绝对属于浪费时间，仅仅让孩子们了解了"转述"这个概念，其他并没有教学的必要。因为放在具体的语境中，孩子们都能够正确地转述出来。而相互改为直接引语或间接引语，对于孩子们难度好像太大了。所以，这节课压根就不需要开展教学，一节课孩子们没有更多的收获，反而搞混了一个概念，这是一节不成功的课。

案例十二：问完几个问题学完一课

今天，我和孩子们一起学习《鲁班和橹板》这一课。如此闷热的天气，如果用正常的教学方式来展开课堂教学显然是没有激情的。

"孩子们，老师觉得你们都是最聪明的！今天呀，老师遇到了几个问题解决不了，你们能够帮我吗？"我卖了一个关子。"可以。""当然能。"瞧他们自信的样子，这些小家伙就喜欢挑战，喜欢竞争。

我用两种不同颜色的粉笔写出了"鲁班和橹板"。

一、孩子们，老师不知道"鲁班"和"橹板"之间有什么区别呢？

小手如林，看来这个问题好解决。

"鲁班是人的名字。"我选择了平时不太爱回答的孩子顺利回答了这一题。"锯板是一种工具。"丽君抢先说了。小丫头记住了课文的最后一段内容，学会用"工具"这个词真好。

"是的，锯板是一种工具，你们从这两个字中发现了什么？"我问。

"老师，这两个字都是'木'字旁，说明这种工具是木头做的。"文秀说。

"是呀，文秀学会了利用字的偏旁了解字的意思，真棒。下面老师还有问题哟。"

二、鲁班发明的锯板是什么样子的？

这个问题也难不倒他们，他们一边比划一边回答。我看到孩子们比划的手，突发灵感。

"好，现在我们的胳膊和手一起来合作一下，胳膊好比是锯板上面圆圆的部分，手好比下面扁扁的部分，我们来试试，好不好？"孩子们可来劲了，很快了解了锯板的样子和它的使用方法。

三、鲁班做的锯板像什么？他发明锯板的过程是怎样的呢？

孩子们从早读的朗读中知道了锯板的形状。我选择了几个内向的孩子回答，并且进行了鼓励。

回答第二个问题，我让他们抓住了"默默""盯""出神"这几个词阅读文章，并想一想鲁班发明锯板的过程。怡彤说："老师，鲁班是通过观察鸭子划水想到了做锯板的。"

"老师，我从'盯'字发现鲁班是一个喜欢细心观察的人。"林骏说。

"老师，我从'默默'这个词发现鲁班是善于思考的人。"子阳说。

呵呵，孩子们开始变得会想问题了。我对他们的回答大加赞赏。"你们发现了鲁班具有细心观察，善于思考的特点，那么是不是这样就能发明锯板呢？"

他们又进入了思考状态。

过了一会儿，艺永说："鲁班还要开始用粗木棍做锯板。"

"是呀，经过了观察与思考，现在就要我们来行动了。"我做了小结。

四、鲁班为什么要发明锯板？

"这个问题我知道。"一贯胆小的雯欣终于敢喊出来了。"老师，因为鲁班看到艄公撑船很累，看到鸭子划水很轻松。"听了雯欣的回答，我觉得她找到了关键词"累"和"轻松"。"对呀，老艄公撑船时满头发汗，鸭子游水却很轻快，所以鲁班想给老艄公省点力，对不对？""是。"他们齐声回答。

"好，现在你们模仿一下老艄公吃力撑船和鸭子轻松拨水的样子。"孩子们又一次用动作感知了"撑"和"拨"两个动作，还有"累得满头大汗"和"轻快自如"的场面对比。

鲁班发明橹板的原因显而易见了。

五、为什么只有鲁班能够发明橹板，其他人却没有？

这个问题应该是拓展性问题。但是他们不示弱，早早就举起了手。

静元说："因为鲁班是个木匠。"

小贺说："因为他很善良，同情老艄公。"

王俊说："因为他很聪明。"

一鸣小声地说："因为其他人不想发明。"小丫头，这就是她最简单、最直接的想法吧。

"孩子们，通过上面我们讨论的，你们再想想鲁班能够发明橹板靠的是哪几方面的能力？"他们回忆刚才学习的内容后抢着回答："细心观察、善于思考、做出行动。"

"是的。鲁班有了疑问以后，他通过了这三种方法解决了难题，发明了橹板。我希望你们平时也能做这样的有心人。也许你们也能像鲁班这样发明一个用名字命名的工具。好不好？"

他们听了我的话很开心。同位间开始用对方的名字开玩笑，这些孩子总是对这样的问题特别感兴趣。

好了，一节课的任务基本完成。快乐并思考着，关键是有了孩子们的精彩发言，课堂就活了。

案例十三："荒岛"变成了"欢乐岛"

我与孩子们一起学习《这儿真好》，他们的热情可高了。我设计倒叙的方法进行教学。让孩子们分别作为小鸟、小猴、小象等动物来到了绿叶成荫的岛上，反复感叹："这儿真好!"

"孩子们，这儿为什么真好呢?"他们用不同的动物的口吻说着："因为这儿绿树成荫。""因为这儿鸟语花香。""因为这儿空气清新。"……

"是呀，这儿真好! 你们看看第一自然段，以前这儿是什么样呢? 小熊又是什么样呢?"孩子们迅速看课文内容。"以前这儿是荒岛。小熊孤零零的。"孩子们说。"荒岛是什么样呢?"他们思考着，不断地汇报自己的想法："到处光秃秃的。""一棵树也没有的。""夏天很热。"……

"你们说得真好。小熊想找到朋友，它做了些什么呢?"孩子们立即朗读："小熊种呀，种呀。一年，两年……""孩子们小熊一个人种树简单吗? 他是怎么种的呢?""他很辛苦!""他要扛树苗。""他要浇水。""他要挖坑。""他要捉虫。"……

"是呀，小熊这样辛苦。你们读的时候应该怎样呢?"孩子们再试读。这次语速放慢了，加重了"种呀，种呀"的语气。也延长了"一年，两年……"的读音。

孩子们在朗读中感受到小熊的辛苦。"孩子们，小熊的辛苦值得吗? 他换来了什么?""值得。他换来了很多朋友。"我让孩子们再一次扮演各种小动物来到这座岛上。"啊，这儿真好!"孩子们由衷赞叹。

"小动物们，你们都要在这儿住下了，我们给这座岛起个名字吧? 能不能叫荒岛了?""不能了。"他们抢着回答。"叫快乐岛吧!""叫开心岛。""叫幸福岛。""叫森林岛。""叫美丽岛。""叫欢乐岛。"……他们争先恐后地给小岛起着名字。我也为"欢乐岛"上孩子们的快乐而开心。

希望我的课堂永远是孩子的欢乐岛，把孩子们带进良好行为习惯与知识的欢乐岛。

案例十四：恼人的标点符号

随着孩子们写话内容的一天天增加，一段一段，一篇一篇，甚至是一页一页，精巧的文章已初见雏形。我一边按捺不住心中的惊喜，一边又被一个新的问题所困惑。以前学的逗号与句号，在刚学写一句话时派上用场，现在在整段话中显然不够用了。孩子们大量记录在家或学校发生的事情，面临着要用上更多的符号。开学以来，我已经被鑫鑫、怡彤、新志等孩子将近一页的写话读得不甚其苦，因为他们要么一"逗"到底，要么自始至终只有一个标点。我看完过后，一边给他们加标点，一边直冒汗。怎么办？事已至此，只能前进。

首先我们当然要学习对话中常用的冒号与双引号，还有问号与感叹号的使用。其实，在学习课文的时候，我就经常利用分角色朗读，或是找句子的形式帮助孩子们了解这几个符号。但是，由于他们目前断句还不是太好，而且对提示语和说话的内容不太分得清，导致这样的标点根本就加不好。昨天，针对《好学的爸爸》这一课的对话部分标点的使用，在课堂上精讲了，并且结合他们经常的写话内容写了四句话在黑板上，我很认真地加了标点，特别强调了这几个标点的标注方法。晚上的写话就是让他们写四句话并加上标点。

上午的写话批改，不尽如人意。不少标点用对的同学都是家长平日里比较重视孩子学习的。有一半没有家长指导的孩子，或是家长文化水平不高的，压根就不会。看来，我昨天的教学没有起到预想的目的。得想辙呀，绝对不能半途而废，更不能让他们囫囵吞枣。上午的课，我首先安排了我和他们合作的分角色朗读，然后让他们自己分角色朗读。主要是让他们在读中顿句，读中感受哪些是应该写在引号里的句子。孩子们现在还有一个不好的现象，喜欢仰着头背书，不愿仔细看文章，特别是标点符号。

接下来，我安排了小测试让他们选择一个自然段默写，重点是要把标点标正确。这次的主角是他们，写好的同学相互当老师批改，让他们当老师时一定要认真仔细，否则改错的在他们自己的卷面上扣分。孩子们的积极性很高，关键是"师德高尚"，基本是追着去纠正"学生"的错误。好几个女孩为了负责任还把书带着到对方的桌前一个一个教。这样的做法值得我这个老师学习。课堂上虽然吵吵嚷嚷，但是，我发现他们都是在认真地做事。这就够了，"教学相长"在孩子身上可能表现得更强。这节课的效果一定比我主讲的效果要好得多。

今晚的写话题仍然是写四句话。我相信孩子们的情况一定会好得多。

如果还不行，明天要在多媒体上展示，我要在课件里与他们比赛了。期待孩子们明天能够带给我惊喜。

案例十五：执着的"错别字"

我每天埋头批阅试卷，总有一些书写工整，答题准确的试卷让我由衷地欣喜，他们是我不懈努力的强心剂。也有几份试卷让我扼腕叹息：讲了多少遍，单独辅导过，让同学们"帮扶"过，几乎能用的方法都用了，却没有效果。他还是他——不难的试卷60分上下，难点的30分左右，我的心被一次次击痛，这些孩子该怎么办呢？家长自然是不管或是管不了的，我该怎么管他们呢？每天哪怕是有一点点进步，也能让我得到一点点宽慰，但事实却是残忍的，不行！真的太让我失望了。

这几个孩子的第一大问题是速度太慢，在限定的时间内完不成任务，导致有很多题目写不了，这当然也是他们没有牢固掌握知识的原因。最让我头痛的还是错别字，为此我简直要对我的教育心灰意冷了。

错字。"许多"的"许"字，班里有7名同学把它的右半边写成了"牛"字。就为这个字，我在黑板上写出来讲了三次，让同学上黑板写了一次，无济于事，错的还是错了，今天居然还多了一个人写错了。我的天啦！我真感觉"黔驴技穷"了。

"浪花"的"浪"字，有几个同学老是丢掉"良"字上面一点，还有几个同学总把上面的一点写成"丿"，我也是使出了浑身解数也是如同对牛弹琴，他们还是毅然不改。昨天的试卷上就有一个孩子因为错了一个"浪"字被扣掉了4分，这对他们好像没用，估计下次还是错，我头发都挠完了也想不出招来教好他们了。

别字。一共没学到一百个会写的字，他们已经是"别字先生"了，同音字的相互混淆导致了组词与看拼音写词语的大量错误。虽然每天为了避免他们的别字，我都是绞尽脑汁用我们学过的字来组词，但是丝毫不能阻挡他们运用别字的趋势。我总结了一下，孩子们目前会写的字中，我们学过的同音字只有：有一又一友；工一公；风一丰；他一她一它；听一厅；放一方；全一泉；月一乐。其实，只要知道意思都是风马牛不相及的字，但是他们就能写出来让你哭笑不得。看来以后在课堂上对字义的渗透和字形的解释还需再下点工夫才行。

瞎写。昨天试卷上的扩词，就有一个同学组出了：风（大风）（小风）车（大车）（小车）叶（大叶）（小叶）浪（大浪）（小浪）公（大公）（小公）泉（大泉）（小泉）。改完吐血！有辱我每天不厌其烦地让他们反复读，有辱他自己在家庭本和课堂本上的抄写。对于这样的孩子，我也不知何时才能敲开他的记忆之门。

我一边要不断地改进我的教学，一边要利用家长和学生的帮助来提高这些学困生的成绩，我一点儿也轻松不起来，但我决不妥协。

第六篇　关注学生　经营班级

我心中的合格校长

我心中的合格校长，是把爱心、教育热情全部投入学校，全天候和学生在一起，和老师们在一起；组建自己的教育团队来实现教育理想，培养出真正的快乐学生。如果可能，他要做到以下三点：

一、以学生的发展为第一要素

以我之见，以后凡是任用校长，无论是他的任职计划还是述职报告，第一点就要谈"我为学生们做了什么？学校为学生们做了什么？"而不能是"为了上级的任务我做好了什么？为了哪些指标我做精了什么？"

一名称职的小学校长，应该是在孩子们的"养成教育""快乐学习""培养良好心态"上下工夫，并且每学期列入学校工作重点。如果把重点放在"抓成绩"上，这三点让孩子们受益终身的教育势必被削弱，甚至被淡化，贻害孩子们的身心。

二、把老师的正当要求作为第二要素

谁都知道，一个学校要发展，学生要进步，师资力量的强弱是根本。

当我们的学校不需要用制度约束老师的教学行为，不需要用考勤机验证教师的出勤率时，那时的教学应该是最自觉、高效的。因为教育这个行业不同于其他行业，没有硬性的指标可以衡量，更多的时候，这是一份"良心活"。如果一个老师的师德不够高尚，心里没有学生，那么让他当多少年的老师也是毫无意义的。

把老师的需求作为学校的一项重要工作来抓，是提高教师工作积极性的有效途径。想教师所想，急教师所急，这一点做到了，就是成功的校长。

我们的教育不能仅停留在让老师们拼死命地抓成绩上，而是要促使老师们发挥各自的才智，用更科学、有效的方法来教育孩子。一个永远只会教死书的教师，即使工作再勤恳，也只能是一名教书匠。我们更需要的是想成为教育探索者，不断学习并不断努力的教师队伍。为了孩子们真能做到孜孜以求，而不仅仅是任劳任怨。

如果一个校长能够管理住教师队伍的"教育心"，那远比管住教师的人要高明得多。

三、建立得力的领导班子是第三要素

好像有点本末倒置，因为我看过的文本里组建领导班子是校长的头等大事。我觉得这是不科学的，在一个学校的工作中，正金字塔的工作模式才是稳定的。从学生工作到教师工作再到领导组这才是合理的工作程序，是正确的思维程序。一个合格的校长在安排学校工作时的思路也必须循着这样的方向才是正确的，因为我们的工作是围绕孩子在开展，没有孩子们就不需要我们。

领导班的成员必须心里有学生、有老师，确立自己的服务意识，在学校里领导班子说到底就是愿意多做事的老师。他们要有牺牲精神，奉献意识。大家都说领导组要同心同德，这谈何容易，不过有一条，对孩子们的教育观念大家必须是统一的，这样劲才能往一处使。

领导班子成员都要有独立处理问题的能力，时常反思教育的激情。假如一个领导班子都得过且过，一个学校的工作就没有生机，没有活力。

你是不放弃的教育者吗？

夜晚，当你静静地躺在床上，请你摸摸自己的良心，你今天关注班里的所有孩子了吗？你是否蔑视了哪个孩子？你是否冷漠了哪个孩子？今天你是否从骨子里讨厌了哪个孩子？如果给孩子造成了心理伤害，你及时弥补了吗？如果你都做得很好，那你可以安心地睡了，因为你仍然有一颗滚烫的教育心，你的教育品德是崇高的，孩子们有你是幸福的。

十个手指伸出来会有长短，我们的小学里不分重点班，所以几乎所有老师的班级里都会存在一些成绩不尽如人意，习惯不尽如人意，行为不尽如人意的孩子。既然已经存在，我们就要让自己以平和的心态来接受。假如你把他当成"眼中钉""肉中刺"，每天都不想多看他一眼，那样你在每个教育日都会充满纠结与痛苦。把工作当成痛苦的事来做，你当然会度日如年。而且，此刻你最讨厌的孩子们也会非常捧场，会经常给你惹是生非，让你对他的讨厌迅速升级，让你对教学工作恨之入骨。那时，你会感叹："哪辈子没积德摊上了教师这个职业?!"所以，你会每天脸色灰暗，每天过得郁郁寡欢。

假如那样，你既害了学生，也害了自己。完全可以做双赢的事，其实做起来很简单。

第一，不要给孩子们排序，强迫自己真正做到平等地对待每一个孩子。不要总戴着有色眼镜看一些相对调皮的孩子。尺有所短，寸有所长，每个孩子都有自己的闪光点。每天让自己对每个孩子都微笑一次，这个微笑对学困生来说如同冬日里的暖阳，也如同雪中送炭，他们会每天因为你的微笑而不对自己气馁，他们会让自己变得更好，不辜负你的微笑。请你在骨子里牢记，每个孩子都是很棒的，只是他们展示优秀的方式不同。

第二，真正做到不放弃每一个孩子。这点很重要，绝对不是口号，当你真心对待每一个孩子时，家长和孩子都会感受到的。千万不要一进班级就把你认为的"差生"揪出来示众，这样会让他感觉无助，他会破罐子破摔，最终滑到你不希望的地方去。对待其他孩子的告状行为，请谨慎。作为班主任，我们必须做到秉公办事，对待男女生，优差生的态度都应该是一致的。有的孩子因为每次告状都会赢，就喜欢告状，而且每次告状的结果都是让班级里的"特殊分子"受到了老师的严惩或者是冷落。我们要知道有的孩子做恶作剧，并不是出于本能，往往就是想哗众取宠，或者仅仅是为了获得老师的关注。不妨试试，多给他一些友善的眼光，多给他一些轻轻的抚摸，多给他一些赏识的言语。他们的恶作剧会与日剧减，这是有效的方法。

第三，调皮的孩子缺少的不是惩罚而是赞美。所有调皮的孩子都是有共性的，他们或许在家里是家人打击的对象，或许经常遭到父母惩罚。所以，他们的抗惩罚能力是超强的。作为教育工作者，我们是否要比家长的教育胜一筹，把惩罚教育改变为其他的方式。所有调皮的孩子，他们最需要的是赞赏，一个小小的奖励对于他们都是难能可贵的，他们会无比珍惜。所以，对于他们，老师更需要走进他们的心灵，了解他们的需求，以一颗火热的心去感化他们。这样，就没有教育不好的孩子。我这里说的好不是成绩好，而是习惯和品德好，这两条也许在孩子们以后的生活中比成绩更重要。

我忽然想到华老师为了班里的一个全校闻名的调皮孩子所做的一切，由衷地敬佩她。其实，小学教师最需要的是有教育良心，不放弃任何一个孩子。至于教学技能和技巧，我觉得都是次要的。唯有师德高尚的教师，才能教出品德优良的学生。

"被荒芜" 的力量

家里的复式楼，我已经整整两个月没上去了。那套房子不住人，房子里也没放什么东西，我也懒得打扫，索性让它处于无人问津的状态吧！今天，我上去拿凉拖鞋时才发现，楼上的地板已经积了一层厚厚的灰尘，踩下去是"深深"的脚印，墙角的旮旯处也结了蜘蛛网，家具上也蒙了一层粉尘，没有先前的光泽了。我伸头看了看露天阳台，我原来侍弄的十几盆花草已经全部干枯了，就连生命力顽强的铁树也全部干死，没有一丝生命的迹象了。我没有勇气打开防盗门去看他们，对着这样惨不忍睹的现状，我被震惊，被触动。原来，"被荒芜"的力量是如此强大，它足可以导致生命的衰落与消失。

想想我们面对的班级里的差生，他们不正如同我天台上的那些花草吗？很多时候，我们想关注他们，但是总被一次次的不如意削弱了我们的教育意志，很多老师选择了妥协，选择了置之不理。我们到很多班级会发现有特意为学困生安排的座位，或者放在讲台的最前面，或者放在教室的最后面，远远地与其他孩子隔开，把他作为"异类"。这其实也是老师没办法的办法，因为这些孩子对班级纪律的影响会很大，因为他会扰乱其他学生的学习。所以，老师们对他们的最低要求就是别给课堂添乱。

对于这些孩子而言，作业写不写自然都是一样的，多半老师是没有耐心改他们的作业的，因为在他们的作业里很少能找到正确的答案。于是，他被彻底置于班级的拐角，只要不作乱，老师可能会一个学期都不找他。时间长了，他在学习上会毫无收获，对自己的生活也不会有信心，长期处于被荒芜的状态，他找不到自己的长处，他觉得自己各方面都不如别人。有时，可能为了引起老师或同学的关注，他还会变着法地做"错事"，做"坏事"，给老师制造麻烦，造成师生关系更加紧张，导致他再一次被荒芜。

有很多老师感叹："像这样的孩子，真是一无是处，甚至是吃饭都没有别人会吃。"老师在心底里已经把这样的孩子排斥在他的同班同学之外了。如此下去，再美的花儿也会枯萎，因为他无人关注，无人培育。

也许有的花是可以在大自然中自生自灭，生长繁茂的。但是，当这些花被盆栽了，被放置于需要在夏天防晒的天台之上时，它已经接不上大地的营养，需要人类的呵护才能正常成长。这时被荒芜，被冷漠，自然只有死路一条。

就像我们的孩子，假如他没有在学校受教育，没有融入一个班级，在他被列为差生后，他也许就不会有被歧视的感受，他就不会在各方面受打击，就不会屡屡被消磨掉自己生活的信心。所以，我们作为老师有这个义务去呵护每一颗生长在自己班级的"花苗"，不要让他们被荒芜，不要让他们因为我们的不作为失去了以后好好生活的勇气，最起码要让他在正常的环境下顺利成长，不要因为我们而一再受伤。

我要告诫自己：不要让我的任何一个孩子像天台上的花一样被荒芜！

我的"一亩三分地"

每天，我早早来到教室，在我的"一分三亩地"里播种、洒水、流汗。我总感觉孩子们太小，还不扫干净地，更别说拖地了。所以，我每天乐此不疲地包办这些事，有家长嗔怪我太惯孩子们了。别急，等他们再大点我就放手让他们做了。现在，还是我代劳吧。为了自己每天能够在洁净的环境中教学，所以我选择拖地，其他班级的老师受到我的启发也开始效仿了。我最不喜欢孩子们晚上放学后因为在教室里扫地耽误时间，家长等着心烦。等明年我要让孩子们学会怎样快速地完成值日任务。

早读课上，我们不仅需要齐读、领读、分角色朗读，还需要个别指导。给胆小的孩子们增加朗读的信心是非常必要的，所以在巡视过程中的指点和启发变得特别重要。

"让我的蝴蝶飞起来"是这几天开展的活动，激起了孩子们的兴趣，也给更多的孩子提供了展示自己的机会，让他们有引以为豪的见证。包括黑板报上孩子们每期的作品。

这两周试行的新班级管理办法中，每周班会选择本周得"星"前五名的同学，作为下周的值日班长，有机会榜上有名，我给他们戴上了花环，希望每一位同学都有戴花环的机会。但是，本周才换了两名同学，这样的状况需要改变一下，否则中等以下的学生会对自己自暴自弃。而且，这次我们的衡量主要是以习惯记录为依据，这是我觉得不错的方法。

还有我们的植物角，我们的小苗长大了，几株小苗在孩子们的关心下健康成长，也为教室增加了活力，这还是孩子们学会观察的好地方。

这就是我的"一亩三分地"，"培植"着我喜爱的五十几个娃。

危险来临，请选择最快的解决方法

《司马光砸缸》这课的学习，我觉得是对孩子们进行安全教育的好时机。

课堂上，孩子们提出了用梯子、绳子、救生圈、钓鱼竿、棍子、大家一起推等种种办法救缸里的孩子。

我肯定了"大家一起推"的办法。因为在情况紧急的时候，我们要选择最节约时间的办法，在别人遇到生命危险的时候，时间就是生命，我们要选择能保护自己也最节约时间的方法。

为什么课文里对司马光的做法褒奖，就是因为司马光采取的方法是最节约时间也是最可行的办法。并且课文中用了"搬起一块大石头"和"使劲砸那口缸"都是为了以最短的时间达到救人的目的。我让孩子们模仿司马光的做法救人，再用自己想到的方法救人，比一比哪种方法更节约时间，哪种方法更有效。所以，本课不仅能够体现司马光的聪明、机智，还能体现出他临危不惧，以最短的时间做了救人的大好事。

当然，我还是一再提倡，只有在这样特定的环境下——有人掉进了大水缸，我们可以想办法救人。我们在现实中遇到这样的状况时，一定要选择最简单易行的方法——去找大人帮忙。

教育岂是"用心"就行

最近几天，我并没有感觉到自己对班级的管理有松懈，也没有放松对孩子们的教育。但是，连着两天英语老师和数学老师都来向我"告状"了，孩子们最近作业不认真，考试成绩不好。这是怎么回事呢？

中午，我早早来到教室，没有让他们练字，想和他们聊聊。

"孩子们，最近怎么啦？为什么各方面都退步了？是老师做得不好，还是班级里发生了什么事？"孩子们一下被我问蒙了，不知道从何说起。

我引导他们："是不是最近班里玩球的人太多，影响了学习？"没有共鸣，看来他们喜欢玩球，也并没有觉得玩球有什么不好。更主要的是，我并不反对他们玩球，学校的体育器材不多，不能玩玩具，如果再不让他们玩球，他们课间玩什么呢？

看着孩子们没有自己的观点，我继续引导他们："你们最近是不是在学习上不够努力，大家都不想一个比一个棒了吗？"仍然是面面相觑，他们的表情告诉我："老师，我们没有放松呀，一直都是很努力的。"但是，事实却是不尽如人意的，这是为什么呢？是不是我平时对他们干预得太多，把他们的潜力都挖空了？看着他们无人能够帮我解除困惑，我只好说："好吧，你们现在练字吧。"

下午放学后，我看到了很久没有见到的登永的爸爸，我连忙迎上去："孩子最近进步很大，你要给他鼓劲哟！"他也很高兴："多亏了这次找的辅导老师，真要好好感谢他，因为他严格要求，所以效果很好。孩子很怕他，因为他真的会打人。"呵呵，在成绩面前，我的所有教育都成了乌有，是不是我们的学校教育真的就没有起作用呢？是不是打就能解决所有的问题呢？假如仅仅用打就能培养出一个优秀的孩子，那老师真是太好当了，我也不会这么辛苦，更不必如此用心。不过，对于登永这个孩子，我无话可说，因为之前我做过很多努力，却没有什么效果。当我听说孩子可能马上要转学了，心里五味杂陈。假如是家长对我教育的质疑，那是我的失败啊。但是，这有什么不可以？因为我没有把他们的孩子培养优秀。

小梁的表现也让我匪夷所思。昨天，我和他们家人到同一家去吃喜宴。当他看到我的时候，居然像看到老虎似的溜回了家，中午连饭也没有吃。这是为什么呢？我多么希望孩子们能够和我亲近一些，课上为师生，课下为朋友。但是，这孩子仿佛视我为敌人，躲之不及，我又困惑了。今天，我找他了解想法："为什么见到老师会跑？是老师哪方面没有做好吗？"他低着头："不是的，就是看到你心里有一种怕的感觉。"我不能想象他的这种怕的感觉是什么样的。但是，已经很显然，他并不愿意和我在一起。我也不知道以前在孩子们心目中的那个我的形象现在是不是还存在——敬重而且喜爱，这是我以前的学生说的，那时的我应该是更严厉一些的。对于这一届孩子我更多的是和颜悦色，但是效果并不好。这是为什么呢？

看来，教育确实很难，不是付出就有回报，也不是用心就有收获。纵然这样，我还是要坚守我的那份职责与良心。

愚人节的一朵小黄花

早晨来校，同事信手把这朵不起眼的小黄花插在了我的衣服最上面的一个扣眼里，我受宠若惊。

她说："别高兴太早了，今天拿到这朵花的人就是傻瓜。"

"呵呵，傻瓜就傻瓜吧，我认了！至少有人给我在这个特殊的节日里送花，你送的是'愚意'，我接受的是温馨，还是要谢谢你。"我索性把花儿带着到教室，看看孩子们的反应吧。

我刚站到讲台上，林骏就喊了起来："老师，你今天衣服上插的这朵小花真好看。""是吗？"我快乐地问，"那你们能不能用自己的话描述一下这朵小花呢？"我抓住机会让他们说话。

"我觉得老师插的这朵小花就像一个金黄色的小太阳。"

"我觉得这朵花像黄色的小绒球。"

"我觉得这朵花像一朵缩小的向日葵。"

"我觉得这是一枚用金子做的胸章。"听到有孩子这样说，其他孩子都表示赞同。

"是的，我也觉得这是一枚金子做的奖章，送给老师的奖章。"孩子们说到这，我想引导一下让他们说说对我的评价，"假如给你们授予老师奖章的权利，你想送给老师一枚什么样的奖章呢？"我问。

孩子们纷纷举起了小手，脸上洋溢起骄傲的神情，他们一定觉得自己特别了不起吧，可以给老师授予奖章。

"我要给老师授最辛苦奖。"静元说。

"为什么呢？"

"因为老师很辛苦，白天教导我们，晚上还要为我们写博客。"

"呵呵，是吗？看来你经常看我们的博客呀？"

"是的，我们全家都觉得您很辛苦。"

我决定让孩子们完整地说一句话："下面说话的同学必须明确说出，你为什么要授予老师这样的奖章，好吗？"

"我要授予老师一枚快乐奖章，因为老师每次看到我们进步了，就会特别高兴。"

"我要授予老师一枚幸福奖章，因为老师每天给我们上课都很幸福。"

一鸣急得站了起来："老师，我要授予你优秀教师奖，因为我看到你很早就是优秀教师了。"

我换了一个话题："假如现在你们手里有三枚奖章，金、银、铜三种，让你们分别送给老师、同学和自己，你准备怎么送呢？"基本上所有的孩子都选择把金奖送给我，把银奖送给同学，把铜奖留给自己。

"孩子们，你们领会了孔融让梨的精神，也学会了谦虚使人进步。但是，你们也可以选择把金奖送给自己，因为你们已经做得很棒了，或者你们虽然现在表现得不是最好，但是是最努力的，这样也是最棒的呀。"我说出了不同的看法，希望孩子们能够在以后的生活中不仅学会认可别人，更要学会悦纳自己。

一朵小花，在愚人节给我带来了别样的感受，感谢送花给我的同事，更要感谢每天带给我幸福的孩子们！

像一阵春风扑面而来

出门开会两天，早晨来到学校，孩子们迎着我叫着："老师回来了，老师回来了!"我在他们的快乐中享受着被期待、被惦记的幸福。

我匆匆地拿了书本向教室走去,看到走廊上干干净净,心里的喜悦感油然而生。走进教室,教室的地面是干净的,桌子整整齐齐,心里的喜悦继续升级。脸上的笑容自然难以隐藏了。忽然有孩子喊起来:"老师今天好漂亮呀!"呵呵,前几天新买了一件比较花哨的衣服今天穿来了。多数孩子看到我都很快乐,有表达的欲望,那就让他们说说吧。

"可爱的孩子们,老师这次外出回来,心情很愉快,因为你们长大了。老师不在的时候,你们能够继续保持教室内外的干净与整洁,真好!谢谢你们!刚才我从你们的眼神中看出来,你们都有话要对我说,是吗?"

"是的!是的!"孩子们的话语已经蹦到了嗓子眼。

"好,开始吧!"

"老师,你今天好像变了一个人。"缘武说。

"请你说具体一些,怎么变了?有什么样的变化?"

他思考了片刻说:"老师变得漂亮了。"接着低下了头。估计他需要其他同学的引导。看到好多同学急不可耐了,我走到子阳面前。"你说说吧!"

子阳大声说:"老师,您从外面走进来,就像春风扑面而来,给我们带来了温暖和花香。"我难以掩饰地高兴:"谢谢你,你说得老师心花怒放啦!"孩子们可真了不起呀!

"老师,您今天穿的衣服五彩缤纷的,就像春天的花儿争奇斗艳。"文静说。呵呵,我的一件衣服居然成了孩子们眼里的一片花园,欣喜!

"老师,你不在的时候,我们感觉无依无靠,就像我们五十几个孩子坐的一条船漂行在大海上,而船长却不在。您回来了,船长回来了,我们心里踏实了。"李潜说。瞧,我的宝贝们,想象力多么丰富呀!

"老师,您不在的这两天,班级里纪律好多了,特别是小贺,他上课时不再乱讲话了,全班同学都很遵守纪律,维护我们班的集体形象。"文秀不愧为孩子们拥护的班长,她能够站在班级的角度看问题。

"老师,您回来我们又能学到知识,有了在学校里的妈妈。"

......

我的宝贝们,老师太幸福了!

"今天中午，请你们送给老师最棒的礼物，把今天想写给老师的话写成日记送给我吧！"

"好！"

今天，孩子们的日记一定会很精彩！

我们把老师比陶师

从上师范开始，我一直都在"学陶师陶"，虽然一直在默默地践行，但是像今天这样把我和陶老师放在一个层面上来比较还是第一次，并且是孩子们自己作的比较，有意思。今天上的是《放飞蜻蜓》——一个陶行知先生和孩子们之间的故事。

谈话导入时，我对孩子们说："孩子们，今天我们要认识的这位老师也是老师的老师呢！"他们震惊了。

我接着说："他呀，还是老师的老师的老师呢！"

"啊？"他们哗然了！

我笑了，接着说："还不仅仅如此呀，他还是我们所有老师的老师呢。"

"真的呀？为什么呢？"他们一起问。

我故弄玄虚："是呀，到底为什么呢？你们能够从文章中读出来吗？"大家一起读课文吧。

两分钟过后，他们分别举起了小手。

"我读出来了，陶老师是一位有耐心的老师，如果是其他人，看到孩子们捉蜻蜓，可以直接喊一句'不要捉蜻蜓'就行了，而陶老师不仅没有训斥这几个孩子，还给他们讲关于蜻蜓的知识。"

又有孩子补充说："我读出来了，陶老师是一位有爱心的老师，他对学生很慈爱，遇到问题不骂学生，而是和他们商量。他爱动物，而且带动学生们也要爱护动物。"呵呵，小家伙们总结得挺好哈。

我正准备做一下小结，对刚才回答的孩子进行表扬，这时又有孩子积极举手要求补充。

"老师，我觉得陶老师还是一位知识渊博的人，他对一只小小的蜻蜓也了解这么多，而且讲给同学们听，不但让学生懂得了更多的知识，而且让他们心服口服地放飞了蜻蜓。"

孩子们把陶老师在这篇课文中表现出来的优秀教师的品质都总结了出来，我很高兴，准备给他们说说陶老师提倡的"生活就是教育"等等教育观念。这时，有个女孩子站起来说："老师，我觉得您挺像陶老师的，您也是一位好老师。"这话一说，孩子们来劲了。

"是的，您在平时的教学中经常引导我们观察，让我们多想想为什么，也让我们多多查找资料，了解课外知识，这一点您和陶老师差不多。"

"还有，您对我们有爱心，关心我们的身体，想办法给我们开展各种活动，也像陶老师。"

"不过，有时候您还是有点缺乏耐心，也会使用小棍子，也会发火。"有孩子小声地补充。

呵呵，其实，我这个陶老师的第几代学生的教学水平离陶老师还远着呢。不过，我会在孩子们的督促下力争改变不足，还是要不断创新我的课堂教学形式，让孩子们在快乐中学习，在愉快的集体中过完小学生活。

我是最富有的人

每到周五的下午，孩子们都会充满期待地看着我，等待着我开班会，等待着我重新选出下一周的班长和组长。假如因为教学耽误了一点时间，他们会无比着急，并不断地提醒我："老师，该选班长了。"

呵呵，在班级管理中，我不断地变化着花样来激励孩子们积极向上，每一种管理方法都被孩子们无比拥护。从一年级时的"养成之星"评选，到上学期的"让我的蝴蝶飞起来"，还有这个学期的"我想当班长"的活动，所有的活动都受到孩子们的积极参与和配合，这让我乐在其中，也让孩子们在活动中养成了很多好习惯，真是一举多得。

本学期的"我想当班长"的班级活动，就是通过孩子们"养成记录本"上每周的"我最棒"的小章获得数来选班长的。作业中的每五个笑脸可以换一枚章，每天的听课习惯、卫生习惯和文明习惯优秀的孩子，也可以分别得一枚章。另外，在平时课上回答问题，进步特别快或者是好人好事等方面有突出表现的同学也可以获得"我最棒"的奖励章。这样每周获得的章数累计下来，在每周五班会上，我们按照获得章数的多少，来给孩子们安排不同的班级职务，每周都有变化，这样的变化正是我想要的效果——可以让每个孩子都有努力的希望，让他们知道每个同学只要经过一个星期的努力，都有可能当上班长，都有可能帮老师搬本子，可以自由地到老师的办公室，可以和我亲密地接触。

每周五的班会都是孩子们盼望的时刻，看着五十几个欢呼雀跃的孩子，我由衷地感慨：我是多么快乐，因为我拥有五十多颗如此纯真的心灵。无论我开展什么样的活动，他们都用十二分的热情参与；无论我布置什么样的作业，他们都会不折不扣地完成；无论我做怎样的指令，他们都会毫无异议地执行；无论我怎么"忽悠"，他们都热情高涨。我是多么幸福，在成人的世界里，有哪个领导有这样的魅力呢？

每一次，当我在黑板上点数时，根本不需要我自己数，孩子们都会很诚实地告诉我自己的数字，而且他们之间还会相互监督，从没有一个孩子在奖章的数量上撒谎。每次，有孩子因为没有当上班长而难过时，其他孩子都会一起安慰、鼓励他。大部分孩子没有当上班长和组长时，都不会气馁，而是有些失望地看着我："老师，我只差几个了，下周我一定行。"多么可爱的孩子们，他们的脑子中没有一点杂念。

最让我感动的还是班里那三分之一的学困生，他们好像总是离班长或组长的距离很远。但是，他们从来没有主动放弃过来我这里换章，也从来没有放弃过每天认认真真地在养成记录本上记下一天的情况。每次选班干，他们的眼里没有悲伤，仍然十分快乐，仍然是高兴地配合着每次的选举活动，仍然是很开心地祝福着当选为班长和组长的同学。这是多么难能可贵的品质，假如是成人，不要说这么多次受挫，就是一次，我们还能再次积极参与这样的活动吗？

也许正是孩子们的单纯和热情，让我一直快乐而满足地从事着我这平凡的工作，让我一直不曾改变我的工作热情，也让我一直觉得自己责任重大。天下有哪一项工作能够拥有五十几颗毫无保留的纯真的心灵哟！

社会上的人都说我们小学老师太幼稚，也许吧，我们每天和这些清纯、本真的孩子们在一起，哪能学会世故，哪能学会圆滑？但是，这也许正是我们最大的快乐！也一定是我们最大的快乐。

讲台上那个不起眼的口香糖瓶子

早晨一进教室，我发现教室里窗明几净，桌椅整齐，讲台也被孩子们擦得干干净净，心里顿时舒坦了很多，快乐的一天开始了。值日班长开始巡视纪律，领读员带领孩子们进行每日诵读，一切都是井然有序的。我走到讲台上，发现多了一个表面不是很干净的口香糖瓶子，信手拿了起来，有重量，难道是有孩子要送口香糖给我吃？我顺手摇了摇，有声音，不是口香糖接触瓶子的声音，应该是金属与塑料瓶子之间发出的碰撞声。有孩子停止了朗读，说："里面装的是钥匙。"我打开瓶盖一看，哦，原来装的是教室里新装的班班通设备的钥匙。这些钥匙本来是放在一个装有各种说明书的大袋子里的，昨天学校要调试设备，让孩子们找出来的。现在是谁这么有心用瓶子把几把钥匙装在一起的呢？真是善于动脑、动手的孩子，我顿生小小的感动。

我笑着问道："这是谁做的？""是小贺。"哦，没想到这调皮的孩子心思这么细腻呢。我立刻夸奖了他："小贺做得很好，他真是把我们班级的事情当成了自己的事在做，我们班级需要这样的同学，大家为他的行为鼓鼓掌。"孩子们的掌声响起，一些像这样的好人好事此刻也涌现在我的脑海里。其实，班级里这样的事不在少数哦，我索性都把它们提出来说说吧。

"其实呀，我们班级里像小贺一样真心为大家做事的人有很多呢。王俊同学从家里带了挂钩把教室里的抹布全部挂好；李君如同学看到班级里抹布都脏了，全部带回家清洗；陶文多与马康同学担心其他同学没力气，基本上包下了班级拖地的活。还有很多同学都在为班级默默地奉献着，他们都是我们应该学习和感谢的对象。希望我们每一位同学都能把班级当成自己的家，真心把这个家保持得温馨而洁净。好吧?"

随着孩子们年龄的增加，他们自己管理班级的能力也在不断增强，他们做了很多我没有想到的事，经常会给我带来一些小惊喜，让我在清晨愿意迎着朝阳快乐地步入教室，也让我每天能够快乐地迎接工作，没有倦怠，更没有厌烦。感谢你们，我的孩子们！

双胞胎的故事
——电话的"哭诉"

昨晚，已经八点，电话铃声忽然响起。一个陌生的电话号码，我接通后，那边没有声音，我"喂"了两声才听到了有孩子哭泣的声音。很显然是我的学生："你是谁？不要哭了，跟老师说说是怎么回事吧?"

过了一会儿，那边才抽泣着说："老师，我——我是阿潜①。"接下来因为哭声盖住了说话声，我没能听到他说什么。

"好了，孩子，发生了什么事，你稍微冷静一下再说好吗?"又是片刻的沉静。

终于，那头又有了声音："老师，今天爸爸把我和哥哥的暑假作业都撕了，不让我们上学了。我打电话是向您告别的，我们今天晚上就回老家，再也不回来了。"

了解了他哭泣的原因后，我开始进一步询问情况："嗯，是不是你们作业写得不好，爸爸妈妈生气啦?"之前在他们的每日一句中，我就看到了兄弟俩不好好写作业已经被妈妈教训过了。

---

① 此处使用的是化名。

"是的，今天妈妈让我们在家里把没有写完的暑假作业补上，但是我们没有写，所以爸爸回来生气了，把作业本撕了。妈妈也很生气，让我们回爷爷奶奶那里，再也不要回来了。"

我想找他妈妈谈一下，沟通一下怎么解决问题。但是孩子却说："妈妈不接电话，他们已经决定把我们送回去了。"

孩子又哭了："老师，我们不想离开学校，离开班级，也不想离开您。"

我也禁不住流了泪，但是，我知道此刻的家长正处于愤怒中，他们不接我电话，我也能理解。

我拿着电话的手开始颤抖，我对孩子说："你们先回老家，想想是什么原因让爸爸妈妈这样生气的，然后再说吧。"孩子极不情愿地挂了电话，电话那头又传来了哥哥绝望的哭声。我虽然知道这只是家长的缓兵之计，但是心里还是很难受。

我认为家长会很快换个地方给我打电话，没想到二十分钟过去了，也没有电话打过来。我急忙发短信给孩子的家长："我知道你们很生气，也理解你们的辛苦，一边工作，一边带着双胞胎儿子，其中的艰辛不是一般人能够体会的。"

过一会儿，那边回了短信："孩子的爸爸已经送两个孩子回老家了。老师，我没有脸面接你的电话，我现在每天面对两个孩子感觉很累，很痛苦，我想让他们回老家念书了。"

通过这条短信，我可以读出孩子妈妈的无奈与伤心，但是我还是忍不住给她发了以下文字："把孩子送回老家应该是你们目前想到的最厉害的一招了，但是这样除去你们暂时解了一口气，对孩子的教育能起到多大的作用呢？当你们消了气以后，怎么把他们接回来呢？你们夫妻俩要好好处理这件事。我可以想象你们现在的恼怒程度，但是这不是解决问题和教育孩子的办法。"她没有再回我的短信。我也是妈妈，很能理解她的心情。

于是，我又给她发了一条短信："一切都会好起来的，这几天让孩子们回老家好好想想也不是坏事，给他们吃个亏，让他们着急一下也好。你不要太自责。"

晚上，我一直心里很难受，难道仅仅是暑假作业的错吗？如果我不布置阅读作业，不布置每日一句，会不会好一些呢？我为孩子们难过，更多的是自责。

今天上午十点左右，又一个陌生的电话号码映入我的眼帘："老师，我是阿潜。"哦，这孩子一定是在老家用爷爷奶奶家的电话打给我的。

平日里，我让他们用顺口溜背了我的电话号码，看来是有用的。当时，我向他们承诺，孩子们如果遇到问题，我会帮助他们的。而阿潜给我打电话一定是对我十分信任，相信我能够"解救"他们，能够说服家长。

"嗯，是老师呢，你说吧。"我一边思考着怎样说服家长，一边引导孩子说话。

"老师，我现在在老家，爸爸说帮我们重新买一本语文和数学的暑假作业，让我们补上，可以吗？"说着，他又哭了。

我想引开他的注意力："为什么总是你打电话呢？哥哥怎么不打？"孩子深深地抽泣了一下说："哥哥每次都哭得说不出话了。"

"哦，你是勇敢的弟弟。其实，老师并不需要你们把暑假作业补上，我们现在要想想问题发生的原因，你们觉得仅仅是作业的问题，妈妈才会生那么大气吗？"

孩子略略缓了缓劲说："不是的，我们知道，这段时间我和哥哥太贪玩了，总是惹妈妈生气，而且我们没写完作业还骗妈妈说写完了，所以妈妈这次发火了。"

"是的，关键问题不在你们暑假作业，而是你们的学习态度，你们撒谎的行为让妈妈对你们很失望，对吧？其实，你们上次在老家的时候，老师就在网上对你们说了，态度要认真，是不是呀？"

孩子显然已经能够听进去我的话了："老师，我们知道自己做错了，现在我们还想上学校，还想和同学们在一起，我们该怎么办呢？"

"嗯，老师也相信你们会改的，但是现在你们兄弟俩要先想办法获得妈妈的谅解，把暑假作业认真补一遍也是一个好办法，最主要的是你们俩要跟妈妈表表决心，说说自己以后打算怎么做。怎样让妈妈在工作的同时能轻松地照顾你们，你们俩怎样学会管好自己的学习和生活，这很重要。"我慢慢地跟孩子说，他们应该能懂，而且我的话显然也成了他们的"特赦令"。孩子不再哭泣："老师，谢谢您，我们会按照您说的做的。"听到阿潜那童真的、礼貌的言语，我很感动。真是不错的孩子，我曾无数次地对孩子妈妈说孩子很优秀，是他们的福气。

中午，十二点半，孩子妈妈终于给我打电话了，我想她的火气也慢慢消减了一些了吧，可以冷静地跟我谈话了。"老师，我对不起您！"真是一个脆弱的妈妈，跟着她也哭了。

我马上说："你千万不要这么想，真没有什么对不起我的，孩子在成长的道路上会遇到很多问题，这是正常的，你要把心态放平和一些。"

她稍稍平息了一下自己的情绪："我真被他们俩气死了，在老家的一个多月时间里，我每天都打电话督促他们写作业，他们说写好了，结果根本就没怎么写。"

"这个可以理解，你把孩子送给外公外婆，他们能够很好地体验农村生活也不错呀，但是指望外公外婆监督孩子们把作业写好，显然是有点困难的。再说，暑假里孩子们玩性大增，在没有监督指导下作业不够认真这是普遍现象，你不要过于自责。"

她叹了口气："老师，我简直痛苦死了，我真不想再带他们了。他们每天不能自觉写作业，非要等到我回来，我真感觉好累、好烦。"

"我理解你，本来工作很辛苦，又有两个孩子要管理，你的付出比别人多一倍呢。但是，孩子是你的，你把他们推给爷爷奶奶，到最后收场的还是你呢，你要往孩子们的长远想想，就不会那么累了。"

她仍然处于纠结与痛苦之中。我懂，因为我也是妈妈，也一次次经受过孩子令我失望的痛苦，但是现在回望，其实那些不算什么。于是，我想通过我的切身体验劝劝她："其实，你有双胞胎儿子本身就是一件非常幸福的事，但是幸福背后的付出是超出别人想象的。就目前来看，两个孩子发展得都很好，你不要过于担忧，只是因为你之前当全职妈妈，孩子们的表现更优秀一些。但是现在你一边工作一边照顾他们，所以疏于监管，出现问题也是正常的。孩子们并没有你想象得那么糟糕。再说，你们也给了孩子们教训。我们可以充分利用这次机会，让两个孩子好好反省一下。暑假作业是小事。希望你能够引导孩子们制定一套自我约束、自我管理的计划，让他们能够通过这件事彻底改变一下。"就这样，我和孩子妈妈进行了很长时间的交流，但是更多的是我在说，因为我想替孩子辩解。

孩子的妈妈和爸爸如此抓狂，我完全可以理解，是不是我的班级教育缺乏长效性，是不是我的班级管理有问题呢？怎样才能让更多的孩子将自觉学习的习惯保持终身呢？我应该就着这件事好好反思一下我自己的教育教学。希望阿潜的家长能够合理地处理这件事，让这两个孩子快乐而自信地回到我们的班级。

卫杰①的故事（一）：这孩子一夜未归的隐忧

昨晚将近十一点，卫杰的爸爸打电话给我："老师，我家卫杰到现在还没回来，不知道到哪儿去了？我找了一大圈没找到，麻烦你帮我发一下校讯通，看看他是不是在哪个孩子家里?"听了家长的话，我一边担心，一边纠结，时间不早了，这样发短信无疑打扰了家长们休息，但是孩子没回家，卫杰的父母很担心，而且上次发生过这样的事。我还是发个校讯通，并强调不知道消息的就不要回短信了。短信发出去后，我一直等着消息，希望能够有家长知道这孩子的消息，但是二十分钟过去了，还是没有家长回复，我只能失望地给卫杰家长打电话，并建议他去网吧找一找，再问问邻居。就这样，卫杰家长无比焦急地寻找了一夜。

直到第二天早晨，我们还是没找到孩子，我又发了短信，这次很多家长都打来电话或者是发来短信，询问孩子情况，卫杰的家长也报了案。但是，孩子却一点消息都没有。我一夜噩梦，担心孩子受到伤害。

我一边回复家长们关心的询问，一边不断地给另外一些孩子打电话询问情况，但是没有孩子知道他的情况。

一直到下午三点，还是没有孩子的消息，我忍不住又打电话给家长，

---

① 此处使用的是化名。

他那边终于说："找到了。"语气那么轻松，丝毫没有了惊慌。我一边为家长和孩子高兴（只要孩子安全就好了），一边也在思索着这孩子为什么会这样，家长没有给我解释，我也不想听解释，我希望从孩子们那里了解情况。

暑假即将到了，班里有不少孩子的父母根本没有时间在家里陪孩子，这些孩子随时都可能遇到情况，该怎样杜绝这样的现象，又该怎样让这些孤独的孩子快乐地度过暑假，这可不是我一个人能解决的问题。但是，我应该在这方面好好教育孩子。我的教育应该细致一些，再细致一些。

卫杰的故事（二）：就是因为怕爸爸打而彻夜不归！

我今天一天在外校当评委，下午还是抽空回到了学校，我要看看孩子们，更重要的是要找一夜未归的卫杰谈谈，要杜绝这样的事再发生。放学了，我把小男孩叫到办公室谈话。

看着他这两天下来已经更加没有血色的脸蛋，我心里紧缩了一下。

我很同情地问他："孩子，你为什么一夜不回家？不知道家里人有多着急吗？不知道老师和其他家长有多着急吗？"他没表现出委屈的样子，只是说："因为我怕爸爸打我，所以不敢回家。"

我让他说说那天的具体情况。"那天中午，我和妈妈吃过饭，她就上班去了，她临走前说让我把所有的作业写完再去玩。而我只写了一点就忍不住跑出去玩了，玩得高兴了就忘了写作业，一直到天黑了，我才回家，这时候我看到爸爸已经回来了。所以就不敢回家了。"他很有条理地说着，我知道他的话中没有一句是撒谎的，这样的恐惧我们小时候也有过，但是我们通常会选择硬着头皮回家等待惩罚。而这孩子却选择了暂时逃避。

我无比心疼地问他："你那一夜在哪里？没有吃晚饭吧？""我就在小区的健身器材那里待了一夜。"我的天，这样的晚上在外面还不让蚊子吃了。

我又问他："那你没有睡觉吗？""我就在那边靠着睡了一会儿。"其实，这一会儿也许就是几个小时。我不知道那个晚上会有多少人从那里走过，为什么就没有人去问问呢？

　　直到第二天早上，这孩子还到了同班同学的家里，并且表现得像没事人一样。我不知道是什么样的恐惧能让一个孩子有如此的应变能力，那一夜他是怎么熬过来的——一个成人都不一定受得了呀。我继续问他："家里谁好打你呀？怎么打的？""我怕爸爸打，他通常都会用棍子打，而且把门关上打，打得我全身都是伤。"

　　看来，这样的"打"把一个孩子的心彻底打碎了。好在孩子这次没有被打。但是，这样的处理方式会不会导致孩子以后重蹈覆辙，这不得而知。我只能对他进行了一系列的安全教育，希望他能够学会保护自己。

　　最后，我对他说："孩子，请记住老师的电话号码，你下次再遇到这种事请，打电话找老师求助，我保证你不会被打，好吗？一定不要再犯这样的错误了。"他很高兴地接受了我的建议。我希望，这样的事不要再发生了，在任何一个孩子身上都不要发生了。

　　但是，就是这样的一个孩子，他在前一天的语文考试里，写的作文就是《我的爸爸》。当你看到作文内容的时候，你一定会感动于孩子的单纯与天真，其实他们心里是没有仇恨的，他们只是害怕，一种本能的畏惧。

我的爸爸

　　我的爸爸是一个工人，早晨六点钟就起床上班，到晚上六点半下班。

　　我爸爸的肚子很"胖"。我经常摸着爸爸的肚子说："爸爸，这个大西瓜什么时候能成熟呀？"爸爸笑着说我是个"小东西"。每当我不听话的时候，爸爸就会拿出我最怕的武器——他的胡子，吓得我赶紧跑到妈妈的身后，我一边跑一边"哇哇"大叫。

　　我的爸爸爱好喝酒、吸烟。有一次，爸爸上厕所时拿了一盒烟和打火机，我心想：肯定又去抽烟了。过了一会儿，爸爸从厕所里出来，我闻出了一股烟味，妈妈过来问我在厕所里干什么？我对妈妈说："爸爸在厕所里抽烟。"妈妈把爸爸喊来训了他一顿。

　　这就是我的爸爸，我爱他。

小杰①的故事（一）：每一个孩子在妈妈心目中都是优秀的

今天中午，我约小杰妈妈来学校面谈。谈了半个小时后，她千恩万谢地走了，一直在边上聆听的燕子老师对我说："你真有耐心，对于小杰这样的孩子也不放弃，还和她的妈妈共商他的未来。"我笑笑说："对于这样关注自己孩子的妈妈，我能说什么？我总不能说你别努力了，孩子是没有希望的。那样岂不是要杀了这位可爱可敬的妈妈？"我自己也是妈妈，出于妈妈的本能，我们都认为自己的孩子是优秀的，只是他暂时不够优秀的原因没有找到，但是只要有可能，我就不会放弃寻找与努力。小杰的妈妈就是这样一个不折不扣望子成龙的好妈妈。

长得非常俊秀的她被生活的重压刻画出脸上浅浅的皱纹，但是还是难以掩饰她的美丽。他们全家靠在菜市场的一处摊点卖面食维持生计。所有做生意的人都是这样：没生意担心，有生意忙不过来也难受。因为顾不上孩子，在这样的家庭里，孩子根本没有安静的学习环境，更没有良好的家庭教育氛围。

小杰妈妈说："孩子小时候没人陪就会闹，我越是忙他越哭，我要么就是打他一顿，要么就给他钱让他买东西，我就是图个安稳。所以，孩子提前一年上了小学。因为他的成绩跟不上，就让他留级到您的班里，本指望您教学有方可以改变孩子，没想到他又得了'紫癜'的毛病，耽误了两个月。唉，现在成绩又跟不上了，我急呀，真是什么法子都想了。"这我是知道的，孩子虽然才上二年级，上的课外辅导班已经有三四个了，这学期又换了一个。小杰家的生意多半是在晚上，这和孩子晚上写作业正好冲突。

她很不好意思地向我诉说着："这学期我给小杰找的这位老师听说很负责任，而且能够提高孩子的成绩。每个月的费用是1500元，晚上放学送去，

---

① 此处使用的是化名。

早晨接到学校，这样就不耽误我们晚上做生意了。"我接过话茬："这样的形式倒是很适合你们做生意，只是你们的经济压力要大多了。"她面带难色："是呀，经济上是紧张一些，但是我们觉得只要孩子能进步，我们借钱也要让他学呀。老师，还是希望你能多关注他，拜托了。"我连忙说："多关注是肯定的，只是学校教育的弊端是难以有足够的时间来用在像小杰这样的稍微落后一点的孩子身上，现在有这样一位老师，我可以和她多交流，让她的教育能够和我的教育相互弥补，相互促进。不过，你先不要把期望值定得太高，成绩不是关键的，我们目前主要的任务是改变孩子的一些不良习惯和没有自信的心理。"她听得很入迷，连声说："我完全听你的，我也会把你的话转达给那位辅导老师的。"

一番交谈过后，她高兴地走了，也许是因为我对孩子没有放弃，也许是我给了她教育好孩子的足够勇气。

下午放学后，我接到她的电话："老师，那位辅导班的老师想要你的电话，和你交流小杰的情况，可以吗？"我没有犹豫："可以。"

那位年轻的辅导班老师很谦虚地和我交流了十分钟，我希望这是小杰美好未来的开始。为了每一个孩子都有充满自信的未来，我的每一点付出都是值得的。为了可爱的妈妈们能够有所寄托、有所收获，我们不能放弃任何一个孩子，无论他现在如何，我们都要保证他未来的日子里能够勇敢面对自己和生活。为了这些我该努力。

小杰的故事（二）：孩子，老师该如何帮你？

小杰，班里一个性格内敛的孩子。当时到我们班就是因为成绩不好被上一届的老师建议留下来的，他的学习成绩并没有因为留一级而一跃成为班里的优胜者，相反却一直以七十几分的成绩在队伍最后吃力地尾随着。他一直在后面努力，也一直在大口喘气，我能感觉到。因为在这三年里，他知道老师没有放弃他，他的妈妈更没有放弃他。

由于孩子的身体一直不好，这更加重了家长的担心。小杰妈妈是一个极其要强的人，这是可以理解的。在这样的独生子女家庭中，所有家长的希望都寄托在一个孩子身上，家长不紧张才怪呢。于是，从一年级开始，孩子的妈妈就四处打听，找家教为孩子补课。父母做生意忙没时间陪孩子，文化程度有限也没有能力教孩子，这些他们都要在学校和补习班老师身上寻求。一度不惜花重金把孩子完全交给了一个补习老师，希望能尽快提高孩子的成绩。然而，所有的努力几乎都是没有成效的，孩子的成绩一直原地踏步。于是，造成了家长对补习班老师的不满，频频给孩子换班，孩子严重不适应，让孩子不知所措，成绩越来越不好了。

但是，我觉得孩子的进步越来越大了，因为他之前在班级里连大声朗读课文的勇气都没有，现在的他敢于举手回答问题了；原来的他看到我时总是低着头，现在他敢和我打招呼了；原来其他孩子不喜欢他，现在选值日班长时，不少孩子推荐他——在孩子们眼里小杰是公正、诚信的孩子。这些都是我看重的，也是我认为只要坚持下去一定会提高孩子成绩的基础。然而，孩子妈妈对此不屑一顾，她重视的更多的是成绩。

最近临近期末考试，我抽时间给几个暂时落后的孩子"开小灶"，每次小杰都是最后一个走，孩子的妈妈为了和我近距离接触，每次都会走进教室。当我给孩子解答时，她总是批评孩子，诉说孩子的种种不是，我没有搭理她，她也只好悻悻地到一边等待了。这是我最不喜欢的方式，家长不要当着孩子面在老师面前数落孩子。

然而，我的"开小灶"似乎对小杰也没有任何促进作用，孩子的学习热情、答题的能力一天不如一天了。小杰还在一次单元时创造了班级里第一个到时间不能交卷的记录。我更慌了，这是怎么啦？我走过去一看，他还有三分之一的题目没写，连他最拿手的作文也没有写完，我知道孩子的心理出了问题，他的自信心已经完全被惧怕击垮了。

我找了时间和孩子私聊。"小杰，最近补习班老师对你好吗？""还好。除了补习班老师，妈妈也会检查我的作业。"听到这，我诧异了：孩子的妈妈忙着做生意，怎么会天天检查孩子的作业呢？我继续与他聊："妈妈每天检查作业后有什么反应？"孩子没有隐瞒："不是打我就是骂我。"我更惊奇了："妈妈每天哪有时间管你呢?""我家对面新开了一家面馆,我家现在没有生意了。"孩子毫不避讳地说。

哦,看来我最不希望看到的情况发生了。这些进城务工的家长们,背井离乡来到这里,无非就是两个愿望,第一个愿望是希望给孩子创造更好的学习环境,让孩子将来有出息;第二个愿望当然是多挣点钱,能过好日子,能购房安定下来。现在,小杰妈妈的两个愿望都大打折扣,她当然会郁闷,当然会整天喋喋不休。

唉,我的孩子,老师该怎样帮你呢?因为老师的能力是那么有限,我帮不了你的父母,不可能帮助他们摆脱困境。但是,我希望你能在这次困境中站起来,不要被击垮。所以,我能做的只有帮助你重新建立信心,不仅是学习的信心,更是生活的信心。

多多①的无奈生活(一):终于见到多多的妈妈

终于,在学期结束的时候她和我见面了!看到她,我显得很惊奇:"哎!来啦,等会结束了你找我一下。"那天拿通知书,她出现在我面前时,我赶快和她打了招呼。虽然,她们全家这学期已经租住到校园里了,但是我见她一面是很难的——他们的电话总是换号,没有校讯通,每次让孩子带信后都是石沉大海,因为孩子太怕这位妈妈了。

其实在一年级上学期时,我和她有过一次推心置腹的谈话,我觉得效果不错。但是没过一个月,孩子就恢复了原样。看着聪明的孩子一天天消沉,一天天对学习倦怠,我无计可施。因为我在学校的所有教育都抵不过父母的冷漠,甚至歧视。我的教育和爱心永远代替不了母爱和父爱。从这个角度说,有时我感觉学校教育很悲哀。

感谢她能够等我将近两个小时,其实中间她已经回去了,能够及时赶

———
① 此处使用的是化名。

来我很满足了。她和其他的妈妈是不同的，她并不关心我给孩子们安排怎样的活动，也不关心孩子在学校的任何情况。简单说，她只需要她的孩子能够活着，能够在学校里有学上就行了。当然了，她对老师也没有过分的要求，这一点我要感谢她。

我只是很痛苦，我的努力都白费了。在学校里我和孩子谈心，终于说服孩子能够正确面对学习，回到家里他就变了。我在教室里，让每个孩子都要文明用语，注意个人卫生，但是孩子回到家里一切又都变了。

孩子们拿着通知书和我道别后，她迎了上来："老师，找我有事吗？"

我看着她，故意忍了忍说："你说呢？我想你应该来找我了。"她不说话。

我继续说："那么聪明的孩子现在对学习越来越没兴趣，这次考试居然考了倒数。我担心他对生活也越来越没有兴趣了。"

她不以为然："那孩子那么笨，那么不用心，学习成绩怎么可能好？"我总是不喜欢她在说自己亲生孩子的时候就像说的是别人家的孩子一样。

"我拜托你回家管一管他行吗？他学习你从来不过问，连他每天在不在家，写没写作业你都从来不管不问吧？"我毫不客气地说。

她毫不避讳："我是不想管他的，那次你说过以后我已经不再打他了，让我喜欢他是不可能的——他笨死了。"

我简直有些愤怒了："你从哪儿看出你孩子笨的？！他在学校里表现很好。我只希望你能够把他当自己的孩子看就行了，一视同仁地看待你的几个孩子，行吗？"其实，对于这个年轻的妈妈一下子有了三个儿子，那种负担我是能够理解的。但是她的冷漠，对于自己亲生孩子的厌烦，让我觉得不可理解。

她似乎觉得自己已经做得仁至义尽了。其实孩子住在校园里，其他老师都说："你们班的那个男孩每天放学以后就在校园里疯玩，从来没人管。"我是知道这孩子的，他每天必须在教室里以最快的速度把作业糊弄掉，回家还要带两个弟弟。很晚回家还要受到妈妈的责难和白眼。孩子是无辜的，但是，我不能改变他的现状，我很苦恼。

家长一副难以改变的模样，其他家长听了说："你自己的孩子怎么能一点不管呢？真不行你就送给我吧？"这位妈妈急忙说："你要呀，真送给你。"他们不知道，这位妈妈是完全舍得把孩子送人的。

我看着她说："不行你们就回老家吧，都在这里生活也不容易。你把孩子带回家上学，放在我班里你又不管，我实在太难过了。我觉得你可以不管他，但是你不能歧视他。你的这种态度已经严重影响了他的心理发展，他和同龄的孩子已经明显不一样了。下学期，请你带他转学吧？"我说服不了她，只有放弃。

这时她不再沉默了："那怎么行，我们就是知道你对学生像对自己孩子一样，所以到你班上来的。"这时她倒成了个明白人。

我哭笑不得："你都知道我把你的孩子当成自己孩子了，为什么你不能对他好一点，对他公正一点呢？请你给他一点关爱，给他一点温暖，给他一点母爱行吗？"悲哀，我居然求她了。因为我的爱无法和她的爱比拟。

她似乎有些动容了，但是我知道她不可能发生太大变化。

而我，最悲痛的是，不能用学校教育覆盖家庭教育。因为在孩子的成长中，最需要的家庭之爱是无法代替的，老师的爱根本不能代替这种爱。我不能接受后面的四年，孩子在我的眼皮底下一天天变得不爱生活，一天天变得心理灰暗。

这就是学校教育的无奈吗？一个教师的悲哀！我居然打动不了一位母亲去爱她的孩子。悲哀！

多多的无奈生活（二）：多多，你击碎了老师的心

下午第一节课，孩子们写字，我给他们面批写字书，一个个地进行表扬或者指导后，他们书写的效果好多了。这时，三（3）班的班主任王老师走进了我们教室，我询问："有什么事吗？"

他小声对我说："今天中午，我们班去了一个'小偷'，把我们班好几个孩子新奇的玩具都一扫而空了。刚才我看了监控视频，看出了那个孩子

的衣服，我来看看是不是你们班的孩子。"

我笑了，对他说："不可能是我们班的孩子，我的孩子肯定都是善良、诚实的，不会做这样的事。"

但是，他并没有听信我的话，而是继续在我们班的男生身上搜寻。我问他："是什么时段发生的事？"

他说："中午十二点十分。"

我又笑笑说："这没有可能，我们班孩子没有这个作案时间。"他虽然不死心，听我一再说，只好走了。

过了没一会儿，王老师又来了："我重新去看了视频，也在这个时间的后一点时间看了其他班级，结果发现这个孩子从我们班出来以后直接进了你们班的教室。而且就是你们第一组倒数第三排的这个男生。"他小声对我说。我按照他说的方位看过去，原来是他，我稍一思考，这孩子的确有作案的时间，因为他就住在学校里。但是，我还是不愿意承认，因为这孩子一直很懂事，在家里也为家长做很多事。不过，王老师既然这么肯定，一定不会诬陷这个孩子的。我想亲眼看一下视频。

"你带我去看看视频吧。"我说。

说着，我和王老师走到了学校的监控室，他打开了电脑，先把中午发生在他们班里的那一幕放给我看了一下。在看视频的过程中我浑身震颤，不仅仅是因为确认了是那个孩子，更让我难过的是，他那老练的动作，很显然可以看出这绝对不是第一次。他居然手提一个塑料袋，把他从别人书包里翻出的"稀罕物件"毫不客气地装进了自己的袋子里。在三（3）班"洗劫"过以后，他径直来到我们的教室，在他的课桌上倒出了他的"战利品"，然后把它们放进了他的书包。（这就是为什么王老师第一次来查时没有确定的原因，因为他已经把东西迅速转移了。）把东西放进了自己的书包，他稍微安静了一下，似乎又想到了什么，然后站起身，来到我们班里留在教室的书包边，一个一个地翻了起来，也许是没有让他感兴趣的物件，他最终都放弃了。（现在我才明白，为什么我们班的孩子经常说丢东西，而且经常有孩子丢了东西，我在班级里讲了一下，很快就会失而复得。原来真出了"家贼"。）最后，他走到了教室第一排的一个书包边，从这个书包里搜出了一包餐巾纸，很潇洒地装进了自己的口袋，然后似乎是哼着歌离开了教室。

看了全过程后，我的心凉透了——对于这个孩子我真是用心良苦，就因为他那特殊的家庭。但是，他还是在犯了上周末擅自带两个女生出去玩了一天的错误以后，这周又偷东西。我该怎么办呢？

从五楼监控室回到班级虽然只有两层楼，但是我却走得异常艰难。我的脚步沉重，我该怎样面对这个孩子？

终于还是要面对的。当我再一次回到教室，看到我的脸色，他没有再狡辩，而是向我承认了他中午做的事，并且从书包里拿出了他今天中午的"战利品"。这时，班里的孩子都惊呆了，有几个小男孩还在为他争辩："老师，不可能，一定是别人栽赃他的。"当听到我确认了这件事以后，他们居然哭了——在我们这样一个纯净的集体中居然出现了这样一个孩子。我无言以对！

我把他和他的战利品带到了他父母面前，这对打扮时尚的年轻夫妻在我面前狠狠地打了他一顿，不知道是不是打给我看的。我也不知道下一步我该怎么做了。

也许，这样可怜的孩子在做很多事的时候都会有他的原因，也许他第一次做的时候仅仅是因为好玩，因为想得到自己想要的东西。但是，是我太相信这些孩子，也因为其他孩子太善良。

我不知道我在这个孩子的教育上出了什么问题。但是，我感觉到，他将是我面临的一个非常严峻的教育个案，我不知道他以后还会发生什么事，更不知道他以后会怎样。因为家庭教育和学校教育的严重不协调，必将导致孩子的灰色人生。

孩子，这次你彻底击碎了老师的心，你知道吗？

今天训的就是你，小徐！

阅读孩子们的《心里话》，心中一阵惊愕。发现了一个我从未觉察到的问题——关于孩子们对小徐这孩子的评价。一直觉得这孩子很机灵，也乖巧可爱，学习方面不要老师怎么费心——他曾经在班级里拿过总分第一的好成绩。除了上课发言不太积极，我几乎没有发现他的任何毛病。但是，万万没想到，这个小家伙居然是全班孩子共同反感的对象。这种同仇敌忾，在我们班是少有的。

虽然要赶课，我还是觉得这件事需要及时处理，对于大家一致反映强烈的问题我必须及时处理到位。

"孩子们，昨晚我认真读了你们的心里话，发现你们都是好孩子，都敢于说真话，敢于发表自己不同的见解。大家除了写给家人和老师的真心话，剩下的都是写给同学的真心话。这次在你们写给同学的真心话中，老师意外发现了你们居然共同写到了一个人，而且给这个人的评价都是一个极不好的词——'讨厌'。有个孩子居然在一篇文章里对他三次说了这个词，这节课我想听你们说说为什么。我也想就这个机会好好教训一下这个同学，如果你们讲的都是实话，那么现在揭发他，让他就此改正，比他一直这样招人厌烦要好得多。"

孩子们听了我的陈述后，起初还愣了一下。没一会儿就缓过神来。"噢，您说的是小徐吧。"

"对，是小徐，他的行为实在太让人讨厌了。"

我制止了他们的集体回答："现在凡是受到过小徐欺负的同学请举手，说说他对你做了什么？"

没想到，班里的大部分孩子举起了手，连大力士马康和张艺永也举手了。我更加感到惊奇了。

"马康，你说说，他怎么欺负你的？"

"是的，小徐每天下课都不闲着，不是欺负这个人就是欺负那个人。我上次站在楼梯口，他冷不丁就从后面给我一脚，我差点就摔到楼下去了。"马康居然一点没有生气。

我问："那你怎么不打他呢，他不是你的对手。"

"我懒得跟他玩，他太缠人了。"哎，这孩子居然已经成了同学们懒得理睬的对象。

比小徐高一个头的张志峰站起来说："每次他从背后袭击我们，只要我们还手，他就会把吐沫吐在手上，然后往我们脸上和头上揉。"这行为，我听着都恶心。

我把马康和张志峰叫到小徐面前，看着三个孩子反差巨大的个头，孩子们都笑了。我问小徐："你看看他俩，你能打得过谁？为什么他们没有治你，你自己清楚吧？"小徐这时知道问题的严重性了，已经有些害怕了。

几个女生的脸已经憋得通红急着要"告发"小徐。

"我们每天下课无论玩什么，他都要捣乱。只要我们蹲下来，他就从我们头上跨过去。"一个孩子充满羞辱地说。

"是的，他经常骂我们，说得可难听了。还有，他上次他把我推下楼梯后还笑着跑了。"

看来，女生们对小徐的意见更大。在她们的言谈中，最想表达的就是"小徐实在太讨厌了"。

我说："我一直认为小贺很调皮，你们都烦他，没想到你们最烦的居然是小徐。"

话还没有落音，小贺哭着站起来："我都被他烦死了，每次他都会趁我不注意的时候打我、踢我，还用水枪喷我。只要我一还手他就找高年级的他的一个哥哥打我。"说着，小贺哭得更伤心了。

情况居然是这样。我只为了图清静，从二年级开始就不让孩子们向我告状了。但是，从小徐和多多身上的事来看，孩子们之间的事是需要多关注了，他们之间也是一个"小江湖"呢，里面的水也深哟！我通常看到的都是表象，他们在我背后的表现才是他们真实的自我。

小徐站在讲台上越来越窘迫。今天就是要开他的专场"批斗会"，让他知道他的行为多么让人反感。我让其他同学继续说出他的"罪行"。他没有反驳，看来这些的确是他所为。

我拿起了小棍子，必须要打手心了，没有一点教训，今天是不能给其他孩子一点交代的。

他哭了，哭得泪流满面。但是，我还是要他说出自己以后该怎么做。

"批斗会"结束后，孩子们似乎都解了气不再与他计较了。但是，我是真心希望这次教训能够彻底改变他的行为，他这样的行径以后只会给他带来更多的麻烦，他的人际关系将会非常差。

我强调："每个人都有自己的缺点和优点，小徐虽然爱捣乱，他其他方面表现都是很棒的，我们不能全盘否定他，只要他真改了，我们还是欢迎他，喜欢他的，对不对？"孩子们似乎比我更大度，都为小徐鼓了掌。

继续我的课堂，孩子们接下来的表现是自由而畅快的。没一会儿，小徐居然也笑了，也举起小手回答问题了。嗨，孩子就是孩子，希望这次教训能够让他长长记性。

"失而复得"的阅读书背后的教育隐忧

昨天，我正在收集孩子们本学期家庭阅读作业的时候，忽然，文秀举着手中的书对我喊："老师，萧萧的阅读书找到了。"我走上前，看到一本用钢笔写着萧萧名字的阅读书，虽然名字用铅笔涂过了，但是一点也不影响能见度。我的心沉了一下，这一准是哪个孩子在做坏事呢。昨天中午萧萧妈妈给我打电话："孩子的阅读书已经丢了一个多星期了，请老师在班级里帮孩子找一下。"下午，我询问了全班同学，大家都说没看到。没办法，我只好把我的阅读书让她带回家写家庭作业。但是，这本萧萧同学找了一个星期，全班同学找了一个下午的阅读书，今天怎么就失而复得了呢？

我把阅读书拿到手里看了看，根据笔迹，我的心里已经知道这本书丢失的原因了，也知道这件"好事"是谁做的了，我没有立即指出来。我看了看那位犯错误的孩子，她的脸已经全红了，但是还是没有马上承认错误的样子。我没有点破，而是催其他组长赶快把作业收起来："来，组长们，把收过的作业交上来，我们现在来'破案'，只要一点名，我们这本阅读书的问题就会水落石出了。"孩子们用急切的眼光看着我，萧萧更是期待。

我站在讲台上，缓缓地翻着书，我想让做错事的孩子自己承认错误。这时，我的余光里出现了一个影子——她正慢慢地靠近讲台。我抬起头，鼓励地看着她，没有说话。她小声地说："老师，我上次不小心把萧萧的阅读书装在自己的书包里了，以为是自己的就一直写，结果，昨天才知道搞错了。"她的声音很小，我提醒她："你把声音说大一点，对同学们解释一下原因，也让萧萧原谅你，好吗？"她走上了讲台，把刚才的话重复了一遍。我问孩子们："你们相信她的话吗？"有一半的孩子说信，也有一半的孩子提出了质疑。我引导他们："那么，现在请你们说说你们对这件事的看法，好吗？"有不少孩子开始举手想谈自己的看法。

飒飒首先说："我相信她，她一定是不小心把萧萧的书带回去的。"

文静也站起来说："老师，我也相信她不会撒谎，一定是搞错了。"

多多说："我们大家都相信她不会欺骗我们的。"多多的话一出来，其他孩子都纷纷响应："是的，老师，给她一个机会吧，让她明天把自己的阅读书带过来。"

我接上了孩子们的话："好的，老师也希望这仅仅是一个误会，她是不是撒谎，明天看到她的阅读书就知道了，对吧？那好，今天的事就到这里，明天早晨请你把阅读书带来。"我对犯错误的孩子说，她点了点头。

小贺还是在下面小声说："这样，她就可以今晚在家里补上了。"其实我是多么希望她能够在晚上补上呀！

以我多年的班主任经验，而且期中考试过后，这个孩子一直处于作业不认真完成的状态，这次班里其他的孩子一定会失望的，这个孩子的作业一定是有很多没有写完，否则她是不需要带走同学的书的，而且这就是一场彻底的欺骗。但是，孩子们的善良与纯真却是最让我高兴和最愿意看到的。虽然只是一个孩子犯了错误，大多数孩子都是好的，大多数孩子都是从善如流的，这是我为之兴奋不已的。然而，我更担心的是，当一切事实摆在孩子们面前的时候，我将怎样收场？

第二天早晨我一到教室，第一件事就是让那孩子把阅读书拿给我看。在等待着她的书的这几十秒内，我是无比纠结的：她把书拿出来，欺骗的事实暴露的可能性是百分之百的；假如我不去深究，这个孩子拖拉作业是习惯从此也许就改不了了，而且撒谎可能也就成为了习惯。

那孩子把阅读书拿出来，我翻看了一下，毫无悬念，从期中考试以后的作业都没有写。（因为这份作业是留着孩子们在家里进行拓展练习的，要求家长督促写和批改的。我会偶尔在早读课时抽查，没有像其他作业那样收上来改，但是每次要求写都是在校讯通上发通知的。）

拿着这本没有写完的阅读书，我想了许久：到底该如何处理呢？

孩子们看着我手里的书，希望我赶快揭开谜底，我却久久不愿说出来。

我把书放在讲台上，请昨天最信任这个孩子的飒飒和文静上来揭开谜底。他俩上来翻开了阅读书，似乎不敢相信，久久不愿意说出结果。此刻的我也不知道该说什么。但是如果不加以斥责，我担心这样不良的现象会在班级中蔓延，那么以后像此类的家庭作业可能就会不止一个孩子不写了。看着在讲台上的两个失望的孩子，我很久没有说话。到是他俩先说话了："老师，让她今晚回家补吧，我们还是相信她能够改好的。"多好的孩子们呀，我为之感动。但是，遗留了这么多的作业又岂是今晚就能补上来的呢。

教育之痛：一，这件事对我的触动很大。这本阅读书是我几年来第一次放手没有自己批改的作业，因为这学期增添了作文的批改，实在没有时间。但是，课外增加一些和课文相关的阅读量是有必要的，很多试卷中都有这样的题目。但是，因为拓展练习中有的题目有些难度，我建议家长这个类型的题目可以不做，只需要让孩子们见见题型就可以了。所以，每次的随堂检查这样的作业，孩子们完成的质量和数量都是参差不齐的。由于家长对这件事情的重视程度不同，这就造成了很多孩子应付这项作业。课堂预习的效果也各不相同，课堂上有不少孩子能够通过阅读书中的知识与我交流，但是也有不少孩子根本就没有预习。仅仅靠我一个人的力量就想把全班孩子都教好，那是不可能的。二，这位学生聪明灵巧，喜欢看课外书。期中考试之前一直表现不错，在家长会上我还特意表扬了她。记得那次，她爸爸在会后向我询问了孩子的情况，我很肯定地说孩子表现不错。看来，正是我的肯定放松了家长的教育，从家长会过后，孩子的作业就明显拖拉和应付了。家庭作业真是需要家长的监督和检查，孩子才能认真完成的。三，因为孩子的家长比较忙，这个孩子被送去一个托管班，然而这个孩子已经多次没有完成家庭作业了，这样的托管班对于孩子好习惯的养成简直一点作用都没有。四，最最要命的是，我对此无计可施。对这样的孩子，我不能打、不能骂、不能罚，没有时间留下来看着她写完。如此放任下去，对这个孩子不负责任，对其他孩子也造成了不良的影响，我该怎么办哟。痛心疾首中！

有其父必有其子，有其母必有其女

今天上午的一节课，因为一个话题，我和孩子们神聊了一节课。下课铃响了，我猛然悔悟：完了，一节课浪费了。飒飒却小声嘀咕着："怎么这么快就下课了呀？"林骏更是用请求的眼光看着我："老师，能不能和数学老师调一节课，我们继续这样上课呀？"小孩子们，带着他们聊天，他们倒是不亦乐乎哈！

今天的话题是因为小贺的这张画引起来的。昨天的课刚上完，小贺就埋下头来把课本上的插图画在了课堂笔记本上，经过涂色，感觉他画得比课本上还要好。于是，我说："小子呀，你这个本子要是被你儿子看见了，他一定会说你上课不听讲，就画画了。"他倒好，非但没有不好意思，反而说："那有什么？我儿子以后肯定喜欢画画，我每天只要画个模子，让他学着画就行了，不一定要上课的。"

我不屑地说："你怎么知道你儿子将来也喜欢画画呢？"

他很坚定地说："那当然啦，有其父必有其子嘛！"

其他孩子补充说："对呀，从遗传上来说也是这样呀！"还有孩子搬出了基因说。小孩子们啥都懂哈！

就着这个话题，我想和孩子们聊聊家庭教育对他们的影响。"孩子们，我们的父母就是我们的第一任老师，他们的言谈举止，待人接物的方式都会无时无刻影响着我们。我们身上有他们的影子，下面就请你们说说，你们的父母对你的影响好吗？不论是好的还是不好的都可以说哈！"

当我抛出了这个话题，孩子们的思维大门被打开了。

"老师，我爸爸很懒，所以我也很懒！"

"我爸爸喜欢吹牛，所以我也喜欢吹牛。"

"我爸爸爱玩游戏，我也爱玩游戏。"

"我爸爸喜欢修东西，我也喜欢修东西。"

"我爸爸爱吃肉，我也爱吃肉。"

男孩子们争着表达自己和爸爸之间的共同之处。

我说，能不能用更加典型的事例来说说你和你父母之间的相同之处呢？另外，老师希望你们能够学会更加完整的表达。我让他们稍微思考一下。

"我妈妈很爱干净，每天都要洗衣服，而且要把家里打扫得干干净净，所以我从小就养成了整洁的好习惯！"

"我爸爸脾气暴躁，遇到事情就大喊大叫，因此我的脾气也不太好，经常跟同学们闹翻了。"

"我妈妈每到星期天就睡懒觉，而且醒了也不起来，就在床上看电视，我也养成了这个习惯，所以经常在周日晚上赶着写作业。"

"我妈妈喜欢跟隔壁的阿姨闲聊，所以我也喜欢串门，写完作业就想出去玩。"

"我小时候在爷爷奶奶家长大的，他们喜欢早睡早起，我也养成了这种习惯。但是现在和爸爸妈妈住，他们不习惯我的这种习惯。"

"我妈妈喜欢讲土话，我以前总是让她改，她改不过来，结果现在我在家里也喜欢讲土话了。"

"我爸爸喜欢在家人面前定目标，我也学会了，但是我爸爸有时候还能够实现一两件，而我却一件都没有实现过。"

这时一位女生站出来说："老师，我爸爸总是喜欢拍马屁，所以我也喜欢拍马屁。"听了她的话，我满脸狐疑。

她笑了，说："因为我妈妈是一家之主，是家里的女王，我和爸爸都要顺着她，那样才能实现我们的愿望呀。"哦，是这么一回事呀。看来，一说到爸爸妈妈，他们的话可真不少，是呀，家庭生活占孩子们生活的大部分时间，在家庭的环境下不像课堂这么单一、正规。那里比较轻松，各家的环境不同，所以，有什么样的父母就有什么样的家庭，有什么样的孩子。所有的孩子身上都会刻上父母的影子，无法逃避也不可逃避。所以，父母的家庭教育和各方面影响是孩子一辈子的生活，这是没有错的。

有其父必有其子，有其母必有其女。我的孩子们个个都很棒，所以咱们的家长也是好样的。至于孩子们所说的这些生活中的小缺点那只是一点瑕疵，大家的大方向都是很好的。

第七篇　注重反思　做实课题

"信息技术环境下提高农村小学低年级写话能力的实效性研究"课题研究过程

（一）良好的开端是成功的一半

新学期刚开始，我校的"信息技术环境下提高农村小学低年级写话能力的实效性研究"（下文简称"写话课题"）课题研究就持续开展起来。课题组在本学期"以写话教学课堂研究学生写话兴趣的培养"为阶段目标，开展课题研究。课题组成员在本年度第一次会议上有六位教师承担了研究课的任务。在本阶段的研究中，课题组主要通过四个方面来开展研究：

1. 集体备课。

执教老师首先在课题会上陈述教学设计，课题组成员各抒己见，展开讨论，帮助执教老师改进教学设计。

执教老师把教学设计公开在自己的教育博客里，课题组成员通过博客群对执教者的教学设计进一步提出建议，执教者继续完善自己的教学设计。

2. 执教者献课。

献课的老师在做好充分准备的情况下，开展写话教学。其他课题组成员参与观课，认真记录。主要是关注孩子们在课堂上的表现，检验教学效果。

3. 评课议课。

课堂教学结束后，及时开展评课议课。课题组成员在议课过程中大胆提出自己的观点，大家一起讨论研究，形成良好的研究氛围，达到共同提高的目的。

4. 课堂总结反思。

执教者对本节课进行反思并形成文字资料。其他课题组成员必须就本节课的得失进行总结并形成文字，在博客里展示。

本节课形成的学生作品选择一部分在博客中展示，请其他老师给予点评。这样的四个步骤是每一位课题组老师在研究的过程中必须完成的环节。

本周，课题组李老师承担了本阶段的第一节写话教学课《可爱的小动物》。课堂上师生配合默契，学生们敢于表达，善于表达，展示了课题研究的初步成果。课下，所有成员进行了议课和点评，这一轮活动下来，大家都收获满满。

（二）课题组教师在课题研究中迅速成长

本周，由课题组成员陈燕老师献课——为《雪儿》这一课续写。陈老师的课堂利用多媒体课件的展示，创设情境，为学生做好了说话和写话的感情铺垫。本节课中孩子们的说话兴趣浓厚，他们抢着表达，积极配合老师的教学。当陈老师以二胡曲《梁祝》作为背景音乐，自己感情充沛地抒发对雪儿的依依不舍之情时，把孩子们的离别之情带入了高潮。

整节课在多媒体的帮助下使得孩子们的说话入情入理，似涓涓细流汨汩流淌，自然形成又毫无雕琢之感。这是一节成功的、完全自创的写话教学的范例。

课后，在课题组成员议课的时候，陈老师表示衷心的感谢："因为课题的研究，推动了我不断地思考。因为集体备课和课题组成员的帮助，使得我在一个星期的备课过程中教学设计日臻完善。我要感谢课题，感谢课题组老师们。"

一位对自己写话教学没有信心的老师，在课题研究的过程中迅速成长起来，这就是我们研究的价值所在。

（三）在课题研究中思考并践行

当三月的艳阳露出了它灿烂的笑脸，我校写话课题组第一轮课堂教学迎来了第三节研讨课。

担任本周研讨课献课的夏华老师，通过所学课文产生的灵感，自创了一节模仿"文包诗"写法，让孩子们根据古诗的意思想象一篇文章。经过夏老师一周"我们与古诗同行"的学习与训练，孩子们不仅写话能力得到了提升，对古诗的学习兴趣和理解能力也得到了空前的提高。

在两节课的写话课堂上，孩子们不仅能够通过古诗，说出古诗中的意境和古诗中表达的感情，也能够通过自己大胆、合理的想象置身于古诗的年代，说出真情实感。

在接下来的当堂写话中，孩子们用半个小时时间，写出了令人满意的佳作。他们把自己比为写作《春晓》的大诗人，触景生情，即兴赋诗。一篇篇佳作把我们带入了春天的诗情画意之中。

在对夏老师执教的这节课进行研讨时，校长第一个发言，对夏老师这节课的独创性、启发性、文学性给予了高度的肯定。接着他提出了宝贵意见，希望夏老师在以后的指导中引导孩子们抓住"诗的诗眼"来展开想象，这样就不会脱离主题。

其他课题组成员也对这节课进行了细致的分析和讨论，夏老师还就很多有异议的问题和课题组老师进行了辩论。在不断的辩论过程中产生了一系列的问题，等着我们下一步去解决。这样的研讨气氛是难能可贵的，只有思想上的猛烈碰撞，才能出现火花和成果。

（四）别出心裁的游戏写话课

日前，我们课题组的七位成员一起来到了廿埠小学观摩王兴刚老师的《关于游戏类写话》的课堂教学。

王老师别具匠心，利用视频播放孩子们在生活中的游戏场面，引导孩子们说话，把孩子们带入自己的生活实际。这样一边观察回忆，一边说话，孩子们自然有话可说，课堂上情趣盎然，孩子们在老师的指导下侃侃而谈，说出了行动特点，说出了心理状态，说出了亲身体验。

课题组老师精诚合作，有的摄像，有的做幕后工作，体现出团体合作精神。

王老师在课堂上循循善诱，逐步利用信息技术教会孩子们怎样积累词语，谈感受、谈想法、谈场面。在这样的过程中引导孩子们有话可说，有话可写。

上完课，课题组老师立即对王老师的课堂进行评课议课，大家不仅评出了各自看到的，还说出了各自想到的。对大家共同关注的问题还进行了讨论，并分别提出解决问题的方法。

最后，大家指派我进行总结。我认为，在利用视频进行教学写话时，我们要克服教和学两张皮的状况。要把视频播放和孩子们的说话真正联系在一起，以视频为主导指导孩子们说话效果会更好。

正像王老师最后总结的那样："孩子不愿说，撬开嘴巴实为笨方法。那么如何在说话写话练习中，穿好针引好线呢？落实到一句话中'学生是课堂的主人'，当我们责怪学生不配合时，想一想是我们应该配合好学生；当我们滔滔不绝时，应该想到40分钟内应该你是学生的忠实听众；当学生在课堂上徘徊不前时，要想一想自己手指的方向是否明了、准确。你是关注同事、领导的评价，还是关注着学生的反应；是贪多求全，害怕考试时遗漏了，还是把握重点，力求一课一得。"

每一节研讨课大家都有很大的收获和进步，这就是我们课题研究的目标。

（五）猪八戒开水果店啦!

上周，我们课题组第一阶段"以说助写"主题研究的第六节课由程晖云老师献课。程老师这次是在研究过程中第二次上写话课了，在观课的过程中课题组的所有成员都赞叹程老师的进步实在太快了。

程老师的这节课以多媒体设计一个故事入手，引导孩子写《我喜欢的水果》。她以孩子们喜欢的孙悟空为故事的主角，引导孩子们进入情境。

程老师利用《猪八戒吃人参果》的故事自然导入了介绍水果的说话练习，把孩子们的说话积极性充分调动了起来。并以西瓜为范例，充分利用信息技术提高了孩子们的观察能力、想象能力和说话能力。她巧妙地利用多媒体把孩子们带入了自己的生活实践体验之中，实现了教与学的完美结合。

课后，课题组成员对这节写话课进行了评议。大家一致觉得程老师课前备课花了很大工夫，真正是自己思考并独创的课堂教学。教学设计和环节安排得自然巧妙，丝丝入扣。句子有示范，词语积累有介绍，引导孩子们如何观察，细节描写中穿插了水果的故事——非常好。出示写话要求从基本要求到提高，抓住孩子们的特点，体现了难易递进的过程。

同时，课题组成员还给程老师提出了一些建议，希望她的课堂上能够对课外的词语进行一些必要的补充，孩子们说话的条理性不强，这有待改善。

在课题研究的过程中，老师的迅速成长是我们最大的收获。

（六）"遮挡法"助学生写话

虽然临近学期结束，课题组老师的工作开始繁忙起来，但是大家的研究热情一点没有削弱。上周，王飞老师给大家献上了一节利用多媒体课件的"遮挡法"帮助孩子们看图写话的优质课堂。

第一步，王老师创设了一个情景，给孩子们呈现了一棵苹果树的图片，引导孩子们说话，孩子们对这样的图片很感兴趣，纷纷争着说出自己见到的图案，用不同的词语进行表达。让我们惊叹于一年级孩子的说话能力。

第二步，王老师利用多媒体课件，撤去了一处遮挡物，图案上出现了苹果树下面的景色。不但有草地、小花还有几个烂苹果。这是怎么回事呢？面对课件，老师深入引导，充分调动孩子们的想象能力。课堂上孩子们的语言富有童趣，各具特色。他们不仅把自己看到的五颜六色的小花和绿油油的小草说了出来，而且想象出了"这些烂苹果是因为虫子咬了才落下来的"。还有孩子说："这些烂苹果是因为成熟了才落下来的。"最精彩的回答是："一定是有什么人在作怪，把满树的苹果破坏了。"其实老师的悬念还没有解开呢，有的孩子已经想到了这一步，真是不简单。

第三步，王老师把苹果树旁的一个角落露了出来。"孩子们，造成满地烂苹果的元凶就在这里，请你们想象一下会是谁呢？"老师的一句话勾起了孩子们的无限遐想。但是因为呈现出来的图案与元凶没有直接的联系，孩子们有的说是风筝，有的说是飞碟。显然和老师的预设有差异。

第四步，当老师把遮挡的部分全部撤出以后，大家才恍然大悟，原来这是一个小狐狸偷吃苹果的故事。看到了完整的画面以后，孩子们说话的热情更高了。老师提醒孩子们把课堂上才说过的景色描写连在一起，就是一个很完整的故事了。

经过老师这样层层递进式的引导说话，降低了孩子们的说话难度。同时，利用遮挡法强制性地教会一年级孩子们怎样有条理，按一定顺序来看图说话，方法独特有效。我们在课堂上还领略了老师利用遮挡法充分培养了学生的想象能力和创新能力。

这节课，王老师向我们展示的"利用遮挡法提高学生的说话能力"让我们课题组老师耳目一新，为我们课题研究提供了一种全新的教学方式。同时，也为课题研究的深化提供了一个空间。

课后，课题组成员及时进行了评议，大家一致认为王老师的课堂独创的"遮挡法"值得大家学习并推广，相信王老师班的学生的写话能力一定会迅速提高。

（七）校园美景我来写

上周二，我们课题组一起欣赏了程梅老师的一节集展示与训练为一体的写作教学课。

课堂上，孩子们就自己最熟悉的校园景物进行了描写，鉴于老师带领孩子们在课前做了大量的准备，孩子们近距离地接触了与他们朝夕相处的校园植物。于是，在这些小作者的笔下，校园的植物都活了，一棵棵香樟树在孩子们的笔下香气怡人，我们甚至能够感受到这些香气就散发在我们的教室里。一株株小草在春风中摇曳，在春雨中舞蹈，孩子们笔下的植物充满了生机与童趣，在场的老师屏息凝听，时而点头，时而鼓掌，无不为孩子们的作品动容赞叹。

程老师在展示了孩子们作品过后，向我们展示了名家作品，并在赏析名家作品的同时，引导孩子们自然归纳出描写景物需要从细节入手，要把细节描写得精彩必须调动我们的视觉、听觉、嗅觉等器官，还可以摸一摸，有的甚至可以尝一尝。只有通过这样的亲身体验，我们才能够把景物写得生动有趣。

最后，老师向孩子们展示了一组栀子花的图片，检验孩子们的写话能力。在十分钟不到的时间里，大部分孩子都能够写出一两百字的片段，而且写得非常精彩。充分体现出了孩子们扎实的写作基本功，老师多年来对孩子们写作能力的指导可见一斑。

课后，课题组老师对程老师这节课中学生的出色表现提出表扬，孩子们的写作能力正是验证老师教学水平的最好依据。同时，这节课中老师已经把下一阶段的"以评助写"的教学方法渗透到本节课中，可以说这节课很自然地成为了两个阶段研究的过渡，值得大家借鉴。

至此，课题组第一阶段"以说助写"的八节写话研究课全部结束，在这样一轮集体评议、观课、议课的过程中，课题组的成员都在默默地播种着、忙碌着。正因为大家的付出，收获都在孩子们日渐完美的作品中，也在老师们越来越高效的课堂中显现。

（八）凡事预则立，不预则废

昨天，趁着暑假即将结束，紧张的新学期还没有开始之际，我们写话课题组进行了紧张有序的筹备会。会上就几个问题进行了商讨和决定：

1. 课题第二阶段的内容正式确定为"在信息技术环境下'以评助写'课堂教学的研究"。

2. 为了充分发挥组员之间的合作意识，也为了合作获得更多的研究智慧与成果，下阶段在大标题的覆盖下分为四个小标题，分别由八位成员两两合作进行。每一小组负责两次活动，活动由集体备课——听课、观课——议课组成。另外，为了加强课题组成员的理论素养，本阶段每次活动安排半小时的理论学习，学习内容由各组负责人围绕大标题和小标题进行搜集，带领课题组成员开展学习。

3.这次的课堂教学内容必须围绕我们的大标题内容进行。每一组活动结束以后进行小活动总结，上交活动材料。继续沿用上学期的提前一周备课，提前公开教学设计，课题组成员集体备课的形式进行教学。

4.下阶段课题活动时间初步定在每周二上午进行，如果和学校工作冲突另行调整。9月18日正式开始第一次活动。

5.注意两位教师之间的默契合作，注意小组与小组之间的衔接。

当会议确立了大标题以后，分组本来打算抽签决定的。后来，有老师提出，为了合作的成功，必须以年级组来分。大家都觉得很合适，于是就很自然地按低、低中、中高、高年级组分成了四组。当准备让大家抽取活动先后顺序时，有人提议：一年级孩子没有两个月根本就不可能写出一句完整的话，低年级组应该放在最后。于是，大家又非常顺理成章地接受了按从高到低的年级组顺序组织活动。本来很棘手的事，在短短的几分钟内迎刃而解。这就是团队合作的精神体现，也是每一位成员把课题研究当成自己的事的一种最好的体现。我为之感动。

当我们准备确定小组研究内容时，大家可热闹了，你一言我一语，积极提出自己的想法，即便刚刚提出的想法一说出来就被否定了，还是坚持积极地思考，积极地发言。这就是一种良好的研究氛围，一种人人参与的研究势头。我为之震惊。

上报的作品即将到期，有的成员有问题不明白，还有的成员处于彷徨阶段。大家互相鼓劲，互相帮助，坚定了彷徨者的信心，一时间会场呈现出了共进步、共荣辱的氛围。我为之兴奋不已。

（九）写话课题组第二阶段课堂教学拉开序幕

星期二的上午，经过课题组成员紧张筹备和集体备课之后，由李敏老师执教的第二阶段课堂教学活动正式拉开了序幕。课题研究第二阶段是围绕"利用信息技术通过'以评助写'的方式帮助学生提高写话能力"而开展活动的。李敏老师经过细心准备，认真备课，和孩子们进行了多次互动学习，给课题组成员和全校语文老师呈现了一节集实效性与生动性于一体的高效作文课堂。

课堂上，李老师设计了四个环节：游戏导入、学会欣赏、找毛病、师生共改。四个环节环环相扣，形式活泼，师生配合默契，真正做到了把课堂还给学生，整节课以孩子们的表达为主要形式，老师只是起到引导和点拨的作用。

在这节课上，李老师不仅安排了"四个环节"为经线，还安排了四个"写话秘诀"为纬线，经纬交错，让这节课在孩子们快乐表达和评论的基础上，自然学会习作方法，使得作文指导自然流畅，不留痕迹。课堂上，李老师注重保护学生的真实体验，让孩子们的趣味表达不绝于耳。李老师充满文学性与情趣性的过渡语言，触发了学生的表达激情，同时带动了学生的习作兴趣。

课后，课题组成员及时做了评议和讨论。大家一致认为李老师这节尝试性的"作文评点课"上得非常成功。特别是李老师课下利用了大量的时间对孩子们的作品进行评改揣摩，找出孩子们作文中的共同优点和缺点，在课堂展示时才能和学生产生情感上的共鸣。在课堂上李老师大胆尝试利用多媒体和孩子们一起修改作文，虽然多花了一些时间，却起到了事半功倍的效果。在课堂上这样的示范操作、现场直播，给学生直观的感受，也给学生树立了一个最权威的榜样。

最后，课题组杨军校长做了总结。他肯定了课题组工作开展的持续性和有效性，支持课题组成员的大胆尝试与创新，并表示积极支持课题组工作，做好后勤保障工作，保证在最短的时间里给老师们进行电子白板的使用培训，让电子白板技术能够促进我们课题组的研究更加顺利、有效。

（十）利用多媒体帮助学生写景

日前，课题组活动掀起了又一轮高潮，连续两个星期，四年级组的两位老师合作交流，就利用多媒体以评助写的方式帮助孩子们写话，收效显著。

在夏华老师的课堂上，她首先使用多媒体向学生展示了几幅金秋美景。

在展示的过程中，夏老师配乐朗诵描写秋天的诗句，创设了良好的情景。让孩子们在如诗如画的境界中进入了学习状态。

接着，夏老师利用多媒体展示了平时学生作文中典型的开头段和结尾段中出现的问题，与学生一起寻找问题症结并引导孩子们一起修改，在孩子们热烈的讨论和表达中学会了评改作文，也学会了怎样在作文中写好开头与结尾。

最让人难忘的是夏老师使用多媒体展示了自己写的一篇文章，在师生共同欣赏的过程中，夏老师指导孩子们找出美文中值得学习的地方。从习作的字、词、句、段、篇几个方面引导学生找优点进行学习。课堂上学生的语言表达丰富多彩，想象奇特，发言踊跃。夏老师利用多媒体创设学生评价作文的教学过程生动有趣，整节课中渗透了写作方法和技巧的指导，轻松自然，不留痕迹。

课后，语文组的全体老师对这节课进行了点评，大家一致认为夏老师的这节课教学目标落实到位，实效性强，课堂上师生情绪高涨。师生共同评点作文的形式活泼新颖，指导细致，这样的评改作文方法让作文指导事半功倍。

同时上研讨课的还有课题组成员陈燕老师。她在课堂上首先利用王安石的"古诗不厌百回改"的故事，引导孩子们认识到"作文也要多修改，好作文是改出来的"。在师生共同评改作文的开始，她给我们呈现了这节作文课主要修改的问题类型：语言贫血，语句毛病，景物选择过多。让孩子们有的放矢地对下面的学生作品进行评改。

接着，她向我们展示了第一篇习作，这是一篇比较优秀的学生作品，但是老师也点出了作品的毛病，让孩子们建立了习作的信心——我们也能写出这么优秀的作文，也让孩子们明白——再好的作品也会有毛病，我们都有修改的必要。

她向我们展示第二篇作品后，先引导孩子们一起评赏文章中的优美语句，文章中描写的优美的景色，丰富的物产，然后把话锋一转，请孩子们找出文章中出现的毛病。在自然的状态下导出了选择景物过多的毛病，让孩子们在写作文时要学会选择，要做到抓住重点，有主有次地去描写，组织语言。

修改第三篇文章是课堂最精彩的部分。老师出示了一篇问题突出的学生习作，在病文有明显问题的地方用蓝色的字样进行了标注，降低了学生评改的难度，便于老师在课堂上组织教学。在评改第三篇文章时，学生们思维活跃，语言表达精彩，在师生融洽的气氛中，一节生动、有趣的作文评改课在下课铃声中结束了。听课老师和学生都有意犹未尽的感觉，从孩子们不愿下课的表情中我们不难看出孩子们在这样以评助写的写作课中，培养了习作兴趣，不再"作文作文头想生疼"了。

在这节写作评改课结束以后，课题组成员进行了及时的点评和讨论，讨论中几位老师就陈老师的课件呈现是否需要背景；第一篇美文欣赏是否需要修改；第二篇习作中能否定位为"风景选择过多"；第三篇文章修改时间是否太仓促等问题进行了深入的探讨。陈老师结合自己的教学设计，结合本班学生的实际情况，和课题组老师一一进行了研讨。就这样，在大家的思维碰撞中，课题研究的效果越来越明显，老师们越来越乐于研究。

（十一）有感于"写话"课题组成员的进步

"写话"课题组的成员都是自愿报名，积极要求参加研究的，我有言在先必须跟上研究的节奏，不准掉链子。于是，从开题会到后期工作的开展，几位成员一直默默支持，尽全力完美地完成课题的任务。我们周五去廿埠小学参加王兴刚老师的课堂教学观课议课，大家精诚合作，展示出的团队精神，让我心里的满足感弥漫在五月的空气里。

有的老师积极给王老师摄像，有的老师主动做好后勤工作。在评课的过程中，老师们各抒己见，互评阶段没有一位老师推辞不评，遇到大家共同感兴趣的话题，大家你一言我一语，大胆说出自己的观点，这样的教研气氛令人心动而快乐！

我感觉每一位成员都加入了善于反思与践行的队伍，为大家高兴，更为孩子们高兴。

（十二）我们在为课题中期汇报努力

写话课题研究完成了一大半，在这个过程中课题组老师都非常辛苦，尽心尽力地做着自己的研究，大家在集体备课时集思广益，大胆提出尝试意见；在观察课堂时聚精会神，积极思考记录；在评课议课中，各抒己见，诚恳提出修改意见并为下一位授课老师指明了方向。我们的活动一次比一次有效率，我们的课堂一次比一次精彩，大家都在思考，都在践行，也都在成长、进步。在这个课题实实在在的活动开展中，我们的收获都是满满的。在课题中期验收到来之际，我们需要带一份让专家满意的报告呈现在会议上才能为我们后期工作和课题顺利结题打好基础。又一次需要大家共同努力的时候到了。

中期报告的思路：

第一，大的研究方向是利用信息技术促进孩子们的写话能力的提升。

第二，活动过程分为"以说助写"和"以评助写"两个阶段。目的是通过这样的课堂培养孩子的写话兴趣和写话能力。

第三，第一阶段活动中以王飞老师的"遮挡法"和李敏老师的"听声响"促进写话为特色进行案例分析。当然，利用多媒体创设情境也是非常有效的，也需要在作品中加以描述。在我们的作品中一定要注重把信息技术的利用放在首要的位置。第二阶段活动中主要以我的"利用图片展示"引导学生学会有顺序地写景来总述几节写景的课堂；以程晖云老师的"利用多媒体动画效果当堂修改帮助孩子们把人物写生动"来总述几节写人的课堂。

第四，关于在课题研究过程中我们参加的比赛情况（成果展示部分）。

（1）积极参加电教六项比赛并获得了省、市、县级的层层奖项。课题组的课题活动记录获得了省级二等奖。

（2）积极参加了由中国信息技术协会组织的各项比赛，各个项目都认真准备并申报了参赛作品。

第五，课题讲求实效性和真实性是一大亮点。

（1）时间安排井然有序，课题组成员积极参与活动，没有推诿，没有抵触。研究热情很高，每节课上完过后立即进行评议。

（2）每节课都是老师自己设计的，没有参考，没有依赖，有的只是大家的思考与改进。

第六，有哪些不足和下一步需要改进的地方。

怎样更有效利用信息技术帮助孩子们提高写话兴趣和写话能力？我们要不要再进行一轮课堂教学，是否需要集体打造一节或几节课，充分发挥我们每一位成员的优势？PPT制作从这几方面入手是否合适？怎样改进？

（十三）为课题集忙碌的一天

早晨，我本来想睡个懒觉的，却担心周二的课题会上我们的课题集难以印出来，耽误了事。于是，我联系了印刷厂："请今天上午帮我们排版，好吗？"她说："不可以，我现在没时间，最早下午排，到明天排出来。"听她这么一说，我急了："我下周二一早就要书，能拿到吗？"她说："绝对不可能，我排版要一天时间，你还要校对，然后送到出模厂，他们还要拼图，也要一天时间，然后印刷要一天，装订要一天。这样算下来，怎么可能周二拿到书？"我的心凉透了，但是还是不死心："你们老板不是说行吗？"她回了一句："那你找老板，我反正不行。"

这可把我急坏了，我忙打电话给老板。一连打了五个电话没人接，我的头都大了，这事情已经在昨天定了的，现在就这样停止了吗？我不死心继续打，那边终于接了。他说："我马上看电子稿，然后给你准信。"其实，我知道像他那样的印刷厂每天的业务量很大，对我们这点活他根本不放在眼里。但是，我必须把集子及时印出来。我等了好一会儿，那边打电话过来："看来，现在重新排版是不可能的事了，只能用你们自己排版好的直接制模了，否则绝对来不及。"我考虑了一会儿，他又打来电话："制模厂离你家不是很远，你现在就去看看行不行，不行可以直接让他们改。"我二话没说就出了门。但是那个厂说起来容易找，找起来可难了，在一个大院子的最里面，还要穿过一个洗澡堂才能到，我走了几趟都没敢进去。

我刚坐到制版女孩的旁边，她就说："你们的稿子我们打不开，必须让做这个稿子的人到自己的电脑上按照我们讲的程序发过来。"我联系王飞老师，然而他根本不可能回到办公室的电脑边。于是，我再想办法——联系印刷厂，经过几轮交涉，他们那边用一种格式传了过来。印刷厂的老板特意对我说："你千万不能离开呀，必须确保今晚十二点前把版制出来，我们明天才能印出来。"此时，已经过去了两个小时，但是传过来的文件却无法修改。我又纠结了，到底怎么办呢？我给校长发短信请示，得到了明示尽量搞好，为了课题还是要印。我看了几个小时，那女孩用她的工具一份份地拼着，三个小时过后终于拼好了。"我给你出一份，你看看吧？"我问她："让我改内容还是改错字？"她毫不客气地说："内容不能改，错字也不能改。我们无法进行编辑，你只需要看看是否有大错误和页码错误就行了。"我满头恼火，那让我在这有什么用呢？但是此刻我一点不像是"上帝"，我要求着她。我只能硬着头皮翻看，我很容易地发现了三处不应该存在的把表格分页的问题。但是，他们说不能改。就我这外行人都看出了毛病，那印出来还不知道要被别人怎么说呢！我又没了主意。我再打电话请示："已经发现了毛病却改不了了，到底印不印？"校长最后决定："为了学校以后教研的发展还是要印，如果有了问题，我们课题组成员共同承担责任。"有了领导支持，我又坚定了信心。我们决定可以制版时，已经快七点了。我出门打车，却打不到。这时，印刷厂的老板打来电话："产品确实有些不尽如人意，不如你们不要印了，我实在是没有时间。"这次，我没有犹豫了："印，就这样印吧。"因为，即使不印我们也要自己印65份材料带到会场交流，而且这份集子迟早要做出来的。

我的一天就被这样一件事耗费了，但愿这份集子能够为我们顺利结题打下良好的基础，但愿这份集子印出来后不要有太多的问题。谨以此慰藉我们课题组成员一直辛苦的付出。

（十四）课题成果集《桃花朵朵开》终于问世了！

我感觉很快乐，因为我们课题的成果集《桃花朵朵开》今天终于问世了。感谢这一年多来课题组成员的辛苦付出，也感谢在课题开展的每一个环节中领导们的支持。

在这个课题的开展过程中，老师们不仅发挥了自己的独创性，而且在成果集的准备阶段，大家各显神通，大展风采：擅长美术的夏华负责了封面设计；擅长文字揣摩的李敏担当了过程标题的再审和修改任务；擅长改错字的陈燕和程梅再三对书稿进行了校对；程晖云不但一直坚持认真记录活动情况，而且做了有心人，记录了自己孩子的写话，并做了很好的个案分析；王兴刚也对自己孩子几年来的写话作品进行了认真的记录和筛选，并做了个案分析；最辛苦的是王飞，大家把材料从四面八方传给他，不知道他用了多少个夜晚才把这些散落的材料汇成了一本书，其中的辛苦是不言而喻的。

感谢所有课题组成员，这只是我们课题研究的阶段性成果，相信明年在暑期结题之前，我们还可以通过自己的努力获得更大的收获，而在这些活动中收获最大的应该是我们的孩子。

（十五）写话课题获奖啦！

12月13日，肥西县六所学校共同承担的国家级课题"信息技术促进区域发展的实证研究"各子课题组执笔人赴海口，参加中国教育技术协会2013年"全国数字校园建设与大规模开放在线课程（MOOCs）研讨会"。会议主题为"信息技术深化区域教育均衡发展"。

12月14日晚和15日，各课题组执笔人参加了"国家课题子课题评估会"。会上，内蒙古师范大学李龙教授，第四军医大学谢百治教授，东北师大解月光教授听取了部分优秀子课题的汇报，进行了现场点评，强调了课题汇报要重点阐述研究成果解决了什么问题，并对下一阶段的结题任务进行布置，提出建议。

在中国教育技术协会举办的"第四届全国教育技术理论与实践作品大赛"中，我县各子课题研究学校报送的作品取得累累硕果，其中我校参赛的论文、叙事和PPT，获一等奖1人，二等奖2人，三等奖3人，优秀奖5

人。我县各校所承担的子课题中期检查评估均获得通过，其中花岗中心校、紫蓬中心校子课题被评为"良好"等级，我校承担的子课题"信息技术环境下提高农村小学低年级写话能力的时效性研究"被评为"优秀"等级。

（十六）参加信息技术课题研究推进会

今天，我参加了合肥市举行的"十二五"信息技术研究推进会，感觉收获很大，因为在课题研究和中期报告的编写过程中的许多困惑在今天或多或少找到了答案。

会议一开始是由各区县选派了四个课题做得好的学校进行了汇报展示，但是几所学校无一例外地都向我们透露了这样一个信息：做课题就是在学校里扎扎实实地开展工作，我们的课题研究更注重过程。

很荣幸，我们学校的课题也作为文字材料展示给所有课题组，这就是为什么我们最近一直在赶课题集的原因。也许是大家都认为这是中期推进会，准备得不是太充分，相比而言，我们准备得厚厚的一本书今天是独占头筹了。呵呵，这样的举动不知是对还是错？不过，这65本书发给了各个单位回家一推敲，我们的破绽就会显露出来的。不过，我们的研究方向没有错，我们就是借着课题研究提高老师的专业素养，提高学生的写话能力的。目标很简单，也易于操作，但是很多问题确实是存在的，先把专家们说话中值得我一再推敲的记录下来，慢慢咀嚼过后再反思我们的课题。

黄学敏主任的讲话中向我们指明了课题研究的方向：

1. 课题研究要有自己的"路线图"，要上升到一定的高度来实施。

2. 做课题研究要做好"七个为什么"。

李卫文主任的评点中让我感触最深的几个方面：

1. 我们的课题研究思路要清晰，要确定最后的研究任务是否完成了。

2. 目标和内容是什么？我们的应用性研究主要就是解决你是怎么用的？在什么条件下用的？如何用的？如何进行整合？

3. 我们的课题研究方法主要以应用性研究为主。（而我们的课题主要是利用行动研究法。）

4. 结题报告中的关键问题是研究的过程和成果的分析。学校、老师、学生的获奖均不能代替课题成果，这些充其量只能作为成果的一个方面，论文也只是课题成果的载体，只能作为报告中的附件来呈现。成果就是你研究了什么？你在研究中到底获得了什么结果？结题报告应该是你写的东西别人写不了，因为这是你自己做的，是你自己在不断的实践中得到的反思成果。成果的呈现可以是：如教师的观念改变了；学生的能力提高了；等等。

5. 写好结题报告很关键。有很多课题都是工作做得好，但是报告写不好。我们的课题最终要呈现实效性研究成果。有不少课题只注重开题和结题不注重过程，这样是不对的。

王才杰副局长讲话的要点：

1. 肯定成绩，对做课题的所有人员进行了褒奖。

2. 清醒认识新形势下课题开展的不足，需要改进的方面：

（1）要克服发展的不均衡，改变"四多四少"的问题：小学多中学少、学科研究多学校研究少、城市研究多农村研究少、点多面少。

（2）深度欠缺的问题：怎么走？走得怎样？要充分提炼由课题研究得出的结论，要总结前因后果。

（3）辐射动力不足：所有的课题几乎都结束在结题之日，至于课题研究的成果怎样在平时的工作中应用，或者继续推广，做得不好。这样课题研究的意义就不够深远。

以后，要利用"三通两平台"进一步促进学校、老师、学生齐发展。

我们的课题要有针对性、实效性、指导性、协同性、传承性。做课题的老师们要敢于做"志愿者、苦行僧、拓荒者、守望者"。

（十七）王飞老师的《狐狸和乌鸦》续写指导课

《狐狸和乌鸦》的故事早已家喻户晓，人们通过这个故事知道了狐狸的狡猾，乌鸦的虚荣心很强，这个故事给了孩子们很好的启迪。当学完这一课以后，王飞老师很好地利用了课后的一个拓展练习，给二年级孩子设计了一堂别开生面的写话指导课。

上课伊始，王老师通过出示课文内容的录音故事，把孩子们带入故事之中，调动起孩子们思考的积极性。

当孩子们沉浸在这个故事中的时候，王老师忽然提出了一个问题："孩子们，过了几天，乌鸦又找到了一块肉，它正叼着站在树枝上休息呢。"接着，王老师出示了这张图片，并引导孩子们想象："这时，狐狸又来了，你们想象一下，它会是什么样的表现，会说出什么样的语言呢？"此时，王老师利用的是多媒体中的"遮挡法"，把狐狸挡住，让孩子们展开充分的想象，并大胆说出了自己的想法。

孩子们你一言我一语地展示着他们的想象，这时，王老师意识到了孩子们的语言有些贫乏，想象的内容比较雷同。他又采用了"图片出示法"，依次出示了不同毛色、不同形态的狐狸的图片，但是这些图片都有一个共性——每幅图片中的狐狸都显示出了狡猾和贪婪。孩子们在老师的引导下，经过认真观察，语言变得生动，描写狐狸的句子变得鲜活。

孩子们用了更加生动、形象的语句描写了狐狸的外貌，接下来就是呈现他的语言了。为了规范孩子们的对话描写，也是让孩子们进一步学习提示语的用法，王老师出示了原文中的两次对话，并使用了多媒体对照两个句子，设计了二次对话中的填空，减小了二年级孩子写话的难度。孩子们把狐狸花言巧语用自己的理解和方式大胆地表达了出来，课堂上一时精彩纷呈，孩子们童真的语言逗得听课老师哈哈大笑。

接着，为了巩固这种对话描写，王老师让孩子们在自己准备的本子上学着写出这段自己设计的对话。很快，孩子们都完成了任务。王老师让孩子们上台展示，读给其他孩子们听，在倾听的基础上，请其他孩子给这些句子提建议，找优点。这样让孩子们相互修改和评议的方法，不仅让更多的孩子明确了对话描写的方法，而且能够让更多的孩子在展示中找到写话的兴趣，可谓老师的教与学生的学融为一体，相得益彰。

这节课上，王老师别具匠心，组织了一节以孩子们的兴趣为基础，提升他们续编故事的兴趣和能力，让孩子们在整节课中收获良多。

（十八）让学生笔下的人物熠熠生辉

让小学生把自己笔下的人物写得鲜活，写得有特色，一直是很困难的事。在本阶段的研究课中，课题组三位老师提出以合作备课来解决这个难题。在李敏老师学写《我的老师》的基础上，程晖云老师提出了要教会三年级孩子学写《我的自画像》。课前，几位老师进行了充分的交流，反复对课堂教学的环节和课件的设计进行了修改和完善。同时，程晖云老师对本班学生的初稿进行了细致的修改，做到了孩子们的作文全在她心中，课堂教学设计的环节也是紧紧围绕着孩子们的写作水平展开的，所以课堂高效、有趣。

在这节研究课中，程老师大胆地使用了多媒体的动画效果，把老师平时对学生作品的修改过程完整地呈现在孩子们的面前，让孩子们更直观地了解了优秀作文的标准，也知道了作文修改的方法。短短的十几分钟动画展示，师生之间的互动达到了高潮，老师利用多媒体随时变幻对习作的修改，学生们通过观察和理解，对老师出示的学生作品予以修改。接着，老师利用了多媒体的对比方法，把修改后的作品和修改前的作品进行了对照，让孩子们很快懂得了老师的修改意图，并内化了自己对作品修改的思路。最后，老师设计了让孩子们自改和同座位互改的环节，在孩子们的展示中，听课老师明显地感觉到孩子们已经基本掌握了老师在课堂上渗透的修改作文的方法，而且在交流过程中孩子们很轻松地学会了在描写人物时应该抓住人物的外貌特征、行动特点，通过一件具体的事来表现人物特点。还有的孩子当堂反馈："老师，我觉得我之前写得不好，我要用这节课学会的方法和积累的词语重新把我自己写一下。"这样一节高效的写话课在多媒体技术的支持下上得情趣盎然，最重要的是孩子们不但学会了写人物，而且更加喜欢写人物了。

程梅老师摒弃了这节课中对学生要求过高等弊病，充分发扬了这节课中的对照法和学生互改等方法，重新设计了自己的写话课。她的写话课要求很宽泛——只要写的是自己喜欢的人就行。这让孩子们的写作充满自主性，课堂上展示的孩子们作品形式各异，内容多彩。

程梅老师的课堂以一首震撼人心的"授奖进行曲"开始，然后给这次写作的"最佳小作者""最佳创意题目"获得者颁奖。当多媒体上出示了孩子们写的作文题时，听课老师们被孩子们的创意惊呆了，这是来自四年级孩子们的创新。同时，程老师的这个设计把孩子们的习作积极性充分调动了起来，在这个环节中获奖的同学脸上洋溢着骄傲的神情，他们将会对习作更加感兴趣。没获奖的孩子充满了向往的神情，他们也一定会为了获得更好的习作成绩而努力的。

在接下来的课堂上，程老师利用多媒体展示了她精心搜集与整理的孩子们描写人物的精彩传神的片段，一句句话，一段段文字让一个个性格鲜明的人物跃然纸上。同时，在欣赏的过程中，老师安排了修改的环节，让孩子们相互修改，并适时鼓励他们，让更多的孩子参与思考和表达。进入师生共改《嗜酒的爸爸》这篇文章时，课堂气氛进入了高潮，师生间默契对话，老师精彩点拨，孩子们妙语连珠。课堂一下被高涨的学习氛围笼罩着，孩子们就是在这样宽松和快乐的氛围中学会了怎样把人物写得熠熠生辉。

本阶段的关于人物描写的三节课，每节课都在孩子们的快乐表达中度过，每节课上都是亮点不断。最难得的是几位老师能够精诚合作，让每一节课都在原有的基础上有了进步和改善，在研究的过程中展现了集体的智慧与力量。

（十九）写话课题结题啦！

三月，春光烂漫，桃花盛开。在这春光明媚的时节里，我校申报的国家级课题"信息技术环境下提高农村小学低年级学生写话能力的实效性研究"子课题，收到了中国教育技术协会发来的结题证书。这是继去年本课题获得中期评估优秀等次过后的又一项终结性评价与荣誉。课题组成员和全校老师都为之振奋，这份证书充分肯定了三年来课题组开展的各项研究。本课题结题成果又一次获得了"成果达到同类研究优秀水平"的最高荣誉。

在专家组鉴定意见书上，专家们也对这项研究给予了高度的评价：

1. 研究工作准备充分，整个过程阶段分明，思路清晰。

2. 教师教研氛围浓厚，能充分利用现有网络、技术条件围绕教学主题开展形式多样的研究活动，并对"观课议课"方式与策略有较为深入的实践与反思，形成了本校特色，教研水平较高。

3. 通过多媒体课件制作和使用，积极探索了培养学生学习兴趣的课堂教学方式。

4. 注重使用多种研究方法，图示、图表设计认真，易看易懂，逻辑清晰；注重录像课和"观看议课"影像资料的收集。

5. 研究材料完整，成果较丰富，研究报告结构清晰，语言流畅，生动活泼，注重细节处理，具有较高的写作水平。

6. 该课题研究达到了预期目标，达到同类研究优秀水平，同意结题。建议将此研究模式在其他学科中开展实验应用。

在此项成绩的基础上，我们要继续努力哟！

"城市化进程中小学生养成教育的实践性研究"课题研究过程

（一）开题安排：在省级课题开题会上的讲话

本年度，我主持的第二个课题又立项了，这次绝对发扬风格，组长和副组长都不是我，我却需要义不容辞地担任"主持人"的角色，不为别的，为了学生和课题组的老师们吧。

我对正、副校长说："我不做主持人，你们当组长的做吧。"他俩都表示："那你自己再打报告把这项课题撤销吧。我们做不好，也静不下心来做。"算了，权当为学校做点事吧，这次付出绝对是更艰辛的。两年之中，我要花掉多少时间，要死掉多少脑细胞呀。唉，干了就别抱怨，为了自己那份始终火热的"教育良心"吧!

我的讲话稿如下:

首先,感谢各位领导和老师对我的信任。相信在领导组成员的全力支持下,这项课题一定会改变学校目前不尽如人意的学生管理现状,课题也能够圆满结题。

关于养成教育,我们学校在这方面的工作是有缺陷的,孩子们长期处于无序状态,每天在校园的各个角落追逐打闹。卫生工作始终开展不到位。学校里经常出现哄闹声,走在学校的走廊和楼梯上总有一种不安全感,生怕被飞奔过来的孩子撞到。吃零食现象屡禁不止,课间操和眼睛保健操动作不规范,这些都是养成教育没做好造成的。

在座的所有老师都会发自内心地担忧,也想改变现状,苦于不知从何下手。而且,靠一个人,一个班级的力量是无法改变现状的。所以,我们必须全校上下形成联动机制。一个学校的养成教育抓不好,整个学校的对外形象就会大打折扣,再豪华的装备没有具备文明素质的人来维护,最终都会归于衰败。但是,一个学校无论设施好坏,只要养成教育抓好了,学校和学生的形象会改观,会让我们的校园更加美好、和谐。我本人是一直非常重视养成教育的,无论是做班主任工作,还是当校长期间,都是把养成教育作为第一重要的工作来做。我的硕士毕业论文写的就是和我们这个课题同样的题目,所以做这个课题我有信心。下面,我把这个课题研究中需要和大家商榷的问题说一说。

1. "先小人后君子",我们先讲一下制度。所有自愿做课题的老师都应该能够服从研究的安排,我们要求每位成员每周必须上报一份有关养成教育方面的反思、教学设计、论文、案例分析或课堂实录。收集工作由程梅负责,邮箱地址发在每位老师的材料里了。然后由程梅发到我们课题研究的"主题博客"里,我们相互监督,如果连续两周没有上传材料的成员视为自动放弃研究。

2. 老师们不要担心做研究有多大困难。你需要做的就是按照课题组的安排完成活动,并把活动的过程记录下来,做一点反思就行了,一切都没有改变，只是增加了一项你每周要自己写一篇文章。记住一定不能抄袭，文章长短不限，但是必须是原创的。有的老师不善于写作，你可以上示范课录制课例；也可以组织活动，收集图片配上文字就行了。这方面可以效仿我的"小雨晴"博客来做。展示的成果不限形式，但是必须是持续的，每周都做的。我们的课题研究必须与教育教学息息相关，这样才不感觉累，收集材料不会感到有压力。

3. 时间很紧张，到结题的时间只有两年，也就是一眨眼的工夫，希望每一位课题组成员以此为己任，有主人翁的责任感，不要总指望别人去做，如果我们都这么想，这个课题就不能顺利开展，更不会顺利结题。所以，拜托每一位课题组成员，请按时完成您的任务。

4. 我会通过飞信群随时发送研究的阶段要求，具体操作形式要和学校各部门协调一下分到每位老师手里。为了便于老师们不至于太懈怠，我会每学期发一次研究具体操作计划，然后每周发一次周活动计划，提醒大家完成课题研究的任务。我保证，只要大家认真做了，一个课题做下来绝对有很大的收获。很多时候，老师们并不是不愿意做，而是不知道怎么做。我希望能够通过这次研究把自己仅有的一点研究、积累和大家分享、交流，并能够相互促进。

5. 最后，希望课题组的所有成员能够以此项课题研究为契机，在每个人的教育领域中开创出一套符合学生发展的养成教育方式。不为别的，就为咱自己的孩子有一个良好的养成环境，我们也要努力改变现状，对吧？

本课题研究的目的、意义：

我校地处城乡结合部。近几年，人们的物质条件提高了，居住条件发生了巨变，但是文明程度却停留在原有的水平上，与高度的经济发展形成了极大的反差。而目前在新的小区中，家长的素质相对较低，所受教育水平不高，再加上社区文明建设落后于基础硬件建设。所以，学校要对孩子们实施全方位教育引导，充分发挥其教育的主导作用。充分利用社会力量，加深学生城市化印象。

学校要更多地开展校外活动，采用请进来、走出去的办法，让这些学生更多地接触城市社会，充分利用学生社会实践活动，让学生感受到守纪律、有秩序、讲卫生、快节奏是城市生活乃至生存的必备条件之一。让他们自觉地改正在农村生活中养成的不良习气，并在老师的帮助下努力培养克服学习上困难的毅力。

基于孩子的家庭教育极为薄弱，更不用说良好习惯的养成了，所以学校开展养成教育研究，探索习惯养成，是非常有必要的。它不仅可以培养少年儿童做人、做事和学习等方面的良好习惯，形成少年儿童的健康人格，而且可以促进少年儿童持续、健康、和谐、全面发展，更快适应城市生活，成为行为习惯合格的小市民。

对学校养成教育的实践性与实效性进行研究，通过在学校和班级开展养成教育的实践，研究出适合城市化进程中小学生养成教育的实效性模式。

最主要的是，我们学校的教育对象存在特殊性，这些孩子多是失地农民子女、农民工子女和新建小区迁入子女，情况比较复杂，目前没有适合他们的模式，所以需要我们来研究。

本课题研究的主要内容：

1. 通过学校组织各项活动对学生实施养成教育。开展校内外的各种丰富多彩的实践活动，逐步纠正学生的不良行为习惯，培养学生良好的行为习惯、卫生习惯、学习习惯和安全防范意识。

2. 以班级为单位对学生养成教育开展活动，并展开研究。在班级教育中培养学生良好的生活习惯，帮助学生改掉农村生活中不适应城市生活的习惯，做到语言文明、行为端正。

3. 以各学科为基础，研究课堂教学中对学生实施养成教育的实践性。

4. 结合小学生的心理发展情况展开养成教育与心理发展关系的研究。

5. 联系家长，建立家校共建养成教育平台的研究。家校联系，"小手"牵"大手"，"大手"督"小手"，在家庭、社会的大力支持和配合下，巩固小学生在校养成的良好行为习惯。

6. 对前期的研究成果进行检验与修改，贯彻可行性研究。

完成本课题的条件分析：

1. 人员结构

本课题的组长由校长亲自挂帅，保障了课题开展的经费和时间。主持人经历过市级课题的研究和硕士毕业论文的撰写，有足够的经验和科研能力进行组织。成员中的教导主任、大队辅导员和总务主任保证了课题在学校活动中开展的实践性研究。成员中有九名班主任，充分保证了班级中养成教育的实效性研究的持续性与真实性。其中有两名英语老师、七名语文老师、四名数学老师、两名品德老师、一名信息技术老师、一名体育老师、一名美术老师，他们可以把小学课程中各门课养成教育实施情况作出充分的总结与实践。

2. 资料准备

我们学校有数字图书馆、图书馆、互联网、校园网、广播站，可以通过多种渠道查阅资料并开展宣传活动。同时，我们可以采用校讯通、飞信平台、家长联系册等与家长联系，构建家校联系的平台，从而形成"家校合作促养成"的合力。

3. 科研手段

主要通过问卷调查法了解周边学校的养成教育开展情况，进行校际对比。运用案例分析法对本校小学生的日常行为表现进行分析研究。运用文献综述法，理论结合实际开展学校养成教育，通过请教专家把实践的方法上升为理论。

4. 经费保障

学校领导充分重视并支持课题研究，并保证在课题研究期间的经费从公用经费的校本研究和教师培训项目中支出。

课题组成员分工：

1. 杨军、韦守平、张毅负责组织开题、阶段性小结和总结等各项会议，并保障课题经费支出。

2. 李亚玲负责课题申请、开题、人员分工、阶段性小结、组织收集阶段性成果、结题报告的撰写等各课题开展中的具体工作。

3. 王科、王兴敏、张兵、倪静负责学校活动中有关养成教育的研究。

（1）王科负责活动拍照，课例摄像和图片收集工作。

（2）王兴敏负责组织老师和学生参加上级组织的各项关于"养成教育"和"文明礼仪"方面的比赛工作。并每学期组织一次"养成教育的图片展示"和教师论文、学生习作展示。收集课题研究阶段相关的师生获奖成果。

（3）张兵负责每周国旗下讲话安排并收集整理；"文明中队评比"的表格收集和每日张榜工作；"桃花之星"的评比工作；学校各项活动中习惯养成的学习与管理工作。

（4）倪静负责各项会议的筹备工作，为课题开展提供后勤保障工作。

4. 张锦霞、高艳、张菊负责研究小学生心理发展与养成教育之间的关系。

（1）张锦霞负责学生的课堂养成心理方面的研究。

（2）高艳负责学生班级活动方面养成心理的研究。

（3）张菊、张锦霞负责在英语课堂上对学生实施养成教育的研究。

5. 张礼玲、程晖云、夏华、朱先云、王飞、胡杨、刘海东、杨跃勇负责班级工作对小学生养成教育的研究。

（1）每月开展一次"养成教育专题班会"和"文明礼仪教育主题班会"，有计划、有过程记录、有反思。

（2）每学期出一期"养成教育主题"和"文明礼仪教育"的主题班刊，重点是要组织学生学习而不仅仅是写在墙上。

（3）每周完成班主任养成教育工作后，作一次反思并组织学生记录自己养成好习惯的过程。

（4）负责家校联系，组织家长学习家庭养成教育方法，收集调查问卷。

（5）朱先云负责每次活动的记录。

6. 陈燕、李霞、李敏、王立霞负责研究语文课堂上对学生实施养成教育的研究。夏华负责语文组研究成员关于学生阅读习惯养成和写字习惯养成两大主题的研究和活动开展。

7. 李志勤负责研究学生体育课上的养成教育问题。只要在体育课堂上训练孩子们站队时做到"快、静、齐"，参加学校活动时的文明礼仪。

8. 程德三老师负责学生美术课上的养成教育问题，并组织学生每学期两次以"养成教育和文明礼仪"为主题的在宣传栏上的绘画展示。

9. 孙凌云、王飞负责收集学校活动和教学课堂上关于学生养成教育的视频材料和图片材料，并负责制作阶段性成果中的PPT资料。

10. 阎庆莉、惠君、段红霞负责数学课堂上关于养成教育方面的问题研究。

11. 程梅负责收集课题组成员每周一篇的教学设计、教育叙事、教学案例与图片。每位课题组成员必须每周交一篇。上传论文可长可短，形式不限，但是严禁抄袭。所有要求上交的纸质材料交到陈燕处。

（二）养成教育第二阶段安排

养成教育第一阶段"文明礼仪"主题活动告一段落。鉴于目前孩子们在学校的不良表现；第二阶段我们设定"四不"主题，即在校园里不奔跑、不叫喊、不撕纸、不吃零食。

学校环境卫生一直没能保持好，问题的关键出在孩子们吃零食和撕纸。找到问题的症结，我们课题组成员就需要着手去抓。

每到放学或者下课的时候，学校都沉浸在乱哄哄的状态之中，我们穿行在校园里，随时都有被孩子们撞上的危险。这个问题的原因出在孩子们在校园中奔跑、喊叫，所以我们要解决这两个问题。

孩子们在校园中奔跑、喊叫，有不少老师为此忧心忡忡，说明大家都希望学校的校园文化能够改变，我们都是"桃花人"，谁都不愿意把孩子们带出去给自己丢脸。我很高兴，这些老师充满了集体荣誉感和责任意识。大家都很迷茫，想做事，不知道该怎么做。更希望不要耽误太多时间，孩子们的状况能得到改善。

我们都在思考，需要付出行动。希望大家能够在开展课题研究的同时，把孩子们的习惯培养好。这样的工作不可能说一说，做一次就收效的，需要不断坚持，不断反复。也不能面面俱到，样样都抓。所以这个阶段，我们在众多问题中找出最需要解决的问题，来抓实抓好。

具体分配一下任务。强调纪律，假如课题组成员在预期的时间里没有完成任务，我们往上提交的中期报告中就要把这些老师的名字去掉。还有，请你们不要把这些事想得太复杂，只要能够站在你的角度，用你们的视角，用你的语言记录下来就行了。千万不要从网上下载，如果你下载就不要传了。关键是要行动，孩子们养成教育问题靠哪个领导，哪个老师抓都是不行的，需要大家齐心协力地做才能出成效，也才能让课题验收最终成功。

下面分配具体任务：

1. 领导组成员每天认真填写班级养成教育记录表，必须真实，从明天早上开始，每天早读课和下午第一节课记录。请一定要如实记录，我们每周要做统计，找出问题出现的原因。

2. 各班主任本周把适合本班的"四不"行动方案发给程梅。必须是真实的，符合本班孩子的。因为我们每个人都要思考、践行才能有收获，课题才能有进展。本周五开展"四不"主题班会，请王主任拍照。然后写一份反思或叙事。

3. 各位授课老师请进入课堂就对孩子们进行这方面的教育，明明孩子们课堂上大声叫喊却视而不见，这样其实也是一种教育失德行为。很多时候，其实只要我们想想，如果我的孩子在课堂里我该怎么做，用这样的标准要求自己我们就能做好了。在一个月内请你们写一篇教育叙事和案例分析。必须是有关"四不准"的内容。

本阶段的活动，以一个月为时间单位，希望在大家的努力下，学生能够有所改变。请各位老师在学校中遇到问题要及时解决。谢谢配合。

（三）"四不准"主题班会

那天把这几条刚提出来的时候，老师们都笑了，笑中有两个含义：第一说得太准了；第二这样具有学校特色的"四具备"能够通过课题研究就改变吗？简直是天方夜谭。这其实也是我一直迟迟不肯开展活动的原因，假如我的通知发下去课题组无人响应，假如老师们仅仅开了一次班会，后期不能坚持抓，假如学校和课题研究不能一盘棋，一切都会前功尽弃。

令我欣慰的是，周五下午的班会课之前，几位班主任在搜集资料，还有一位班主任自制了宣传提纲准备主题班会的内容，一位班主任搜到了"争做四有好少年"的歌曲教孩子们唱。真好，看来老师们的工作是需要有人引导的。这次主题班会没有把材料搜集出来，就是希望老师们都能够到网上搜一搜相关的养成教育的理论和实践性的文章看一看，拓展一下自己的视野，在读文章的过程中反思自己的班主任管理，同时创造出适合自己班级的活动形式。每一位班主任都是一个智慧的个体，他们只要用心去做，就一定能够和自己的班级一起走出适合本班习惯养成的道路，希望在养成教育的研究中，学校的班级能够百花齐放。因为我已经饱尝了"一枝独秀不是春"的痛苦。

在主题班会上，每个班以不同的形式对学生进行了教育。我轻轻地从每间教室外走过，听到了班主任绘声绘色的引导，孩子们形象、生动的汇报。周五的放学铃声响起后，居然感觉教学楼里不再哄声震天，难道是我的错觉，还是我们的教育确实有成效？假如成效如此显著，课题研究服务于学生，促进孩子们终身发展的目标就能够实现了，那是一件多么美好的事哟！

再看看我们班的主题班会吧！当我把"四不"的内容写在黑板上以后，孩子们脸上露出了不同的神情。有的信心满满，我知道这些孩子四条都可以不违反；有的孩子已经悄悄低下了头，看来平时我一再强调的，他们并没能彻底改过来；还有的孩子看着其他孩子，仿佛要向我告状，被我阻止了。我利用举手的方法调查孩子们在这几个方面的执行情况，孩子们的诚实让我很开心。他们没有说一套做一套，平时没有做到的就承认，这样非常好。

我对他们说："以前没有做到，老师不怪你们，从今天开始我们每个同学争取都做到，可以吗？如果可以请举手。"大部分同学举起了小手，还是有几个同学怯怯地不敢举手。这样"一诺千金"的品质值得表扬，但是对自己没有信心的做法还是要引导一下的。我把没有举手的小贺叫起来："为什么不敢举手？"他很不好意思地说："老师，其他三条我都能做到，不准奔跑我做不到，看到别人跑，我忍不住呀。"我看着他真诚的眼睛说："你知道吗？学校里因为下课奔跑打闹已经出了几起事故了，有的同学牙齿撞掉了，有的同学胳膊撞断了，还有的同学头撞伤了。假如你不顾你的生命安全，你就跑吧。"小贺听了我的话说："我知道在马路上不能奔跑，那样容易被车撞，在学校好像不要紧。"听了他的话，我问全班孩子："你们觉得小贺的话有道理吗？"他们齐声说："不行，在走廊和楼梯上奔跑随时都会出现危险。""是呀，孩子们，为了我们和别人的安全，也为了我们的文明形象，我们一定要管住自己的腿，不随意奔跑，知道了吗？"这时，我看到了几个没举手的孩子也点着头。

希望孩子们下周都能约束自己，做到"四不"的要求，我更希望全校的孩子都能做到，那样校园的形象将会焕然一新，我的班主任工作也会事半功倍。

第八篇　团队合作　分享共进

追寻"新体系作文"的足迹，感受"生活作文"的魅力

2014年4月18日，晨光熹微，我带领工作室成员一行七人远赴江苏苏州市吴江区，跟着《小学语文老师》走进"新体系作文进校园"第二站——盛泽实验小学。

"新体系作文进校园"是《小学语文教师》编辑部组织的一次作文教学公益活动。活动采用课堂教学、互动研讨、专家点评的方式，推出典型课例，推广优秀作文教学流派和教学模式，引领小学语文作文的方向并努力践行。

下午一时，课堂展示拉开此次活动的序幕。薛法根老师执教《事件》课堂作文指导课，周菊芬老师执教《记一次实验活动》作后讲评课。两位老师在作文课上都紧紧扣住生活作文"源于生活，为了生活"的理念。在经验讲述环节，盛泽实验小学的沈玉芬校长作了"因生活之需，为生活而作"的专题报告，推广盛泽"生活作文"的教学思想和实践体系。

专家点评环节由吴立岗、吴忠豪、杨文华、陈金铭等教学专家就"生活作文"作总结点评，几位专家在提出建设性深化意见的同时，也不时闪现出思想火花的碰撞，让在场的小学语文老师深深折服，大家不时报以热烈的掌声。

在不到四个小时的短暂学习中，工作室的成员们认真聆听、记录，学习，并有很大收获。揣着对作文教学的疑惑而来，带着作文教学方向而归。回来途中，车外风雨交加，车内关于作文教学研究话题愈浓。大家一起商量着下一步工作室关于作文教学研究的目标、方式与过程，老师们各抒己见，见解独特。站在各自作文教学的现场，站在自己学生的立场，大家正在进行着不同形式的尝试与探索。

在这次学习中，工作室成员目睹了全国著名小学语文特级教师薛法根的风采。他的课堂一直秉承"简单朴实，简约真实"的风格，他的作文教

学主张也不例外。"作文源于生活，提炼于生活，服务于生活，作文因真实而美好。"这些我们工作室前期确定的研究方向与目标在薛老师的作文研究主张中得以肯定。自此，我们的研究步伐会走得更加坚定与坚实。

工作室挂牌成立

2013年12月17日下午，"李亚玲小学语文名师工作室"揭牌仪式在桃花工业园中心学校举行。我们工作室的全体成员、肥西县小语会理事刘晓阳老师参会。

肥西县教育局副局长刘大春、组织人事科有关同志、桃花工业园中心学校的领导到会祝贺。

刘大春副局长和桃花工业园中心学校杨军校长共同揭牌。杨军校长致辞，并对工作室提出希望与要求。随后，我汇报了工作室的工作规划，围绕"一个目标，两个课题，三种方式，四个主题"展开工作，立足于小学语文一线教学工作，操作性强，起于教，归于学。刘大春副局长对工作室以后工作提出了具体要求，鼓励工作室成员要秉持创新精神，鼓足探索勇气，在教研教学工作上多担任务，努力付出，自主发展，内在成长，从无到有，从小到大，从不成熟到成熟，发挥好示范带头作用。仪式由李德勤同志主持。

最后，刘晓阳老师给工作室成员上了一节专业引领课，在这节课上，刘晓阳老师关注学生在语言文字和朗读方面的训练。以"扎实、朴实、真实"的教学风格引领课堂，以提高学生语文素养为根本。他不骄不躁的教学态度彰显了大师风范，让工作室成员受益匪浅。他说，"雄关漫道真如铁，而今迈步从头越"，小学语文名师工作室的成立在肥西教育工作上属于首例，意义重大，责任艰巨，是铺路架桥的工作，只有在不断努力中才能使之成熟、完善，才能让更多的年轻教师从这里走向成功。

刘晓阳校长教授的是《雾凇》这一课，我和他进行合作教学，我上第一课时，他上第二课时。因为我和他上课的风格不同，我第一课时仅仅让孩子读熟课文，为解决生字作准备，所以给他的课堂带来了诸多麻烦。课堂上他未能按照既定的流程进行教学，为给孩子们解释饱和、水汽、雾气、雾凇等问题耽误了很多时间，严重影响了他的课堂教学进度，真是不好意思。

这节借班上课，对孩子们是一种挑战，其实对我也是一种考验。听课的时候，因为一次次孩子们的"打折表现"让我的心情此起彼伏。

开始的"预热"环节，刘校长使用了古诗接龙的方式，第一首诗就把孩子们给难倒了，当时我的脸色一定白了。虽然这首诗没有学过，但是像这样的名诗我应该让孩子们积累的。接着《草》这首诗，孩子们在刘校长的引导之下虽然勉强能背，诗人的姓名只有马康一人知晓。这首诗也不是我们在课本中学过的，但是课外古诗文积累我的确做得不够，看来本学期的这种"美文诵读欣赏"应该早一些进行，最起码我应该坚持下去。

读课文应该是孩子们的拿手好戏，结果齐读时，顿句不断，显得不连贯。个别朗读时，仅仅有王萧潇、邢文秀、马康表现突出，其他孩子整场处于哑巴状态。不知道是不是我在课前对他们在纪律上的要求太多了，还是我自己一直坐在前面的缘故。平时像这样比赛朗读的环节是他们争先恐后的项目。我必须反思自己的课堂，可能我平时在课堂上评价的方式过多，导致孩子们遇到其他老师就没有了激情。其实静静的课堂才是最扎实的课堂，我是不是需要随着他们的年龄增长，慢慢降低我的评价力度？

刘老师的一个问题"雾凇是什么"，就把他们全问住了，这不怪孩子们，因为我在第一课时并没有带着他们解决这个问题，关键问题在我。而且，在平时教学中我的课堂是由孩子们的问题展开的，所以细读文本，精细地感知一些词语的环节不多，这是我需要改进与加强的地方。

讲到第二段描写"雾汽"的句段时，刘校长提问："这一段有哪些关联词语？"孩子们立刻找出了"非但……而且……"，他说还有。说真的，我也没找到。"'每当……便……'也是。"老师说。啊？我都不知道，顿时脸红，心跳加速，难道这样的语文知识我也不知道吗？（晚上回来立即查，发现"一……就……"和"一……便……"的确是承接关系的关联词语。）

看来大师就是大师呀，我们需要向他学习的地方还很多哟。如果不是他来上这节课，也许孩子们六年也不会了解这种形式的关联词语。

刘校长最后设计了集口语交际与文章内容相结合的"小导游问答"活动，当他找到张志烽的时候，这孩子居然哑口无言，连最起码的"对不起"也没有说出来。这说明我在平时的口语交际训练中，关注的面太小了，有些孩子连最起码的交际行为也没有落实，这也是我的疏忽之处。

虽然刘校长一直说孩子们很优秀，但是坐在他们之中，我感受到孩子们的欠缺，其实就是我自己教学工作的欠缺。我需要深度反思我的课堂，明天看看我的孩子们是如何反思的。说真的，我很不满意，今天表现积极的孩子屈指可数，这不是孩子们的真实状态，最起码可以看出孩子们的应变能力是有问题的。

工作室活动（一）
——成员网上互助

虽然我们的工作室还没有正式挂牌，但是却迎来了工作室两位成员要参加市级的课堂教学大赛，急需集体的智慧。于是，我决定不讲形式讲实质，发挥团队优势，帮助这两位年轻老师参赛，作为我们工作室的第一件教研活动来开展。

我给两位老师选择了临时导师，请他们之间单独交流。明天就要抽签参赛了，今晚小吴老师发来求助，希望我们所有老师尽自己所能，帮助她磨磨课，给她提一些建议。我没有过多犹豫，给团队成员发出了请求，希望大家抽空献计献策。

我首先发表了自己的观点，然后因事暂时离开了。回来后发现几乎所有的成员都第一时间看了小吴老师的教学设计，并给她提出了合理的建议与要求。

我由衷感觉欣慰，有这样有教育思想，有责任意识，有团队合作精神的老师们，以后工作室的发展就没有什么发愁的啦！

这是一个良好的开端，相信老师们的交流会让思维的火花不断闪现。

工作室活动（二）
——雾霾拦不住的磨课活动

周六早晨六点，我起床准备去学校，却发现了一个奇怪的现象：窗外什么也看不见，连路灯也没有，我有不好的预感，一定是遇到大雾天气了。于是，坐下来静待天亮。

天慢慢变白了，但是还是什么也看不见，倒是验证了我的推测，果然是大雾天气，能见度不到十米。我站在窗前，依然什么也看不见。我立刻给工作室成员发了通知："雾太大，活动时间推迟到九点半，请各位老师途中一定要注意安全。"然而，天气状况一点儿也没好转，我在等待中纠结：是不是要取消这次活动呢？如果取消，两位参加比赛的老师一定会失望的。于是，我最终没有再迟疑，打车去了学校。

我到时，大家已经从四面八方赶来了。李敏老师尽了地主之谊，把各位老师临时安排在办公室休息。方少华老师居然从严店赶来了，他说："一路上开车真是担惊受怕，只看见两边的田。"其他老师也克服了种种困难赶到了。我们到四楼多媒体教室见面的时候，虽然大家从未谋面，但是彼此间居然没有一点生分的感觉，简短的交流过后，大家很快进入了主题。

吴海燕老师下午就要上课，我们安排她先上。对于她的课，我们大家的意见是：多就少改，在她自己的教学设计中做简单的调整，否则会严重影响她下午的比赛，时间上不允许对她有过多的要求，权当给她练练胆子吧。

评课时，以王兴刚老师为主评，就吴老师课堂上的情境创设、课堂评价、生字词学习、写字指导、课堂范读等几个方面进行了评价与剖析，各位工作室老师不仅考虑到语文课堂的主旨，而且考虑到怎样在短时间内纠正吴老师的课堂问题。不仅在语文专业知识上给予了指导，而且对多媒体课件的展示顺序给予了正确的引导。最后，李敏老师还就吴老师的板书设计提出了自己的建议，手把手地教吴老师提高板书的直观性与简洁性。对于吴老师课前的教学设计意图，我也给予了大段的删减，把一些不必要的内容去掉，减轻她比赛时的负担。

接着，给杨丽老师磨课。她的课在周日，时间相对宽裕一些，我们可以多谈一些建议。于是大家在认真聆听她的无生课堂后，各抒己见，毫无保留地指导了她。

因为我们学校没有白板，她的课件无法展示，所以感觉不太顺畅，不过她还是以自己高超的语文教学能力上完了这一课。方少华老师就杨丽老师课堂上导入部分进行了指导，因为这段视频是他昨天下午在杨丽老师现场做课件的时候传给她的。在最关键的时候，方老师的帮助给了杨丽老师无穷的支持，杨丽老师的感激之情溢于言表。接着，程晖云老师就杨丽老师的课堂过渡语进行了指导，怎样让课堂中的过渡语更贴近孩子们的认知；怎样让课件的展示提高孩子们对课文的理解；怎样在感知这篇文章的时候，注重语言文字的运用。在程晖云老师的引导下，在座的老师们进行了较为深入的研讨。同样，李敏老师也就杨丽老师的板书设计进行了重新布局。

很快，一个上午的时间就过去了，大家都觉得时间过得太快。两位参赛老师感受到了团队给予的温暖，参与磨课的老师说："看到两位年轻老师上课，对自己的帮助也很大。评课容易上课难呀，我们自己不一定能够上得这么好呢。但是，这样的磨课过程是给自己的语文课堂一次自省的机会。"

预祝两位参赛老师比出好成绩。成绩其实不重要，重要的是这一次大赛让我们感受到了工作室这个团队力量。

工作室活动（三）

——探究农村作文教学，唤醒写作"体验"意识

2014年5月20日下午，我们工作室的全体同仁来到严店学区中心学校，开展送课下乡活动。本次活动安排了"课堂教学、互动研讨、作文微讲座"

三项内容，借助这一难得机会，尝试作文教学方法的探究并推广优秀作文教学模式。

工作室成员余姐老师给前来观课的严店学区小学语文老师执教作前指导课"第一次体验活动"。余老师在整堂教学中紧紧抓住"体验"二字指导学生写作。导入环节选取了去年热播的娱乐节目《爸爸去哪儿》中四幅图片，带着学生畅谈了一番活动体验中的快乐和收获，水到渠成地解释了什么叫"体验"；在范文引路环节，余老师让学生在《护蛋》例文的阅读中找自己喜欢的句子，并说说这样的句子好在哪里，一步步、一层层地引导出习作的方法。在接下来的体验环节中，余老师让孩子们热热闹闹地玩了"独臂穿衣"的游戏，带领孩子们实实在在地体验了游戏的快乐。最后，余老师将游戏与练笔结合，"坡度式"地降低了习作的难度。

课后，观课老师开展了"互动研讨"活动。听课老师们对余老师的这节习作指导课给予了很高的评价。严店学区中心学校罗运芝副校长总结了这节课：教师亲和力强，教学形式新颖独特，注重方法指导，不失为一节好的作文示范课。在互动研讨中，几位年轻的语文老师提出了作文教学的困惑，作为乡村老师要提高学生作文水平的出路在哪？我对他们的问题作答，并鼓励青年老师只有在学习中才能走得更远。

"作文微讲座"由工作室成员王兴刚老师主讲。他针对肥西县近一年来语文学科两次质量检测中学生作文中出现的选材雷同问题作出分析，提出了切实可行的解决办法，让在座的老师在聆听中沉下心来思考小学作文教学的未来之路。

我们工作室自2013年12月成立以来，将农村小学作文教学作为工作室研究目标，以在课堂上提高学生作文素养为研究的切入点，一直坚持开展各项工作，并收效显著。

工作室活动（四）

——展示名师教学风采，推进课堂教学改革

为推动全县小学语文课堂教学的改革，进一步发挥名师工作室的示范、引领、辐射作用，根据县教育局的工作安排，我们工作室于2014年9月18日分别被派往中心校西校区和铭传乡中心学校开展挂牌仪式和送课送教活动。

本次活动得到了县教育局和挂牌学校领导的高度重视，我们工作室的6名成员、县教研员选派的2位优秀教师及活动承办方的语文教师积极参加了此次活动。

我们工作室的程晖云老师、余姐老师分别呈现了作文指导课"我喜爱的水果"和"记一次体验活动"。在课堂中，执教者巧妙地从生活中撷取写作素材，充分调动学生的写作兴趣，让学生积极地参与体验活动，领着孩子们开启了一场快乐的作文之旅。

在课后的研讨互动中，上派中心校西校区的丁冬梅校长亲自主持了评课议课，作为一名优秀专业的小学语文老师，她引导听课老师们就本次送教的阅读课堂和作文课堂进行了深入分析。听课的老师们对两节课分别做了精彩的点评。老师们从专业的角度对阅读课中关于重点词语的过度分析问题展开了讨论，也对作文教学中存在的"以点带面""以课堂带动课下"等教学方法提出了中肯建议。

来自铭传乡中心学校的两位老师还提出了在教学工作中存在的困惑，我结合语文教学的现状给予了恳切的解答和指导。汤道坦校长一直在互动现场细心聆听与会老师的讨论与评价，并时时给予老师们鼓励与赞赏。最后，他代表铭传乡中心学校欢迎肥西县小学语文名师工作室的落户，并表示将把工作室研究的作文教学课堂纳入学校的"幸福课堂"研究范畴中，让工作室研究的作文课堂成为他们"幸福教育"的一门课程，并希望名师们能够经常到学校传经送宝。同时他希望名师工作室和学校的老师们一起

学习，共同成长，促进城乡教育的均衡发展。

我们工作室的研究目标旨在唤醒学生的写作意识，培养学生的写作兴趣，提高学生的写作能力。工作室以学习为主导，以研究为主体，以工作为主线，以名师为纽带，通过扎实、有效的工作，使其真正成为促进教师专业发展的平台和教育科研的前沿阵地。

工作室活动（五）
——送教下乡到铭传

9月18日，我们工作室在铭传乡中心学校挂牌，同时举行了送教下乡活动。这是在县局领导的关心和协调下，开展送培送教暨名师培养工程，推动该校优质学校创建工作的重要举措之一。

我们工程室的成员余姐老师上了一堂"记一次体验活动"的习作课，王霞老师展示了一堂古诗教学课。两位老师先进的教学理念，精巧的课堂教学设计，巧妙灵活的教学方法，准确精练的讲解，互动式的教学方式，落落大方的教态，极富感染力的教学语言和良好的课堂组织应变能力让听课的铭传乡中心学校老师们受益匪浅。

展示课结束后，我们进行了评议交流，铭传中心校的老师们没有放过这难得的学习机会，大家纷纷发言，谈感受，坦陈自己在语文教学中遇到的问题和产生的困惑，向名师们讨教。我们工作室的余姐、王兴刚老师还就老师们提出的问题作了解答。最后，我对活动进行了总结。

铭传乡中心学校校长汤道坦参加了评议交流会，他简要介绍了铭传中心校创建新优质学校的工作开展情况。他说，新优质学校的创建需要名师，我们工作室落户铭传，将使铭传成为名师的培养基地，铭传教师也能零距离接受专家的指导了！

工作室活动（六）

——接受任务，共同迎接挑战

　　上周五，接到上级主管部门分配的任务，让我们在本周内到两所学校送教。本学期工作室是安排两次送教的，一次安排在10月份，一次安排在11月份。送教的一贯方式都是先磨课，再送教的。这样短暂的时间怎么能培养新人呢？有人给我出主意：没事，选择以前的熟课上，或者就上阅读课，我们只需要形式，至于内容是什么不重要。然而，我不这么想。我们工作室有自己的工作目标，也有自己的研究方向，做真实的教研是我们的底线。

　　于是，上周六在工作室课题开题会上，我作了临时部署：程晖云接受这次西校区的送教任务，余姐接受这次到铭传乡中心学校的送教任务。余姐的课是熟课，她欣然应允："既然大家需要我去做，我一定尽力。"没有过多的辞藻，她想表达的就是不遗余力地去做。

　　一周内，想赶制两节作文课显然很难，一节还是有可能的。任务布置以后，清瘦的晖云没有表示反对。我说："你回家先准备，周一来试上，不行就让小敏上。"她也没有多说什么："嗯，我回家进行头脑风暴。"

　　上周末，对于晖云来说一定是非常痛苦的，因为我们都经历过准备一节课的艰辛。但是，我要狠心逼她，我们很多成熟的老师之所以懈怠了、陨落了，不是因为没有能力，而是因为没有人逼着干。周一下午，我要求小敏、兴刚一起帮晖云磨课。首战不利，教室里新安装的"班班通"没有安装软件，PPT根本打不开。于是，我找人安装。折腾了半天，终于开始上课了。这个小插曲没有影响晖云的心情，我很高兴。我没有坐下来听课，一来我要观察孩子们的表现，二来我要给晖云充分的干扰，让她适应。但是，课堂上能跟上节奏的孩子很少。虽然她设计了环节，但是孩子们始终处于启而不发的状态。我心里开始打鼓：这可是她自己的班级哦，这样的状态怎么能够引导孩子们说出来，写得好呢？我们这种"以说助写"的作文教学方式怎么能够体现呢？二十分钟过去了，对晖云是煎熬，对我也是一种折磨。我只好走出教室想办法，不能在她面前流露出焦急与不满。我在门外徘徊了五分钟后走进教室。这时，晖云课中的主体部分已经讲完了。我拿起一个水果走到孩子们中间，让孩子们利用我的启发讲话。不错，孩子们很捧场，开始跃跃欲试。

于是，晖云的原设计被全部推翻。"回家再想吧，基本按照我设计的片段来做。必须充分调动孩子们的所有感官，让他们充分思考，大胆说话。课件不要太多。"晖云只是笑，她也知道效果不好。但是，万幸的是，这次她没有打退堂鼓，没有说："我不干了。"

第二天，晖云换了教学设计、班级再上。这次效果很好，我和小敏都很满意。但是，有些细节需要推敲与加工，我约了余姐第二天到学校继续磨课，感谢余姐在自己面临送课的同时仍然坚持来帮助晖云磨课。

没想到第三次磨课的效果却变差了。孩子们又一次变得沉默，没有互动。越是这样，晖云越是没有了感觉，自己急了一身的汗，孩子们却不给力，始终和老师走在两条线上。我的心又一次凉了，怎么办呢？余姐安慰我说："别急，以我的经验，磨课总是情况百出，真到了现场反而会很好。"我、小敏、余姐立即聚到一起给晖云"会诊"。还好，至此，晖云仍然没有放弃。一番讨论过后，我决定即兴上一节作文课，希望给晖云一点灵感。于是，我"抢"了美术老师的半节课，即兴上了这节"以说助写"的作文课。因为是本班的孩子，他们对我一呼百应，而且我的孩子们已经习惯了这样的作文课。晖云听完课说："对我有帮助，对有的环节的处理，我心里有底了。"这就好，这是我想要的。

接着，第四次磨课。我对她说："这是最后一次磨课，明天就要上战场了。你去上吧，今天我们不能再提意见了，你自己做到心里有数就行了。"

终于到了周四，一早雨下个不停。大家从四面八方赶来。小敏和余姐早早就在为晖云的课堂分石榴了，晖云老公亲自送我们团队老师到西校区，之前还为这堂作文课特意买了两次石榴，他一句抱怨的话都没有。

因为我要参加另一个会场的挂牌仪式，晖云的课我没有听。参加完挂牌仪式，我急匆匆来到多媒体教室，团队的几个人脸上都洋溢着微笑，看来晖云上得不错。我走到余姐旁边，她向我竖起了大拇指："实录我都做好了，等会你再欣赏吧。"我会意地笑了。兴刚才收好摄像机，说："这节课我是分机位摄制的，效果会很好的。"小敏正在收集我们分发的反馈表，脸上挂着满意的笑容。因为晖云的这节课是大家用短暂的时间，集聚大家智慧研究出来的，所以快乐是大家的。

在听课老师点评中，他们表示了对这节课的认可，我们工作室对于作文教学的主旨都表现在这节课上了。点评结束，我们对晖云表示了赞许，她倒不好意思了，她如释重负地说："昨晚我一夜没睡着，早晨起来就吐了，我都没敢说，怕你们担心呢！"我对这个"小瘦子"又敬仰三分，她的那股执着劲在这样的活动中表露无遗。好样的，晖云！

下午送教去铭传，团队成员展示的团结协作精神更让我感动不已。经过一个多小时的山路，雨一直没有停歇。到了目的地，虽然雨很大，几个妹妹逃荒似的从车子里跑出来，没有顾得上打伞都到一边去吐了——都晕车呢。但没一会儿，她们又恢复了干劲，简单吃了一点中饭。我们就来到了学校，在门前迎接的海燕满面的惊喜："亲人们呀，你们可来啦！"几个姐妹久别重逢，在雨中高兴地相拥着。

第一节就是余姐的课，她们几个迅速投入战斗状态，发反馈单，架设摄像机，找作文纸，帮助余姐放课件。我出来便成了甩手掌柜，啥也不要做，坐享其成啦！哈哈，有点不劳而获的感觉。

接下去的课堂上，余姐的应变能力和超强的教育智慧是大家有目共睹的。她是我们工作室的骄傲，她把工作室这种真实、简单的作文课堂教学形式传递了出去——我们要把课堂还给孩子，作文应该是让孩子们自由表达的做法带给了铭传的语文老师们，这就足够了。

在点评会上，大家的团队意识很强，在吃透了工作室研究目标的基础上与挂牌学校老师展开了深入的交流。

一路返回，车上大家笑声不断，没有一天劳顿的辛苦。在分别时，反而显得依依不舍。到家回味一下大家在车上的谈论，才发现我们居然在谈笑间讨论了工作室下一步的工作计划。晚上，虽然一天奔波劳顿，小敏还是坚持写好了报道，余姐立即写出了课堂教学反思，晖云写了课堂教学设计与反思，兴刚提出要做第二期以"送教"为主题的简报。

小伙伴们，工作室因为有你们而充满生机与活力，因为有你们，我的生活更加有趣、有味！

工作室活动（七）
——真实的课堂，真实的送培送教

2014年10月22日下午，我们工作室成员一行应高店乡中心校的邀请，开展送课、送培到校活动。工作室成员下午一点二十赶到学校时，刘育红校长正在与学校领导及值日老师们，带领着学生开展着形式多样的午间活动。校门前整齐地排列着十几辆校车，彰显出这所以留守儿童为主的中心校办学的勃勃生机。

此次送课到校活动分为三个环节：作文教学示范课，作文微讲座以及教师互动点评与答疑。刘校长与学校分管领导全程参与活动，并组织学校老师们积极参与听课、学习与讨论。

作文教学示范课是由工作室吴海燕老师执教的"在习作中学用提示语"。吴老师在导入环节紧扣人教版三年级教材，以文本为例，带领学生们认识了提示语，了解了提示语的作用和位置。训练环节以课堂中发生的小故事为例，指导学生采用演一演、说一说的方式，提炼出的人物对话中加上提示语，训练学生们说出一个完整的句子。接着，用作业纸的形式让学生们动手练一练；在情境拓展环节，吴老师出示了一组生活事例的图片，领着学生们进一步练习巩固提示语。最后，展示了孩子们的自由写话作品。吴老师给予学生们极大的肯定，同时也提出了希望，希望孩子们能够在以后的习作中准确、灵活地运用提示语。

工作室的余姐老师带了一节作文教学微讲座"放大阅读课的写作指导价值"。余老师首先简单介绍了上节作文示范课的设计思路，列举了作文教学现状和阅读课的现状，以贾志敏老师执教的"青蛙"和管建刚执教的"水"为例，具体分析了如何在阅读中教学生学会表达。在方法指导上以

"写什么"和"怎么写"这两个问题作了重点阐述,讲座引起了老师们的反思与震动。

在互动点评与答疑环节中,高店乡中心学校的老师们针对农村作文教学中不同年级出现的困惑,诚恳地请工作室的老师给予指导。我在答疑解惑后总结道:我们的语文老师现在需要改变的是作文教学理念,重要的不是学生写得怎样,而是学生有没有充分参与我们的写作,真正爱上作文。我们应该做到,在生活中教孩子写什么,在课堂中教孩子怎么写。

一个下午的活动,在中心校领导的精心安排下开展得井然有序。工作室的成员与听课老师在充分交流后,能够互相学习,互通有无,为老师们以后的作文教学实践提供了有效的帮助。

工作室活动(八)
——金秋高店行

高店中心校年轻的刘校长一心想提高教学质量,暑假就预约了本学期的送培送教。于是,从上次的送教过后,我们便安排了本次活动,因为不要完成上级的特殊任务,我们还是按照历来的方式送一堂作文教学课——关于作文教学的微讲座,然后与当地的小学语文老师就农村小学的作文教学进行讨论、交流。之前的准备、磨课自不用说,在此说说当天的感动、记录。

为了减轻对方学校的麻烦,我们的送教从第二次开始就安排在下午进行。而这次却不比往常,从我们学校到高店,最起码要一个半小时的车程。我们之前要了他们学校的作息时间,他们下午一点四十开始上课,这就意味着我们最迟要在十一点五十动身。于是,当我们上午的放学铃声十一点二十五敲响的时候,小敏像打仗一样冲回家,给两个孩子分别盛上了最简单的饭菜,自己连忙扒了两口饭后,我们约定的时间就到了。而我也是奔跑着冲到办公室吃我从家里带来的午饭,还没吃第一口,杨丽就打电话来:"姐,我已经到了。"哈哈,这丫头十点就从自己的学校开车来了,这一路可够辛苦的。（后来晚上我们天黑回到了学校，她还要开车花近两个小时回到自己的学校，真是很不容易呢。她还自我解嘲："我真厉害，农村的夜路第一次开，居然也能够顺利到达呢。"给杨丽赞一个。）还没等我把饭碗刷好，时间就到了。我只好赶快上车。

我们带车到兴刚学校接他，他只是笑着说："我女儿真的长大了，知道我没来得及吃饭，硬是塞了两个面包给我。"这时杨丽说："哦，王老师，我也没吃饭呢，还有面包，你要吗？"我听了，顿觉对不起弟弟妹妹们。

再看小敏一脸的痛苦："刚吃的饭还在嗓子眼呢，坐上了车就晕，有点想吐。"不过即使这样，没有人冲我翻白眼，也没有人责怪我。

此时余姐打来电话："我已经在学校门口等着了，不行我就往前走，走到你们能顺道的地方等。"我看时间还早，便让她自己走一截。这时，海燕也打电话来了："我已经在岔路口等你们啦！"话语里满是期待，满是兴奋。

可是，我们离她所在的方位还有一个小时的车程。于是大家便调侃她："你找个地方先睡个午觉吧！""你一定要站在树荫底下别被晒黑啦！"几个人一路说笑，感觉没多久就到了海燕等候的地方，拉上了海燕，我们六人便到齐了。在此也要特别感谢因身体小恙未能顺利参与这次活动的晖云，她居然在治疗前就把我分给她的任务做好了。谢谢！

此次送课到校活动分为三个环节：作文教学示范课，作文微讲座以及教师互动点评与答疑。刘校长与学校分管领导全程参与活动，并组织学校老师们积极参与听课、学习与讨论。

作文教学示范课是由我们工作室吴海燕老师执教的"在习作中学用提示语"。

我们工作室的余老师也带来了一节作文教学微讲座——"放大阅读课的写作指导价值"。余老师首先简单介绍了上节作文示范课的设计思路，列举了目前作文教学现状和阅读课的现状，以贾志敏老师执教的"青蛙"和管建刚执教的"水"为例，具体分析了如何在阅读中教学生学会表达。在方法指导上以"写什么"和"怎么写"这两个问题作了重点阐述，讲座引起了老师们的反思与震动。余老师的这场讲座是第一次讲，居然能够全脱稿，而且她一直是站着的，我由衷地敬佩她——不仅是她的讲座有内涵，有实践基础，思路清晰，更因为她的专业素养，她的临阵不乱，侃侃而谈。

在互动点评与答疑环节中，高店乡中心学校的老师们针对农村作文教学中不同年级出现的困惑，诚恳地请工作室的老师给予指导。工作室的几位老师达成了共识：我们的语文老师现在需要改变的是作文教学理念，重要的不是学生写得怎样，而是学生有没有充分参与我们的写作课，真正爱上作文。我们应该做到，在生活中教孩子写什么，在课堂中教孩子怎么写。互动环节中，工作室成员答疑时大家没有分工，但是回答是有条不紊的，大家没有准备，都是临场发挥，但是却始终没有离开我们的工作室作文教学的主旨，特别是杨丽作为一个同样偏远的农村小学教师代表，道出她的作文教学尝试时，给对方学校的老师一种震撼。真好！

一个下午的活动，在中心校领导的精心安排下开展得井然有序。工作室的成员与听课老师在充分交流后，能够互相学习、互通有无，为老师们以后的作文教学实践提供了有效的帮助。

归途中，大家没有半点疲惫，仍然就着刚才讨论的话题深入地开展研讨。海燕急不可耐地要分享她这次磨课与上课的经历，但是话才说了一小半，她该下车了。然而她丝毫没有考虑便说："不行，我舍不得你们，我往前坐一截再下。"我们都笑她，她也不在意，不过大家此刻都不再说话，让海燕赶快抓紧时间分享。不过，时间无情，仿佛海燕还有满肚子的话要说，再跟着我们一起，她就坐不到回家的车了。海燕依依不舍地下了车，还不忘在另一辆回家的车里给我们发短信。

回来的车上人越来越少了，每下一个人，我都会不舍。看来大家真的难舍难分了。这也许就是团队的魅力吧？

一直到晚上十一点，小敏把报道写出来发给我，今天的活动才算正式结束了。一个下午的活动，其实我们花的是整整十二个小时的时间，希望活动的效果能够有所彰显，更希望高店的老师们能够有所改变，哪怕是一点点，我们的努力就值得了！

工作室活动（九）
——到肥东八斗中心学校送培送教

为更好地发挥名师工作室示范、引领的作用，应肥东县教师继续教育中心的邀请，11月27日，我们工作室一行四人前往肥东县八斗中心学校开展"同课异构"送教送培活动。

活动的第一项内容是工作室成员与八斗中心校教师"同课异构——在习作中学用提示语"的教学展示。我们工作室的吴海燕老师和八斗中心校的窦昌梅老师不同的教学风格，赢得与会师生的一致称赞。

活动的第二项内容，我联系两节课的不同特点，做了"让孩子们的习作融于生活"的作文微讲座。我结合历次全县作文阅卷中出现的雷同题材问题，分别讲述了写生活作文的"必要性、途径、意义、思考、远瞻"等五个方面内容，用朴素的话语道出了作文教学的真谛。我谈到自己作文教学的方法：从孩子们的生活中寻找作文素材，观察生活、发现生活、创造生活，并结合薛法根老师的生活作文研究进行阐述，希望能给乡村一线语文老师一些思考和启发。

肥东县教师继续教育中心和八斗中心学校的领导对这次送培送教活动给予了高度评价，认为此次活动为县区间教育教学交流互动搭建了平台，为探索农村小学作文教学开了先河。

工作室活动（十）
——赴安徽师范大学交流

2015年4月12日，我们工作室应邀前往安徽师范大学教育科学学院与大三学生开展交流活动。工作室一行四位老师参与此次活动，安徽师范大学教育科学学院辛治洋教授主持并全程参与了本次活动。

整场交流活动分成讲座和现场互动两个部分。下午两点不到，会场已坐满前来听报告的学生，他们备好纸笔，虔诚而有秩序地纷纷入座，会场后门临时添加的凳子上也坐满了听课学生。工作室王兴刚老师首先给大学生朋友们做"相伴前行——李亚玲小语名师工作室的故事"的专题报告，介绍工作室成员的成长与合作、付出与收获。我接着做了题为"做教室里的均衡教育"的报告。两场报告分别从教师的团队合作和学生在班级平等成长两个角度展现肥西小学语文教师的工作风采，引起同学们的极大兴趣。

现场交流环节气氛异常火爆，一位同学表示这是他大学以来听过的最有意义的讲座之一，更有不少同学在交流环节中表示小学教育工作有价值，毕业后愿意选择，并在现场提问了许多关于学生管理、语文学科知识储备、教育教学机智等方面的问题，老师们逐一解答。受时间限制，交流时不能顾及每个大学生，工作室留下了联系方式，欢迎大学生们会后随时和我们交流。

此次活动非常成功，辛教授希望我们工作室可以长期与安徽师范大学教育科学学院合作，经常与大学生们分享一线教育教学故事，引领大学生关注基础教育并立志服务于基础教育。

工作室活动（十一）
——赴长丰师范附小交流学习

应长丰县赵淑萍名师工作室的邀请，5月20日，我们工作室一行四人前往长丰师范学校附属小学开展县区名师工作室间的交流学习活动。

一早，我们工作室成员就不辞辛苦地赶到了长丰县师范附小，参观了长丰县赵淑萍名师工作室。赵淑萍名师工作室布置温馨、格调高雅，这让我们四人大开眼界。

整整一上午的研讨交流活动，严谨而充实。活动的第一项内容是我们工作室成员余姐老师与赵淑萍名师工作室成员赵薇薇老师的习作指导展示课。余老师在"玩转动作词"中悉心指导，梯度递进，循循善诱，让孩子们在课堂上真正有所收获。赵薇薇老师的课采用了时下最流行的"撕名牌"游戏导入，让孩子们在游戏中体验，观察后习作，收效显著。两节课风格迥异，却都灵动高效，赢得听课师生的交口称赞。

活动第二项，我结合工作室成立以来的发展情况和开展的工作，做了"相伴前行——小语名师工作室的故事"的专题报告，介绍了工作室的工作思路、课题研究、课堂教学新理念、送培送教的新模式等，展示了我县名师工作室的风采。我们工作室成员们在农村作文教学上的坚定信念、执着追求，深深地震撼了在场的老师们。

长丰县小语名师工作室和长丰师范附小的领导对这次送教研讨活动给予了高度评价，认为此次活动为县区间教育教学交流互动搭建了平台，希望两地名师工作室继续加强交流、合作，开展更加丰富多彩的教研活动，引领、提升两地小学语文教师的作文教学水平。

工作室活动（十二）
——受邀到肥东县长临河小学送教

2015年10月28日下午，应肥东县教育局继教中心邀请，我们工作室一行五人来到了肥东县长临河小学，开展送教和研讨活动。

本次担任示范课任务的是工作室的李敏老师，她的教学内容是六年级的"习作七"。她首先以"城市、文化"切入主题，课堂环节设计别具匠心，综合运用了"以说助写""以评助写"等多种方式。课堂上既有学生妙语连珠引发的欢声笑语，又有直击内心的感动与温暖。

活动第二项是工作室成员王兴刚老师的微讲座"浅谈小学高年级单幅图看图作文教学"，他针对看图习作这一小学常见习作形式，从有序观察、关注细节、合理想象等多方面进行了阐述。工作室成员余姐老师则对工作室的总体工作进行了介绍。

随后，肥东县教育局继教中心的黄老师和李老师，长临河小学的多位老师做了点评发言。他们称赞李敏老师的教学简洁高效，底蕴深厚；称赞我们工作室对习作课的教学做出了有益的探索。

工作室活动（十三）
——参加肥西县小学语文教学年会

我们工作室有幸参加了肥西县小学语文教学年会。在这次年会中，我代表我们工作室做了发言。具体内容如下：

尊敬的领导、老师们：

大家上午好！

感谢教育局领导，安排这次机会让我与大家共同就小学语文课堂的创新进行交流。在座的各位小学语文老师都是我们县区小学语文教师中的精英，在此所谈，不到之处，敬请谅解并给予指正。

像很多名师大家所谈，作为一名小学语文老师，我们首先要做一个诗意的、幸福的小语人。诗意的小语人应该用阅读的方式陪伴终身，因为只有我们善于阅读，喜爱阅读，才能培养我们的孩子养成终身阅读的习惯。幸福的小语人，是为我们能够教小学语文而骄傲，为能够终日与孩子做伴而快乐。本身语文学科就赋予了我们情趣，再加上小学教育没有应试的禁锢，我们可以把小学语文课堂变成素质教育的课堂。只有热爱，我们才会去创新，去开拓。所以，我还是要再说一次，喜爱自己的职业才能享受其中的幸福。下面简单说三种课堂，希望在座老师们对号入座，把自己的课堂向这几个方向靠拢，把其中的一种做到极致，都是在为孩子们的终身幸福奠基。

在没有谈课堂之前，我们先要直面我们的教学实际，所谓的教学实际，其实就是指你所任课学校的、班级的具体实际情况。尤其是要注意在学习外地先进经验的时候，必须要立足于本班实际，不能照搬照用，否则多好的经验一旦脱离了自己的实际，也不会见到效果的。第一种课堂以良好习惯养成为基础，训练学生听、说、读、写的能力。

有农村学校的老师抱怨，我们的学生都是留守儿童，我们的学校硬件条件差，我们不可能做得好。其实，语文课堂是最能消除教育不均衡的课堂，我们完全可以用一支粉笔、一本书把孩子们的语文素养提高上来。

我们都知道于永正老师，在多媒体盛行的那几年，我听了他两次课，他都以没有带U盘为理由，拒绝使用多媒体。他认为教语文其实并不那么复杂，就是教学生识字、写字、读书、作文。他就是这么教语文的，而且取得了很好的效果。教学生写字，老师要先喜欢写字，对书法略知一二；教学生读书，老师要先喜欢读书，会读书，能读出课文奥妙之所在；教学生作文，老师要先能写点文章，知道一点写作知识，那么，教语文就更不难。另一方面，要有责任心。作为老师，对学生要负责。例如识字、写字，必须读正确、写正确、写规范；不放过一个读错、写错的学生。

我们认识的贾志敏老师，他认为，语文课上要教语文。色彩、音乐、图像、图表、动漫这些都不是语文，只是学习语文的一种辅助手段。你可以用，但不要本末倒置，所以不要闹花样，应实实在在。此外，他还认为，好的语文老师能改变人的一生。在一个人成长的过程中，如果能遇到一两位出色的语文老师，听其言，观其行，这个孩子的一生都会发生神奇的"化学反应"。

这两位老师基本上一直沿用最原始的课堂教学方式，但是他们为小语教学作出了杰出贡献，带出了一批批人才。因为他们懂得：学生是老师的一面镜子，如果学生通过老师的教导、训练，张开嘴能说，拿起笔能写，而且说的话流畅、连贯、有情感，写文章切题、有中心、有内容、有层次，那么这个语文老师就做好了。这些，我们在座的所有老师只要努力，都应该能够做到。

第二种课堂充满情趣，提高学生的学习兴趣。

你看那些著名的专家们，他们之所以能够做出一番丰功伟绩，就在于他们在某一领域具有了超强的浓厚兴趣；那些学习优秀的学生也是这样，正是因为他们对学习各科知识有了强烈的兴趣，才会有废寝忘食的学习精神。由此我们可以看出，兴趣在一个人的成长过程中具有多么重大的意义啊。

作为一名小学语文教师，应该具备把枯燥的内容以生动、活泼的形式讲给学生的能力。毋庸讳言，现行教材中有的内容并不是学生喜闻乐见的，那么如何让学生去热爱它？学生们一天天在封闭的教室里学习，很辛苦、疲惫，甚至会达到一种忍耐的程度，在这种情况下，如何调动起学生的学习积极性，让他们充满激情地去学习与思考，这需要我们做教师的付出极大的努力，尽最大努力使课堂教学生动、活泼，始终使学生保持一种兴奋的状态，才可以使提高课堂教学效率成为可能。

教师应该具备营造宽松、融洽的课堂气氛的能力。要做到这一点，在教学过程中，必须要建立起有效的评价激励机制，时刻注意使学生的人格得到有效的尊重，使学生的高见能得到及时的鼓励，使学生的思维能得到适时的启发。只有这样，才可以使课堂气氛活跃，促使学生始终处于积极思考的状态，把提高课堂教学效率落实到有序的教学过程中。

一节课内，如果教师没有饱满的激情，就很难激发出学生的激情，没有激情的课堂，学生就会处于昏昏欲睡的状态中，这种状态怎么会有很高的教学效率呢？所以，教师以一种充满激情并富有诗意的语言教学，学生才能时时被感动着，被自己的精彩回答感动着，那么你还用犯愁教学效率吗？

还有，教师应该善于激发学生熟练掌握知识的热情，这就要去研究如何提高自己的教学艺术。教学艺术包括教学情境设计的艺术性、教学环节设计的艺术性等多方面内容。第三种课堂提倡自主、高效，培养学生的创新、探究能力。

著名教育家叶圣陶先生曾经说过："教材无非是例子。"而我们有的教师在教学时，不敢越教材雷池一步，甚至到了发现教材中的错误也照讲不误的"痴迷"程度，这对于培养学生的创新思维是绝对没有好处的。要实现这样的目标，教师就必须要有教材开发能力。

在教学方式的变化上，要体现出创新思维的培养，让学生在自主学习过程中养成钻研探索精神。我们要全面提高学生的学习能力，它包含多方面，比如善于分析与综合的能力，勤于思考、善于发问的能力，寻求最佳解决问题途径的能力，等等。而这些能力的培养，并不需要教师刻意追求，而是要把它融入自己的教学过程中，在教学的过程中使学生悟到，从而把教师的教学方法演变成为学生自己的能力。

要想实现在课堂教学中突出学生主体、促进学生全面发展的目标，教师就要尊重学生的个性，为学生的成长提供一个宽松、和谐的环境。既然要让学生成为学习的主体，教师就必须要为学生成为主体创造条件，就必须要彻底抛弃教师独霸讲台、包办代替式的教学方式，创造一种民主的、和谐的教学氛围，让学生在充分展示自己的情况下积极思考、努力钻研，从而实现学生全方位的提高。

体现学生为主体，主要是通过学生的活动是否有效。课堂上应该追求活动形式的灵活性，但更应该注意活动的有效性，不能为了活动而活动。活动形式的有效性的标志是学生在活动中能够做到紧张有序、热烈有度，并且能够在积极有效的活动中开展合作性学习、探究性学习。

我们做教师的，就应该树立一种不懈的追求与奋斗精神，去创造教学上的奇迹——使自己每一节课的教学都成为教学效率最高的课！只有想不到，没有做不到的。老师们，只要我们有所改变，就着孩子们的需要自觉改变我们的课堂，就会为孩子们的终身幸福打下坚实的基础。

工作室活动（十四）
——海燕欲高飞，必先磨其翅

海燕是我们工作室中年龄较小的，她性格活泼，好学上进，深得几位哥哥姐姐的厚爱！本月送教到高店，我把任务交给了她。于是，她从国庆假期开始谋划，不断地在网上向室友们请教。几位姐姐私下里偷偷与她商量课题与教学设计，终于在上周她把已经想好的"以读助写"的教学设计发出来让大家"砸砖"了。那晚，我记得与她最后一次交流的时间是十一点十五分，她最后对我说："姐姐，我要从办公室回家了，孩子爸爸也一直陪着我呢。"我深为感动，在工作室的每次活动中，不仅仅是室友们热情高涨的相互促进与交流，还有各自家人默默地支持。感谢，感激！

　　约好了今天下午来我们学校磨课的，海燕昨天在自己家里先上了一次，她上完后给我们留言："严重超时，用了70分钟。"我们心里也捏了一把汗，因为作文教学一节课完成的确是很困难的，需要舍得精减才行。一切需要等她来上一节课以后才能定下来。

　　海燕的学校离我们这里有五六十里路，上午小敏就担心她路途上太辛苦，让她上午就赶来，中午过来吃个工作餐，休息一会儿，下午再上课。但是海燕却说："我上午有三节课，我想上完课再来，这样不耽误孩子们的课。放学后，我随便吃点就过来，不会迟的。"

　　下午，余姐、小敏、晖云、兴刚都早早到了，大家都心照不宣，都是以一种等待亲人的姿态期待海燕的到来。但是小敏却说："海燕在路上堵车了，一时来不了。"怎么办？我心里也急，因为今天是通知我们学校老师参与磨课的。但是，此刻不能说什么，因为她不是故意的，这样的失误恰恰是缘于她有着强烈的工作责任心。此刻，她其实比谁都急。

　　我转身上了二楼，却发现了一个风风火火的身影，原来海燕已经到了，而且为了节约时间，她直接就到了班级。我连忙迎上去，看着她风尘仆仆，满脸的辛苦，心里涌出了一股心疼与怜惜。而她还是很抱歉地红了脸："姐姐，我没想到会堵车。""没事呢，离上课还有几分钟。"我迅速带她来到三（2）班教室，这时发现几位室友已经严阵以待，拍照的、摄像的、开机的都到位了。没有时间寒暄了，直接上课。

　　时间的匆忙丝毫没有影响海燕的情绪，她不慌不忙地进行了教学，很快便进入了状态。之前的准备应该是很充分的，上课时无论是环节的过渡，还是重点的安排都是行云流水般的。海燕虽然年轻，但是课堂大赛经验充足，上这样的课还是游刃有余的。但是，室友们一个个都是来挑刺的哦。小瘦子晖云整节课是站着给海燕摄像的，在之后的评课中她提的意见一点也不含糊。小敏和余姐更是随时走到孩子们中间看教学实效，大家都清楚，无论你的课上得多好，孩子们没有收获也是白忙。我们需要的是真实的，让孩子们有所得的课堂。

　　课堂教学渐入佳境，但是兴刚的摄像机却投向了孩子们的作业纸。此刻，他的神情是严肃的，因为从孩子们那里看来，教学效果不容乐观。

一节课结束后，我们一点儿没有停留，直接转战会议室议课。没有半点客套，无需考虑海燕的感受，即使她被讲哭了，也要让她在欲飞前把"翅膀"养得更加坚实。"第一个环节和第二个环节完全可以删掉。"小敏毫不客气地说。"你这节课的教学目标符合课程标准的要求吗？对孩子们要求太高了吧？"兴刚也直击痛点。"我和晖云的意见是一样的，我们要利用文本，不能脱离文本教学。"余姐缓缓道来。

已经是惯例，每次磨课他们先讲，我最后总结。和海燕一样，我要倾听、接受、思考、酝酿。

三十分钟，大家激烈地讨论着、交流着。"好，加上课间十分钟，还剩下二十分钟，你赶快去改教学设计，马上再上一节。"我宣布。

海燕面带难色。"你们刚才讲的，我还没有完全吃透呢。"余姐连忙说："没事，我都懂了，我们俩一起，我帮你改课件，一边讲一边改。"

第三节课，一节全新的课在三年级的一个班上开始了。

工作室的亲人们，我们一直在路上，并肩同行！

工作室活动（十五）
——别样的盛泽行

一、一天没吃的盛泽行

策划了很久的盛泽行终于实施了，我顶着暴雨带着工作室的七名老师，一心向往着"新体作文"，一心追随着薛法根老师而来。

清晨七点，我们赶到了学校聚齐，大家为了抢时间，没有来得及吃早饭就出发了。本以为只需要五个小时的车程，结果，司机半路上导航仪出现问题，指出了最近路线，却是最不好走的路线。我们在江南的小街小巷里穿行，人流拥堵，一个小时走不到十公里，眼看着活动的时间临近，离我们向往的地方还有好几十公里，心中焦虑不已。车子终于驶出了小巷，来到了"盛八大道"，我们的车终于可以以每小时80千米的速度疾驶了。紧赶慢赶，我们最终在十二点四十五分来到了盛泽实验学校，大家长长舒了一口气。

环顾学校四周，居然连一个超市都没有，连面包都买不到。我问大家："早饭已经没吃了，我们中午这顿怎么办呢？"没想到，大家的回答竟然是一样的："现在还吃什么呀？我们来是听课学习的，再饿一顿没关系。"听到这话，我真心心疼他们，特别是工作室的两个男教师，他们肯定已经饿得受不了了。没等我再说话，他们几个已经迅速走进了学校。我连忙跟上补充说："那我们把两节课听完，互动环节就出来吃东西吧。"大家一边答应着，一边已经走入了盛泽的校园，被这座校园别致的环境所吸引。

听完了两节课和微讲座，他们几个居然没有一个提出要离开。"后面都是顶尖专家的点评，难得听到，吃饭的事再等等吧。"就这样，一直到活动结束，没有一位老师离开自己的座位。这一天，我们忍受了一整天的饥饿，十二个小时的长途劳顿，大家没有怨言，因为我们取得了满满的收获。

二、一身是胆的盛泽行

第一次新体作文活动是在贾志敏老师的学校进行的，我们工作室错过了，我一直非常惋惜。那次后，我便下定决心要参加薛法根老师学校的活动。因为工作室的成员都是薛老师的"粉丝"，这源于他的简单课堂，真实教育。当小丽老师听说要去薛老师的学校时，激动得睡不着，她说："我是薛老师的'铁丝'呢。"哈哈，我这年龄，倒是没有那些激情了。但是，薛老师的真诚，他的作文教学与研究是我们急需要学习的。而且，我已经在写作教学上做了好几年的研究了，也不知道自己做得对不对，我急需要去聆听大家的课堂，急需要去感受小学语文编辑室老师们的指导，更需要从几位名师那里找到我们作文研究的方向。于是，我大胆做出了决定，带我们工作室的老师参与这次活动。

我查了相关的资料，只有开车去最省时间，也是最省钱。于是，我们决定包车去盛泽。当我层层请示后，终于获得了领导们的支持，他们还是一再叮咛："一定要注意安全，一定要顺利回来。"去的路上，本来打算五个小时的车程，结果跑了六个半小时，还好，天公作美，路上还算顺利。

归途的艰辛现在想来都是后怕的，五点半我们吃了一点快餐以后急着赶路。天色逐渐暗了下来，进入江苏境内后，开始电闪雷鸣，狂风暴雨大作，短时间内，路上的积水就很深了。雨刮器急速地摇摆着，但是雨水还是刷不完。每次超车，我们的整部车都完全淹没在超车车辆激起的雨水中，短时间内什么也看不见。就这样，车内工作室老师们研讨的热情还是没有减弱。

雨越下越紧，我们开始协助司机擦车玻璃，却没有任何作用，因为雨水实在太急了。一个多小时的风雨飘摇后，雨势终于在我们进入安徽境内时稍微减弱了一些。我悄悄地松了一口气，这样恶劣的天气出行，真是有些冒险呀！

一直到深夜，我们才回到了熟悉的家。我把老师们分别送上各自回家的出租车后，我再开车回家，已经是凌晨了，此刻一直提着的心才算放下了。就这样，工作室的老师们还调侃："感谢你，今天带我们进行了苏州两日游呢。"

分享我们工作室的凡人小事

我们工作室挂牌来，在教育局领导的关怀下，在各位成员所在单位的支持下，在送教学校领导与老师的鼓励下，获得了一些阶段性的成果。送培送教下乡七次，分部于县区东、西、南、北中的各个中心校区，受到了送教学校师生的一致好评。最远一次送教到肥东八斗中心校，与肥东的小学语文老师们一起共同探讨了农村小学作文课堂教学的方法。同时，一年中，我们工作室的每位成员担任一个课题组负责人，分别立项国家级、市级、县级不同级别的七项作文教学课题。这些课题的立项得到了我们所在学校领导与语文教师的大力支持，并已经在各校顺利开题。我们虽然是名师工作室的成员，但不是名师，我们是一群走在成为名师路上的小语人。

工作室走过的一年，我看到了老师们在历练中成长的足迹。程晖云老师，一个在学校担任多年班主任和一线语文老师的文弱教师。当我们确定由她送教到西校区的时候，她面带难色，从来没有走出去上过课的她，心里紧张。但是，在大家的鼓励下，她毅然接受了任务，开始积极投入教学设计中。第一次磨课，几位同伴还没有听到30分钟便叫停："你的课堂，孩子们在哪里？他们的思维没有调动起来，没有语言表达，这样的课不要再上了。"我看到她的眼泪似乎在眼圈里打转，但是大家坚持让她重新设计，并给她提出了具体的修改建议。第二天，一堂体现学生灵动性的课堂呈现在我们面前，而她一夜未眠。送教到西校区的那天早晨，她的爱人亲自送她，课堂上她与孩子们水乳交融，孩子们的表现欲望被充分调动起来了。课一结束，我们向她竖起了大拇指，她这时才说："昨晚，我吐了一夜，实在是压力太大了。"两个星期过去了，由她担任组长的"以说助写"的作文教学市级课题成功立项，这次，她自己与副组长杨丽单独谋划开题事宜，并在一个上午完成了到界河学校送教与开题的双重任务。她这一路走得艰辛，却进步卓然。我们的一线有多少像她这样的老师，只要给她一个舞台，只要有人在她背后推一把她就上去了。

我们工作室的成员分布在全县各地。其中，刚刚工作四年的吴海燕是金桥中心校的老师。11月，确定她和余姐一组担任送教任务。她在群里发了一片惊慌的表情，好在她的搭档余姐是一个热情且专业素养极高的好老师，她无时无刻不在帮助和关心她。与她一起确立了三年级初学写作孩子的难点——在对话中学用提示语的课堂教学。没想到，一天未到，吴海燕就把她的教学设计传上来要求我们网上磨课。大家利用一个晚上的时间，对她的教学设计进行了分析和修改，她进行了二次修改后再呈现，我们再次网上磨课。余姐在那晚的磨课中，对她设计中的没有关注孩子生活实际的教学环节，没有立足于培养孩子们写作兴趣的教学环节一一点拨。第三次修改后，我们进行现场磨课。为了节约工作室的开支，减少送教学校的负担，我们的磨课与送教都安排在下午，住在金桥的海燕就需要上午上完两节课后十点半就吃中饭，然后赶往我们学校。经过了工作室磨课和柏堰中心校语文教学团队的帮助，吴海燕的课在11月27日送教到八斗，在与对方学校同课异构的时候，我们才发现对方学校老师的教学设计居然就是吴海燕第一稿的教学设计，差点上成了同课同构的课。后来，吴海燕说："没敢对你们说，我的第一稿是从网上下载的。""好险呀，要不是我们之前的磨课，这次就要出洋相了。"我们都一致说她。"知道了，下次不会了，我现在知道为什么工作室确定作文教学研究了，因为这个网上没有现成的，需要自己创新。""是的，我们的课堂只有站在孩子们的角度来设计才是有效的。"我们每一位想在课堂上做出点研究的老师，就要杜绝依赖网络，要走出一条适合自己特色的课堂教学之路，才能成为名师。

工作室之所以能良性发展，得益于这个团队里有各种人才：王兴刚是我们的技术保障，每次送教的摄像，PPT制作，工作室平台维护与更新，视频制作与上传，工作简报制作等等与信息技术有关的事都由他负责，在这里他付出了自己的辛苦与心血，同时也展现了他强大的技术优势。工作室的才女李敏，是工作室的一支笔，正是她把我们所做的工作记录了下来，并能够在第一时间进行报道。每次送教回来都已经晚上七点，她要安排好孩子们，做好家务事，从十点开始写报道，所以每次她把报道写好传给我都已经是深夜十二点，在每次传报道时她还不忘说一句："姐，早点休息，不要太累。"而她自己却没有任何怨言。同时，她还担任工作室会计，安排平时事务，工作量最大。工作室的余姐，自己的作文教学课堂已经获得了合肥市二等奖，但是她从来没有居功自傲，而是更加认真地学习理论知识，并不断地在课堂中实践与思考，每次磨课，她都会倾尽自己所能，全力帮助上课老师完善自己的教学设计。同时，工作室的杨丽、方少华等老师也在工作室的平台上展现他们的才干。工作室这一路走来，大家的辛苦与劳累是不言而喻的，但是，从来没有人叫过苦，也没有人要过报酬。大家一起走，走在能够展现自我的路上，把工作室的事当成了自己的事，于是，即便苦、即便累，大家也觉得幸福。

工作室成立一年了，做的事情很少，很小，其中所展现的团体合作、团队互助的暖流却是强大的，这股暖流将推动着我们走得更远。

后　记

　　这本书写到最后，我想说：作为一名女教师，能够走得比别人稍微远一点的基础，来源于我幸福而简单的家庭生活。我在前面的文字里对我的家人和家庭已经描述了很多，但是我还是要在这里特别感谢一下我的先生。可以说，没有他，就没有我现在取得的一切成绩。谨以七年前我们的结婚纪念日之时，我写的一篇小文作结，感谢他给予我的一切支持与包容！

品味"水晶婚"

　　明天是我和老公结婚十五周年纪念日。感觉十五年过得快，是因为我们的婚姻生活幸福、和谐，还是平淡？其实都有。

　　老公爱家、爱我、爱生活。我是被他宠爱的表面粗糙的小女人。不断有小少妇在我面前毫不掩饰地说："要能和大哥过一辈子那是多么幸福的事。"

　　老公在生活上无限制地满足着我的物质需求，我在周边的同事和朋友中第一个拥有了摩托车、手机、Mp3、Mp4、电脑、私家车。我拿到驾照的第二天，老公就把新车开回来送给我——那时，他已经有六年驾龄了，却一直没买车。

　　老公对我的关爱不仅在生活上，更多的是在工作和学习上。无论我做出什么样的选择，只要我能承受，他一律支持。我要攻读硕士学位，他没考虑学费，也没像我身边的人那样质疑小学老师攻读硕士学位是否有用。他说，只要你不累，只要你充实你就学。当时，我选择当校长，他说只要你愿意，小试一下锋芒也可以。今年，我辞去校长职务，老公说你做的决定我都支持，你觉得怎样舒心就怎样做。有时我会找茬说他不给我提合理的建议，他却说，你是那么有主见的人，我要提建议，我们俩准闹不愉快。

　　一次，我们一起散步。老公说："我退休后，只希望每天喝点酒，下午打打麻将。你退休了，给你买一架好的照相机，再买一辆你一直想要的越野车，你找几个朋友去云游四海吧！"老公知道我总是不安分，一直有自己的追求，这一点他改变不了。但是，他的骨子里是希望过最普通、最安逸的生活的。不要紧，虽然我们志向不同，但是我们依然幸福，因为我俩一直都是矛盾的结合体，是互补的一对。

我们的婚姻是和谐的，不是十五年没有经历过风雨，而是所有风雨都在我们的相扶相持中化为了彩虹。当我们面临困难与灾难的时候，我们俩从未争执过，有时就是彼此的一句话、一个眼神或是一个动作就化解了生活中遭遇的痛苦。

八年前，婆婆患重病，那时的老公还没有遭受过任何挫折。他是家里三代单传的儿子，一直是温室里的小花，遇到这样的事让他束手无策。我便揽下了找医院、找医生、安排开刀时间等所有事务。婆婆的手术做得很成功，所有的医生和病友都说她有个好媳妇。那天，一贯不善表达的老公拉着我的手说："谢谢你。"眼里还闪出了泪花，那是我第一次看到他流泪。

付出是相互的，我对婆婆做的，老公同样在我爸爸生病时做到了。在爸爸弥留之际，被病魔折磨得只有几十斤的爸爸已经脱了形，我们几个孩子甚至不敢在晚上单独在他的床前守候。老公却担当起晚上陪护的重任。我问他："你不怕吗？"他说得很轻松："我早就把爸爸当成自己的亲人了，有什么怕的。"爸爸最后撒手人寰，老公悲痛得不亚于爸爸的任何一个亲生子女。

也许命运一定要考验我们这对夫妻，在爸爸过世后的第二年，公公也患了重病。只两天的时间，老公头上就掉了三块头发。我知道他的压力太大了。无需过多的语言，我们齐心协力，在最短的时间内找最好的医院、最好的医生，以最快的速度给公公动了手术。整个治疗的时间内，我充当了护士，也充当了心理医生。公公病愈后，每周都要让我们回去和他谈谈，这种信任只有在苦难之中才能建立。

那次去逛超市，我和老公遇到了同样的问题，在解决问题的四个步骤里，我俩做得一模一样，这就是和谐，这就是默契。

这样的和谐，使得我们在生活中从来不需要为买东西、为孝顺双方父母、为待人接物而闹矛盾，有分歧。所以，我们十五年中基本没吵过架。

我也绝对反对夫妻怄气，这样的相互折磨比打架还痛苦。老公性格内向，以前偶尔生气不理我，我主动找他讲话，夫妻之间没有错对，没有谁就是权威，我主动讲和不代表我就低他一等。我包办了家里所有的家务，我也并不觉得吃亏——为自己所爱的人营造他依恋的家是做妻子的本分。

现在好了，经过了十几年的磨合，他知道了，每月总有几天我要发火。不要管我，火自生自灭。找我茬，那是火上浇油。顺应我才是灭火的良剂。十五年了，默契得连吵架都不需要了，和谐成了生活的主旋律。

我们的婚姻是平淡的。老公说，只有平淡如水的婚姻才会长久。没有花前月下，没有甜言蜜语，更没有海誓山盟。但是这样的状态才更可靠。

平淡的婚姻让我们总是感觉我们早就是一家人了，不必见外，不必刻意地为对方做什么，简单而快乐地生活着就好。

每次出去散步，他都要拉着我的手，他说："我俩就像左手拉右手，没有特别的激情与感受，但是当失去了一只手，另一只手就很难生活，难以保持平衡。"

每当我当别人的面夸老公时，他都会谦虚地说："不是我优点多，是你的眼神好，看到的都是我的优点。"好男人是夸出来的，这一点是我的经验之谈哟。你会讨厌你并不是很漂亮的眼睛吗？不会，因为它对你是那么重要，没有它你寸步难行。那么听我的，把你的爱人当成你的眼睛一样呵护吧，你会觉得他原来是那么优秀，你们的生活原来是那么美好。

"水晶"外表晶莹透亮，人见人爱，但是易碎。怎样和老公一起把这美丽的"水晶"变成永恒的"黄金"或是"钻石"，需要我们一起努力，风雨同舟，不离不弃。